エクスペリエンス・マインドセット

THE EXPERIENCE MINDSET

顧客体験と従業員体験の好循環をつくる

著＝ティファニー・ボバ
訳＝高橋 佳奈子

Tiffani D. Bova
Foreword by
Tom Peters

日本能率協会マネジメントセンター

OTHER WORKS
『Growth IQ』

本書への賛辞の言葉

「実践的で啓発的なこの本は、成長のパズルを完成させるのに欠くべからざる日常的な道具——従業員体験の改善——をもたらしてくれる」

スライブ・グローバル創業者・CEO　アリアナ・ハフィントン

「あなたが組織を経営しているか、組織のために働いている場合（ほとんどすべての人がそうなのでは？）、この本は必読の書である。ティファニー・ボバの研究が今の時代におけるもっとも差し迫った疑問に答えてくれる。その中には、労働市場はどうしてこれほどに激しく揺れ動くのか、顧客がいつも正しいわけでないのはなぜか、一般の労働者にとってテクノロジーが必ずしも物事を改善する役に立っていないのはなぜかという疑問も含まれる」

『Seeing Around Corners』著者　コロンビア・ビジネス・スクール教授　リタ・マグレイス

「現代のビジネスの問題点は還元主義にある。ビジネスは1つのことに集中してそれを最大限活用することしかできないという信念である。この画期的な本の中でティファニー・ボバは、もっとも成功している企業が顧客体験と従業員体験の両方に同時に同等にフォーカスしていることを示し、その底の浅い論理に穴を開けている。このすばらしい本は、広く普及しているマネジメント・ドグマを払いのけ、独自の成功を成し遂げるための実践的な見識に満ちている」

Thinkers50（世界で最も影響力のある経営思想家ランキング）ベスト1　ベストセラー作家　ロジャー・マーティン

「まさしく経験こそすべてである！　ティファニー・ボバは、膨大な研究結果の山を切り開き、もってまわった言いまわしを避け、複雑なものに信頼を置きがちなわたしたちの習性を切り捨てるコツをつかみ、ビジネスや組織の核心（もしくは核心たるべきもの）へと到達した――従業員へと」

Thinkers50創設者　スチュアート・クレイナー、デス・ディアラブ

「従業員はビジネスの成功の鍵である――が、あなたはそのように彼らを扱っているだろうか？文化、プロセス、従業員、テクノロジーといったトピックを扱う本書は、目の前にある成長の機会を手に入れるための経営者必携のガイドブックである」

CBCの〈ドラゴンズ・デン〉の〝ドラゴン〟、クリアコの共同創立者・会長　ミシェル・ロマノウ

「あなたには、これまで私が話したたくさんのことを覚えておいてほしいと言いたいところだけど、
一番大事なのは幸せでいることよ」

母（1933―2022）

私が最終稿を出版社に渡した週に亡くなった母ドロアス（ディー）に
母が私に最後にくれたこの言葉は、永遠に心に残る完璧なメッセージだ
いつまでもあなたを忘れない
愛をこめて（メ・ケ・アロハ）

「エクスペリエンス・マインドセット」目次

まえがき

より良い指導者兼司令官になるために役立つと私が思うアドバイスは、他のどんなアドバイスよりもずっと大きな満足と自負心をもたらしてくれ、同時に、キャリアを大きく前に進めてくれる。そして、それには特別な個性や化学反応は必要ない。誰でも実現可能である。そのアドバイスはこうだ――部下を思いやること。

メルヴィン・ザイス将軍
アメリカ陸軍戦略大学の中級将校たちに向けて

私は40年にわたって優れた企業とは何かを探ってきたが、ザイス将軍の言葉は、極めて重要な教えの1つとなっている。部下を思いやること！　彼らを訓練し、敬意と優しさをもって遇し、この狂った世界に立ち向かえるようにすること。すべての従業員に対して、成長を促し、同僚を思いやるよう求める。これこそが、優れた企業となるための鍵である。

ティファニー・ボバにはそれがわかっていて、本書『エクスペリエンス・マインドセット』で明確に説明している。人を第一に考える必要があると理解しているのだ――私が何十年も文字通り叫びつづけているメッセージもそれである。そして、それ――人を第一に考えることが、まず間違いなく利益を保証する原動力となる。『エクスペリエンス・マインドセット』でティファニーは優れた従業員体験の真の重要性を思い出させてくれている。あなたが私を含めた他の人間からそれについて聞いたことは、もちろんあるはずだ。しかし、この本では、ティファニー自らが行った調査、魅力的な逸話、彼女自身の経験によってそれを裏付けており、同時にさまざまな学びも得られる。

ティファニーが序章で述べている、「ステークホルダー全員にバランスのとれた並外れた体験をもたらすことを戦略的に追求することにより、1足す1が2となる以上のものを成しとげ、成長率を何倍にも拡大できる」という言葉には心から同意する。経営者は、全従業員の成長とコミュニティの幸福に全力を尽くす組織を生み出し、維持するために存在するのである。それこそが優れた企業(エクセレント・カンパニー)であり、人間が達し得る最高地点である。

トム・ピーターズ

『エクセレント・カンパニー』(1982年)及び、最新作『The Compact Guide to Excellence』(2022年)を含む20冊の著作を発表しているマネジメントの第一人者

序章

従業員は会社のバリューを守り、使命を果たすために日々奮闘している。顧客や同僚が企業のブランドや経営者とかかわることで生じるポジティブな関係性やネガティブな問題など、会社にとって重要な、ありとあらゆる局面において調整役を務めている。私の友人であり、家電量販企業ベストバイ社の元CEO兼会長であるユベール・ジョリーは、私のポッドキャストで次のように述べた。「ビジネスの核心は、高い目的を追求し、従業員を中心に据えるという考え方、そして、従業員が本来持つ魔法のような力（ヒューマンマジック）を解き放ち、ステークホルダー全員を満足させ、結果として企業が利益を得られるような環境を作り出すという考え方にある」

こんなふうに自分のビジネスについて屈託なく語れるエグゼクティブがどれほどいるのだろうか。企業の成功の重要な鍵でありながら、見過ごされることの多い従業員体験（エンプロイー・エクスペリエンス：EX）――企業の顔として顧客にじかに対応する従業員の日々の体験――にスポットライトを当てているのだから、なおさらだ。均一的な顧客体験（カスタマー・エクスペリエンス：CX）の重要性と、それが自分たちの成長に及ぼす影響について明言する企業が多い一方で、従業員体験の果たす役割については、きちんと測られたり、理解されたりしているとは言いがたい。顧客と従業員のどちらか一方にしか注意を向けられないと感じる経営者が多いからだ。

だが、**会社を成長させるには、より意図的でバランスのとれたやり方で、顧客体験と従業員体験の**

両方を底上げしなければならない。従業員体験により注意を向ければ、50％以上収入を増やし、50％以上利益を上げることも可能になる。高い顧客体験と従業員体験を実現している企業は、それらが低い企業（4・35％）に比べ、3年間の年平均成長率（CAGR）がほぼ2倍（8・50％）となっている。

従業員の重要性について経営者たちが何を言おうと、新たに行われた画期的な調査によれば、経営に携わるエグゼクティブの10人中9人が、他の何にもまして顧客の要望に力を注ぐよう、従業員を促しているそうだ。その結果、ビジネスを成長させたいと思ったら、エグゼクティブ自らが時間と資源を使って顧客とその体験を支援しなければならないという考えが一般的になっている。

とはいえ、エグゼクティブのみんながみんな、従業員の重要性をわかっていないと言っているわけではない。サウスウエスト航空のハーブ・ケレハーはかつてこう言った。「従業員を大事にしたら、どうなると思う？　顧客が戻ってきて、株主が大喜びさ。従業員から始めれば、あとはおのずとついてくる」。ヴァージン・グループの創業者のサー・リチャード・ブランソンも同じことを言っている。「従業員を大事にすれば、従業員は顧客を大事にするようになる」。また、ゼロックス社の元CEOで元会長のアン・M・マルケイヒーは次のように語っている。「経営者に、単なる従業員ではなく、ひとりの人間として気遣ってもらっていると思える従業員は、より生産的で、満足し、充実感を覚えているものだ。満足している従業員は顧客を満足させることができ、それが会社の利益へとつながる」。

要するに、大成功しているこれらのビジネスリーダーたちは、みな同じことを言っている。「顧客を満足させたければ、まずは従業員を満足させること」。そう言われると、当然のことに思えるが、このシンプルな考え方は、今のほとんどのビジネスの経営哲学に逆行するものなのである。ビジネス界を支配しているのは、前世紀の経営哲学に根差した考えだ。アメリカの経済学者ミルトン・フリードマンが、「ビジネスの唯一の目的は株主のために利益を生み出すことである」という極端な見解を示し、20世紀後半の〝株主の利益が他のすべてに優先する〟という経営文化を作り上げた。経営学の大家ピーター・ドラッカーの言葉も、特定の考えを広めるのに利用された。ドラッカーは「ビジネスの目的は顧客を創造することにある」と述べ、「知識経済においては、誰もが志願兵なのに、経営者たちは徴用兵を指揮する訓練を受ける」と述べたことで有名だ。最初の言葉は、当時出現しつつあった株主および顧客ファーストの考えに当てはまるが、次の言葉はまったく当てはまらない。そのせいか、最初の言葉のみが広く人々の記憶に残り、〝ドラッカーの見解〟として引用されるようになった。

そしてそこに問題が生じた。長年、高い顧客満足度と成長率は、水面下でくすぶっているものを覆い隠してきた――顧客体験に異常に注意を向けるせいで犠牲にされてきた従業員体験を。顧客体験が良ければ、従業員体験が劣っていても、企業は成長できる。従業員体験と顧客体験がそれなりでもやはり成長できる。しかし、**成長率を大幅に上げるためには、〝両方〟を良くする必要がある。**

直感でそうとわかっている経営者も多いが、その考えを戦略的意思決定や組織構造にうまく結びつけられずに苦労している人がほとんどだ。みな点と点を結べずにいる――結ぶのに気が進まないわけだ。**従業員体験と顧客体験が相互に利益をもたらすものとなるよう、バランスをとって両者を並行して改善することで、企業は幾何級数的に成長できる。**そうは言っても、従業員体験と顧客体験がいつも必ず〝イコール〟になるということではない――それを目的にはしないほうがいい。ただ、どんな場合に、どちらかに他方よりも注意を向けるべきかがわかっている必要はある。とはいえ、大なり小なり、なんらかの意思決定を行う際には、顧客と従業員の両方の要望と好み、つまり体験（エクスペリエンス）を考慮に入れなければならない。それには、企業経営におけるまったく新しい考え方――「エクスペリエンス・マインドセット」――が必要となってくる。

結局、エクスペリエンス・マインドセット（体験重視のマインドセット）とは、従業員体験と顧客体験の間のレバレッジ・ポイントを最大限活用し、勢いのある効果的なサイクルを生み出して、著しい成長率アップへとつなげることである。それは企業の意思決定の際に従業員体験と顧客体験の両方を考慮に入れるという新たな経営モデルであり、意図的で包括的なアプローチである。**ステークホルダー全員にバランスのとれた並外れた体験をもたらすことを戦略的に追求することにより、1足す1が2となる以上のものを成しとげ、成長率を何倍にも拡大できる。**

しなやかな成長のために点と点をつなぐ

セールスフォース社でグローバルな顧客の成長とイノベーションの促進を担っている私の仕事は、市場の動向を調査し、ありとあらゆる規模の会社の営業パフォーマンスを改善し、成長を推進するにはどんな対策が最も有効かを見極めることである。セールスフォースにおける私の指導的役割は、15年もの間、革新的なスタートアップやフォーチュン500に名を連ねる会社のために、営業、マーケティング、顧客サービスの進むべき道を示してきたことに集約される。その後は10年にわたり、コネチカット州スタンフォードに本社のあるテクノロジー研究及びコンサルティング会社であるガートナー社の特別研究員として、会社の成長戦略を研究し、助言を行ってきた。

企業の成長を助けることに力を注ぐようになったことで――本当のことを言えば、それに取りつかれるようになったことで――私は「世界の経営思想家ランキング」であるThinkers50に二度ランクインした。世界中で750回以上行った基調講演に50万人以上を集め、ハーバード・ビジネス・レビュー誌からファスト・カンパニー誌にいたる雑誌に論文を載せた。これは自慢ではない。私のような長年の経験を持つ人間でも最近まで、目の前の何が正しいのかわからずにいた、ということを伝えたいから言っているのである。

初めての本『Growth IQ』――持続可能で反復可能な成長を実現する10の方法について要約し、ウォール・ストリート・ジャーナル紙のベストセラーリストに載った本――を出版したあとになって私は、顧客体験（CX）について丸々1章を費やしておきながら、従業員体験（EX）との相互関連性と、従業員体験が顧客体験に及ぼす影響についてあまり深く掘り下げなかったことに気づいて愕然とした。他の多くの人たちと同様に、その2つがリンクしていることはなんとなくわかっていたが、明確にそれを意識したのは、2018年にバンクーバーで数千人を前にしてステージに立っているときだった。「世界的に見ても、セールスフォースは働くのに最高の場所です」と私は言った。「どこよりも革新的な会社で、最も成長著しいソフトウェア企業です」――その言葉が聴衆に受け取られるのを待ってから、私は続けた。「今述べた3つは偶然ではありません」（セールスフォース社の従業員である私の言葉は自画自賛と思われたかもしれないが、ファスト・カンパニー誌、フォーチュン誌、フォーブス誌、グラスドア〈従業員が匿名で企業をレビューするWebサイト〉、市場調査会社IDCを含む外部の情報源からも認められてきた長所だった)。

そして、最後の言葉を口にしてすぐに、〝3つは偶然ではない〟という言葉が真実だと気がついた。従業員、顧客、成長の3つにはつながっている点――原因と結果――があり、それによってそれぞれ高め合っているのだと。そのステージに立ちながら、頭の中ではこんな考えを巡らしていた。**顧客を満足させるには、単に〝顧客ファースト〟では足りない。組織を活気づかせるという目的を実現するにあたっては、健全でやる気があり、生産的な従業員を基本とするところから始めなければならない。**

そうはっきり認識したことで、2年にわたる変化の旅が始まった。たしかに、ケレハーやブランソンやマルケイヒーらが、顧客体験に対する従業員体験の重要性を強く主張していた。しかし、事実はどこにあるのか?　その主張を裏付ける研究結果はどこに?　**さらに言えば、その考えが明々白々な事実ならば、どうしてみな、顧客体験を改善する方法として従業員体験を強化しようとしていないのか?**　セールスフォース社のために、私はその問いに答えるべく、2つの予備的な調査を主導した。

それと同時に、これらのテーマについて書かれた文献を大量に読み、世界中のエグゼクティブと徹底的に話し合う機会を数多く持った。そうするなかで、EXとCXに関する企業の取り組みの現状、双方のつながり、両者がより良い共益関係にあれば、どんな会社にも信じられないほどの結果をもたらす効果的なサイクルが生み出されることなどを、より深く理解するようになった。

この研究の大半は世界的なパンデミックとそれがもたらした大量離職が最悪の時期に行われた。そうした状況のせいで、従業員やその生産性、従業員エンゲージメントにいっそう注意を向けざるを得ず、それがよりはっきりした調査結果を得て、結論を導き出す助けとなった。悲劇的な影響をもたらしたものの、新型コロナウイルスの流行は、多くの重要な分野で従業員の要望が満たされていないことについて深く話し合うための扉を開いてくれた。

経営者が第一に考えるべきなのは、何を犠牲にしても会社を成長させるということではなく、会社のレジリエンス（弾力性）を高めることである。絶えず混乱し、急速に変化する今日のビジネス環境の中で生き抜くには、強靭で柔軟な成長が必要となる。**不満を抱えた従業員や顧客を犠牲にしての成長はもろく、あまりに儚いものだと企業は苦い経験から学んだ。**どれほど増益の勢いに乗っていたとしても、従業員に注意や敬意を払わずにいれば、そのせいでその勢いも失われることになる。従業員の努力やエンゲージメントや会社が掲げる目標への思い入れがなければ、成長は見込めない。

誤解のないように言っておくが、エクスペリエンス・マインドセットを受け入れるからといって、新たな役職や部署を作らなければならないわけではない。深く組織に根差した問題を解決するのに、すばやく簡単な方法はないのだ。（残念！）前述の『Growth IQ』でも述べたように、**成長についても同じことが言える。**エクスペリエンス・マインドセットにしても同じことが言える。**このマインドセットの変更は、従業員と顧客にまつわるすべてに関し、オペレーションとコミュニケーションを、部門を超えて緊密に行うという新たな指針を会社全体で受け入れて初めて可能になる。それが「従業員」、「プロセス」、「テクノロジー」、「企業文化」につながるのだからなおさらだ。**その試みを支えるのに会社全体の足並みを揃えようと思ったら、経営陣の強い指導力と全従業員の賛同が必要となる。

企業の最高責任者たちは役員室の壁をとっぱらい、従業員と協力し合ってともに仕事に向き合うという新たなやり方を学ぶ必要がある。従業員に心を開き、助言や率直なフィードバックを求めなければならない。そして、従業員、各部門、顧客が個別に行うよりも、力を合わせて取り組むほうが多くを成し遂げられると、組織の一人ひとりが認識しなければならない。**企業はEXとCXの間に自らがもたらした緊張を取り除き、新たな経営方針と企業戦略の一環として、新たな気持ちで両者と向き合う必要がある。**

顧客に自社のブランドを愛してもらう、てっとり早い方法は、従業員に彼らの仕事を愛してもらうことである。

エクスペリエンス・マインドセットを発展させるには

変革は決してたやすいものではない。組織内で先頭に立って変革を起こそうとしているのであれ、社会の複雑極まりない問題を解決しようとしているのであれ、自分自身の考え方と行動を変化させることなく、それを果たすことはできない。本書を読めばおわかりいただけるが、エクスペリエンス・マインドセットは、ビジネスに向き合う際のまったく新しい考え方――**ビジネスはすべてのステークホルダーのためにあるという考え方**――の基本となる。今日の企業は、顧客に向けて、従業員に向けて何かをするというのをやめ、彼らのためにそれを行わなければならない。一般消費者（顧客）向けのビジネス（B2C）、取引先企業向けのビジネス（B2B）だけでなく、従業員向けのビジネス（B2E）すらも、顧客のためのビジネス（B4C）、取引先企業のためのビジネス（B4B）、従業員のためのビジネス（Ｂ４Ｅ）にならなければならない。

ささいな違いに思えるかもしれないが、それがマインドセットを変えるということだ。顧客や従業員との関係について、どう考えるかの枠組みを変える必要がある。売上にばかり目を向けるのではなく、顧客との取引を、顧客が成功するための手助けとみなすべきである。あなたの会社の製品やサービスを用いて、あなたの顧客は、その顧客や従業員により良い奉仕ができるようになる。**同じことがあなたの会社の従業員にも言える。従業員から生産性を絞り取れるだけ絞り取ろうとするのではなく、従業員が仕事や人生をより良いものにするのに、何ができるかを考えること。会社をみんなが成功するための場所にするには、あなたはどんなマインドセットでことに当たればいいのか？**

あなたがマネジャーであれ、スタートアップの創業者であれ、経営幹部であれ、エクスペリエンス・マインドセットを用いれば、国際レベルの人材を採用してその雇用を維持し、雇った従業員を会社の目標達成に没頭させることができる。さらに、これまで以上の顧客を惹きつけ、どれほど困難で試練に満ちた経済期であっても、会社を飛躍的に成長させることができる。仕事に満足している従業員だけが顧客を喜ばせられるというケレハーやブランソンやマルケイヒーの考えを裏付ける研究結果を受け入れさえすれば、本書の内容がどこまでも理にかなったものに思えるはずだ。

本書は、調査結果からわかったことによって、多くの人がＥＸとＣＸはつながっているのではないかと思いつつ、最終的に結論づけるまでいかなかった事実を証明している。リーダーたちは、最大の効果を秘めた分野を特定し、それを追求するための確固たる戦略を構築することで、成長目標を達成するための明確なロードマップを手に入れることができる。本書を読めば、従業員ファーストの会社であるべきか、顧客ファーストの会社であるべきか、選べないジレンマを経験することもなくなる。エクスペリエンス・マインドセットを学べば、ＣＸとＥＸ両方の利益を増幅し、会社にしなやかな成長をもたらすことができるからだ。

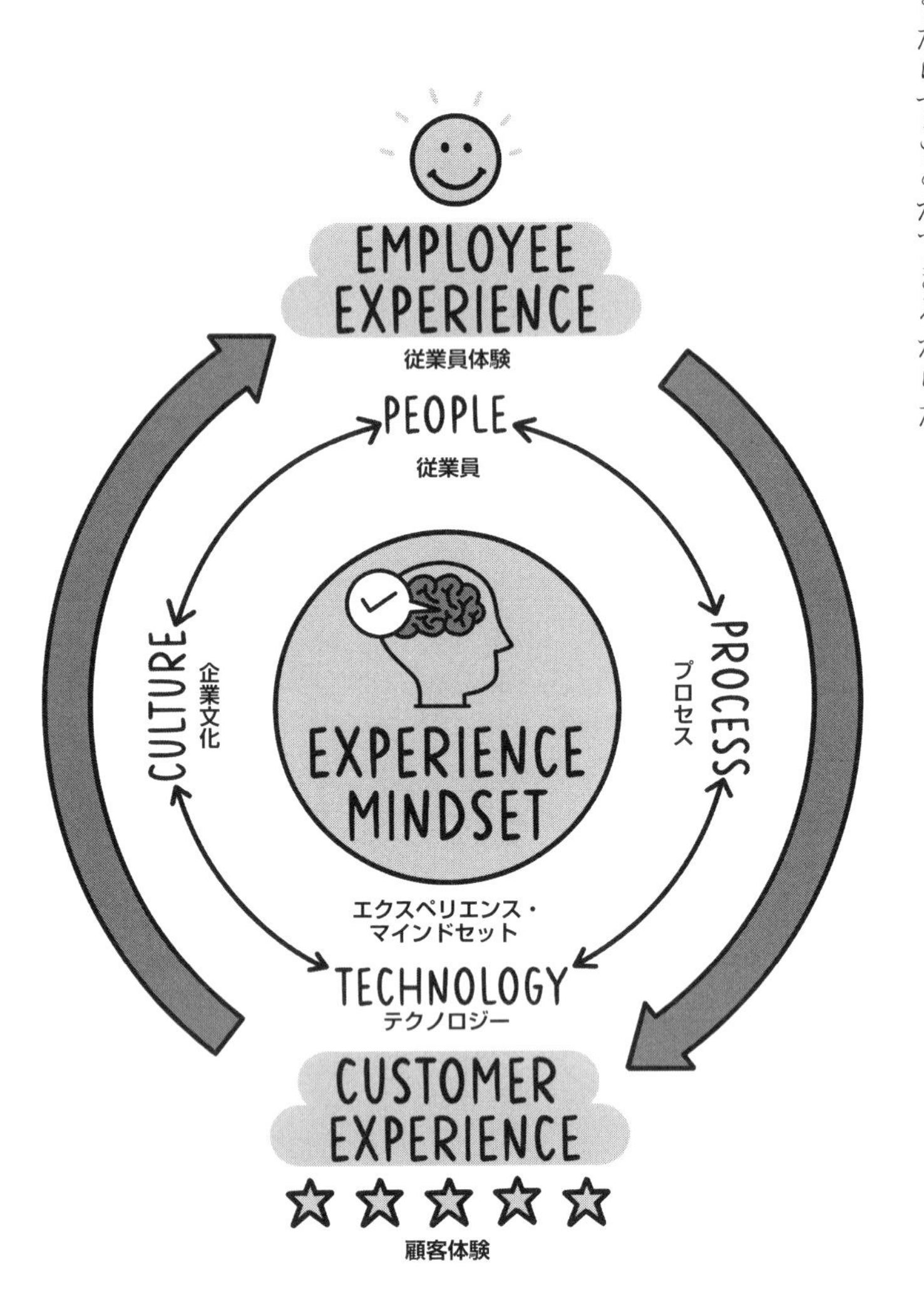

第1章 顧客体験（CX）

イノベーションによって焦点が当てられたり、改善されたりすることは多い。それが会社全体のプロセス、従業員の作業手順、インフラストラクチャー、組織構造のいずれにおいてであっても、すべては顧客に奉仕するためのものだ。仕事に満足している従業員はより良い顧客体験を生み出すことができ、それが顧客のロイヤルティ（企業に対する信頼や愛着）を引き出し、ひいてはその顧客と仕事をする従業員の満足につながるというようなループが完成する。そのループこそが目指すべきものである。

チューイー社CEO　スミト・シン

まずは少しばかり歴史をひもといてみよう。顧客体験（CX）についておおまかなことはわかっているという人も多いだろうが、一歩下がって、顧客体験に異常なほど焦点が当てられるようになった理由を探れば、今のこの状況にいたった手がかりが得られるはずだ。第一次産業革命と第二次産業革命は、生産力と生産量の増加に象徴される革命だった。企業は〝製品中心〟、もしくは〝製品主導〟という旗印のもと、顧客が製品の改良を望むかどうかにかかわらず、製品改良という点で競い合った。1950年代に始まった第三次産業革命は、通信技術の進歩やエレクトロニクスの台頭、コンピューターの発達をもたらし、ビジネスのやり方を根本から変えた。

顧客が抱える問題を追跡・解決し、顧客の新たな需要に応え、顧客により良いサービスを提供できるようになったおかげで、企業の製品やサービスに対する顧客体験は改善された。サプライチェーンがグローバルに拡大するにつれ、製品やサービスも多様化し、入手しやすくなった。同様に、顧客が商品やサービスをオンラインで購入するといった、新たな購買方法が登場したことも忘れてはならない。その結果、顧客の購買行動が変わっただけでなく、eコマースのような、テクノロジーがもたらす新たな取引形態の登場で、顧客体験への期待値は高まる一方となった。

それに応え、企業は製品主導のやり方を見直し、顧客に注意を向け出した。ワンパターンのやり方を脱し、具体的な顧客データを入手して活用することで、多様な顧客の要望に応え、より良い顧客体験を生み出すことができた。そのやり方にのっとれば、顧客が現実に抱える問題に製品や企業の特徴や機能を関連づけられるということだ。顧客中心の企業はまた、顧客の実際の興味や要望に基づき、すべてのやりとりにおいて顧客に価値をもたらそうとした。

顧客中心の考え方は理にかなっていたため、急速に広まった——**顧客は収益の源であり、収益なしに企業は存在しないというわけだ。**さらに、顧客に注目することには、短絡的ながら効果がある。片足で飛び跳ねるようなもので、ゆっくりではあっても前には進む。

よりいっそう顧客を重視するには、顧客体験にも注目しなければならない。そのため、経営幹部にとって、ポジティブなＣＸの提供が、他社との競争における自社の優位性を高めるための最優先事項となった。とはいえ、製品が重要でなくなったわけではない。製品は重要視されており、それは今も変わらない。ただ、優れたＣＸがあってこそ、製品もそれだけ重要になってくるということだ。

そして今、第四次産業革命が起こり、ＡＩ、ＩｏＴ、Ｗｅｂ３・０（分散型インターネット）、メタバース（インターネット上の仮想空間）の登場とともに、技術力とその活用がまったく新しいレベルへと押し上げられたため、ＣＸの価値もかつてないほどに高まっている。それも当然だ。セールスフォース社の調査によると、**企業から提供される体験が製品やサービスと同じぐらい重要だと感じている顧客の割合は、２０１９年には84％だったが、２０２２年には88％に上昇した。ＣＸが極めて重要なものになったのは明らかだ。**

どの企業も、顧客や取引先企業にすばらしい体験を提供する努力を怠ってはならない。序章でも述べたように、顧客や取引先企業に向けて何かをするのではなく、彼らのために何かをする必要がある。顧客向けのビジネス（Ｂ２Ｃ）、取引先企業向けのビジネス（Ｂ２Ｂ）を、顧客のためのビジネス（Ｂ４Ｃ）、取引先企業のためのビジネス（Ｂ４Ｂ）へと、考え方そのものを変えるのだ。そのためにはまず、記憶に残る顧客体験（ＣＸ）とはどういうものかを知らなければならない。

顧客体験の水準を上げる

ザッポスを例に挙げよう。2004年のザッポスにとって最大の課題は顧客サービスだった。とくに、コールセンターに適した人材探しに苦労していた。ザッポスはオンラインで靴を販売する、純然たるeコマース企業だが、新規の顧客が平均して最低一度は電話をかけてくることに気がついた。その電話にうまく対処できれば、心のつながりが生まれ、そのことが顧客の記憶にも長く残る。しかし、そのチャンスを棒に振れば、その顧客は二度と戻ってこない。

当時ザッポスのCEOだったトニー・シェイは、創業当初から顧客サービスをこの会社の主要商品にすると決めていた。つまるところ、靴はどこででも買える。顧客を「あっと言わせる努力をしなければ」、ザッポスに顧客はつかない。そう考えたシェイは、資金を投じて顧客サービスを24時間対応にする人員体制を整えた。同業他社ならば、認知度を高めて需要を拡大するために、広告に資金を投じるところだろう。しかし、シェイは、広告に金をかけるよりも、顧客の満足度を高めてザッポスの良さを口コミで広めてもらおうと考えた。

2004年当時としては珍しいやり方だった。コールセンターは金食い虫のコストセンターでしかなく、会社の成長の原動力とはみなされていなかった。しかし、シェイのもとで、顧客とのやりとりはすべて〝ブランディングの一環とみなされ、コストを最小限にすることは最重要課題ではなくなった〟。つまり、コールセンターの運営の仕方や人員の配置がまったく違うものになったのである。

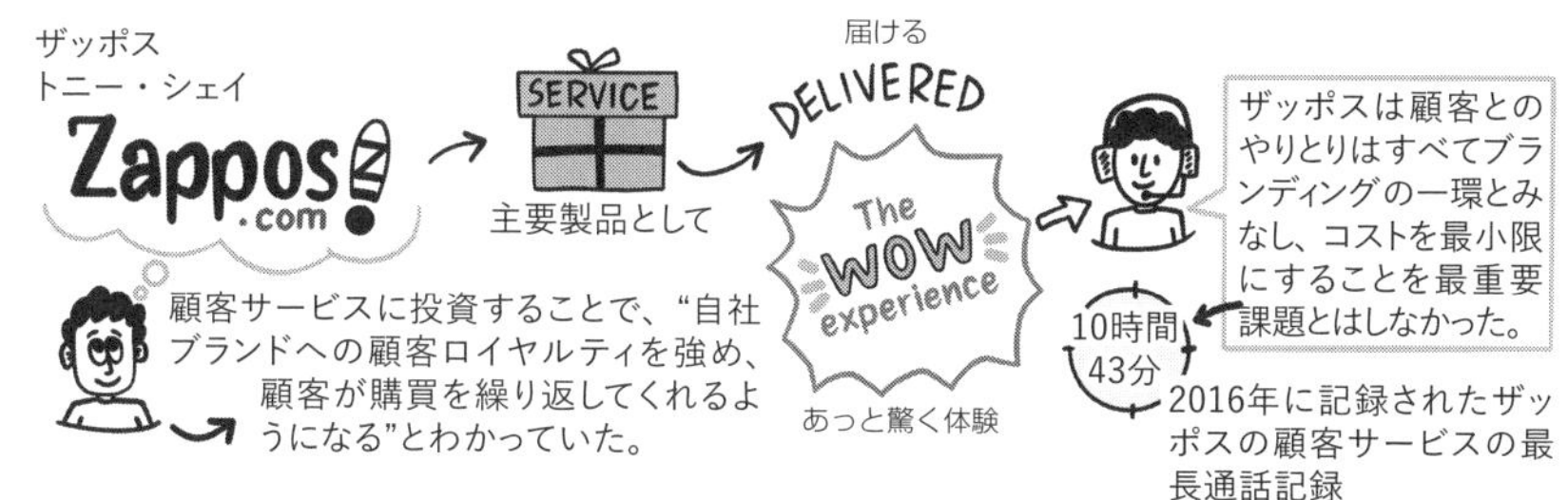

たとえば、ザッポスの顧客サービスの担当者が長時間にわたって電話対応したという話はよく耳にする。一般的なコールセンターの平均通話時間は4分だが、ザッポスの顧客サービスの最長通話記録は２０１６年に記録された10時間43分だ。コールセンターの担当者のみんながみんな顧客の対応に10時間以上を費やすべきということではない。ここで重要なのは、そのときの担当者の心の持ちようである。担当者はどのぐらい時間をかけたらいいか頭を悩ますことも、１人の顧客に時間をかけすぎて〝問題になる〟こともなく、その通話を続けられるとわかっていた。

こうした逸話がいつしかザッポスの企業文化を象徴するものとなった。ザッポスは顧客のために特別なことをする権限を従業員に与え、ＣＸの水準を上げつづけた。新型コロナウイルスのパンデミックが始まると、コールセンターへの電話の件数が大幅に減ったが、ザッポスがコールセンターのスタッフを一時解雇することはなかった。逆に、とにかく誰かと話したいという人向けの特別な通話サービスを開始した――旅行の計画やテレビ番組についてなど、電話して何でも好きなことを話せるサービスだ（このサービスはザッポスの従業員の発案だった）。顧客サービスのスタッフは、電話をかけてきた相手が靴以外のものについての情報を求めてきても、力になることで知られていた。同社のＷｅｂサイトの宣伝文句にあるように、「パン作りに挑戦してみたいけど、小麦粉がない？　お客様が必要としている物を取り揃えた店を私どもが喜んでお探しします」という具合だ。

コールセンターのスタッフが急を要する問題で役に立った事例もある。マウントサイナイ・ヘルスシステムでリハビリテーション・イノベーション部門の責任者を務めるデイヴィッド・パトリーノは、新型コロナウイルスのパンデミックの影響で、パルスオキシメーターをオンラインでなかなか調達できず、困ったあげくにザッポスに電話をかけた。ザッポスはその機器の在庫がある場所を特定し、数日のうちにマウントサイナイ宛てに５００個出荷されるよう手配し、さらに50個を寄付して、パトリーノを喜ばせた。

トニー・シェイには長年の間、何度か会う機会をいただいたが、彼は２０２０年に悲劇的な死を遂げた。彼との会話はいつも笑いと喜びに満ちたものだった。彼が多くの人の心に刻み付けた〝幸せを届ける〟という思いは、今後もずっと生きつづけていくことだろう。シェイには、顧客サービスに投資することで、〝自社ブランドへの顧客ロイヤルティを強め、顧客が購買を繰り返してくれるようになる〟とわかっていた。顧客は価格など、他の差別化要因以上に、商品やサービスがもたらす経験や、その会社のスタッフとのやりとりを覚えているものだということも。

人はスニーカー1足にいくら払ったかということよりも、自分のために尽力してくれたサービス担当のことをより鮮明に覚えているものだ。こんなふうにCXに力を入れれば、産業分野にかかわらず、〝製品を買ってくれそうな〟顧客を増やすことができる（**図表1・1参照**）。このように、〝非常に良い〟または〝良い〟ＣＸはそれ以外よりも格段にすばらしい結果を見せている。

顧客体験（CX）に基づいて分析した、企業から再度購買する可能性のあるアメリカの消費者の割合（産業別、2020年5月）

全回答における％

	非常に良いCX	良いCX	中程度のCX	悪いCX	非常に悪いCX
銀行	93%	79%	67%	46%	19%
コンピューター製造	93%	88%	75%	54%	23%
エレクトロニクス	92%	83%	71%	51%	22%
ファストフード	96%	87%	72%	52%	22%
食料品	96%	90%	79%	61%	25%
小売業	95%	90%	78%	58%	25%
ソフトウェア企業	94%	84%	73%	49%	20%
ストリーミング	92%	81%	70%	45%	21%
TV　インターネットサービス	90%	79%	64%	39%	14%
平均	94%	84%	72%	50%	20%

図表1.1　良いCXを提供することの重要性

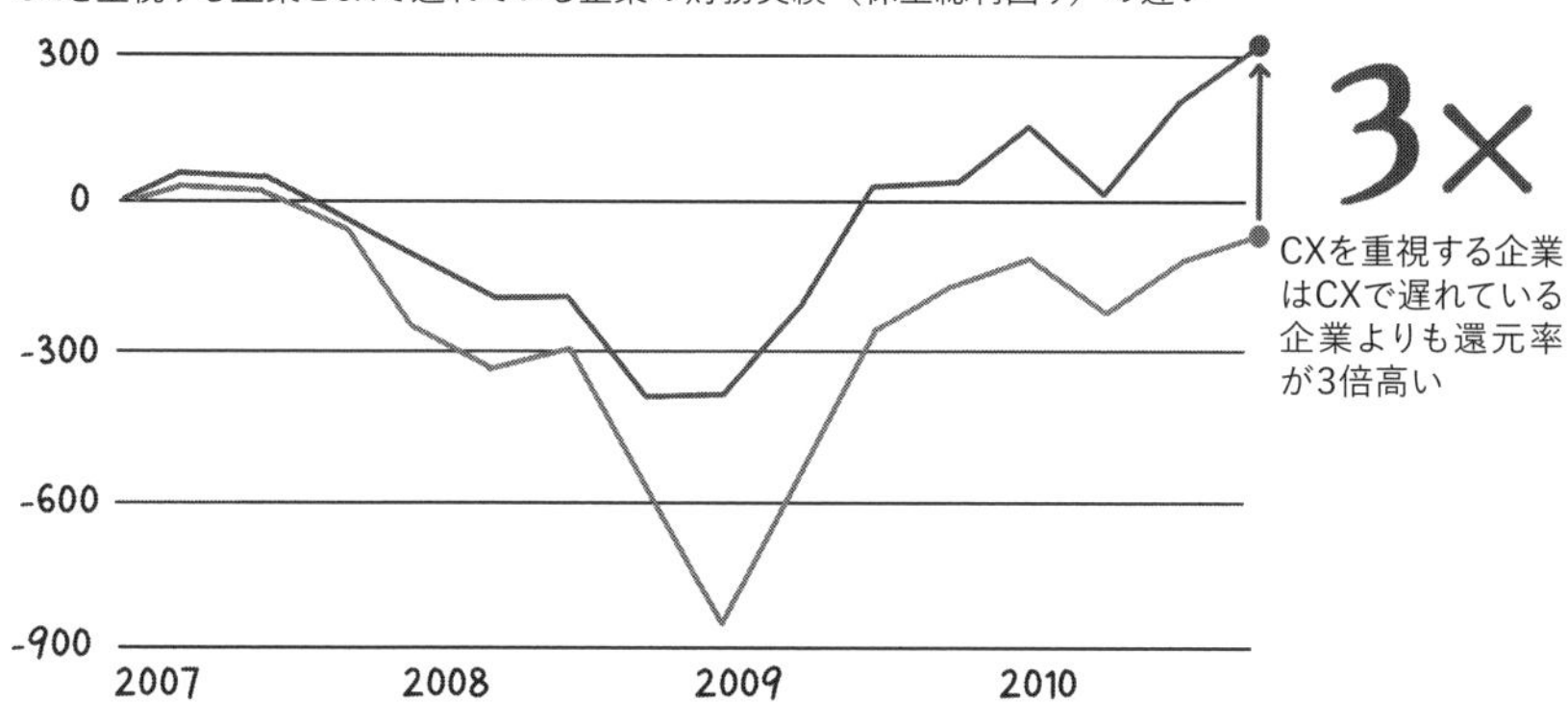

図表1.2　CXを重視する企業は困難な時期にもレジリエンスが高い

優れたＣＸは、製品やサービスそのものよりも、それを使ったときに顧客がどう感じるか、その企業の従業員や企業ブランドとかかわったときはどうか、顧客にとって最も重要な結果をもたらし得るかどうかで決まる。

企業の従業員と顧客とのやりとりは**重要な瞬間**であることが多く、だからこそ、真に貴重なものとなる。過去10年を振り返っても、ＣＸの継続的な改善に価値があるのは間違いない。たとえば、ＣＸを１％改善している大衆向け自動車メーカーは、10億ドル以上の増収が見込める。また、**図表１・２**にあるように、**２００８年の金融危機後、ＣＸを重視する企業が株主に還元した利益は、ＣＸで遅れている企業の３倍高かった。**

――優れたＣＸの特徴

では、優れた顧客体験（ＣＸ）とは実際どういうものか？　それを実現するために企業が指標としているものを見てみよう。

●**効率化：**商品やサービスの購入、ひいてはそれについてのサポートを得る際に、顧客が費やす時間と労力を最小限にする。たとえば、最近では、フロントデスクでのチェックインやルームキーの受け渡しを必要としないホテルが増えた。ホテルの客はアプリを使えば、チェックインをしてデジタルのルームキーを受け取ることができ、ルームサービスや部屋の掃除の依頼もできる。顧客と従業員の接触がほとんどない、こうした顧客への〝ロータッチ〟のアプローチは、上手に活用すれば、すばらしいCXをもたらすのに非常に有効である。

●**個別化**：顧客の名前や、購入履歴や、その他これまで顧客が経験したことについて従業員が確実に記憶しているようにする。顧客は自分とのビジネスが大事にされていると思いたいものだ。肝心な場面で、その都度初めての会社とやりとりするような気分にはなりたくない。

●**予測**：顧客が次に必要とするものを予測する。たとえば、過去の購入データに基づき、購入傾向の似ている他の顧客と比較して、顧客が興味を持ちそうな製品やサービスを予測する。うまく予測できれば、表に出ていなかった購入意欲を掘り起こすことができ、営業担当の仕事を絞り込んで効率化し、自動化によって販売のプロセスをよりスムーズにすることもできる。

●**先を見通す**：顧客が接触してくる理由を想定し、先にこちらから顧客に接触する。保証期限やクレジットカードの有効期限が90日以内に切れることをメールで知らせることもその一例である。切れれば、サービスを受けられなくなる可能性があるからだ。定期購入等、購買が繰り返される場合は、顧客が望まぬ解約を強いられる可能性を最小限にするために、先を見通して顧客の不利益にならないよう、こちらから接触することが非常に重要になってくる。

●**柔軟性**：オンライン、オフライン問わず、顧客の望む形で購入、連絡、契約ができるようにする。たとえば、顧客サービスであれば、電話、メール、オンラインのFAQ、チャットボット、ソーシャルメディアなど、複数の選択肢を用意する。それによって、見込み客がどこでどのように購入するのを好むかを把握できる。

●**迅速な対応：**顧客が抱える問題を迅速に解決する。連絡を受けてすぐに問題を解決できないこともあるだろうが、時間と労力を必要とする問題に取り組んでいる間、常に顧客に対してフォローを忘れないことも重要だ。サービスに対する期待値が高まっているなか、迅速な対応が重要になってくる。顧客を長く待たせれば、CXにマイナスの影響がある。すばやく反応して問題を解決することができれば、CXにプラスに働く。

●**価値を重視：**製品やサービスから得られるはずの価値に基づいて顧客が買うかどうかの判断が下せるよう、顧客のニーズに注目する。たとえば、バリューベース・ヘルスケアの場合、医者が診る患者の数に応じてではなく、患者の病状の回復に寄与した医療行為の質に基づいて医療提供者（病院や医師など）に報酬が支払われる。顧客にとっての価値を重視することは、取引先企業のためのビジネス（B4B）や顧客のためのビジネス（B4C）において非常に重要である。顧客の生活やビジネスの価値を高めるために何ができるかを考える必要がある。そうすれば、顧客のニーズに注目し、ニーズに合わせた商品やサービスで価値を生み出したいと本気で思っていることを、顧客にわかってもらいたくなるはずだ。

ここに挙げた7つの指標は、いずれも要は**顧客の労力を減らす**ためのものだ。顧客の労力を減らせれば、あなたの企業ブランドに対する顧客体験を向上させ、顧客のロイヤルティを高めることができる。販売する製品そのものよりも、顧客に提供できる経験によって競争優位が決まるものとなりつつある今、顧客が抱える問題や課題を顧客本位に解決することが何よりも重要である。しかし、長期的に優位を保とうと思ったら、それだけでは足りない。**従業員と顧客のやりとりを双方がさほど労力をかけずに済むものにし、摩擦のないやりとりが継続的に行えるようにしない限り、長期的な成功は見込めない。**

やりとりと労力

ここで考慮に入れるべき労力には2種類ある。期待した結果を得るのに顧客の側で必要となる労力と、顧客の期待に応えて仕事を果たすのに従業員側に必要となる労力だ。近年、顧客の労力と従業員の労力はほぼ同じように減少の一途をたどっている。先に述べたように、企業が製品中心だった第一次、第二次産業革命の間がとくに顕著だった。一人当たりの生産性と生産高が重視されたため、従業員の過剰で単調な作業が機械化や自動化され、それが労力の削減につながった。

当時はまだCXに全面的に注意が向けられてはいなかったが、企業にとって製品やサービスの均一性と品質を向上させることが容易になったことで、顧客にも新たな利益がもたらされた。第三次産業革命で新たなテクノロジーが定着するようになると、業務を遂行して完了するのに必要な労力が減るようになり、顧客と従業員双方にとってより良い結果と経験が生み出された。しかし、第三次産業革命から第四次産業革命に移行し、デジタル技術への投資がさらに増えると、製品やサービスを利用する際の顧客の労力もいっそう減少した。それによってＣＸも改善された――が、従業員について同じことは言えなかった。それどころか、業務に際しての労力が増えたと感じる従業員が多かった。結果として、従業員の満足度が減少し、従業員体験（ＥＸ）とＣＸの均衡が崩れてしまった。

仮想の銀行を例に挙げよう。多くの銀行同様、この銀行も個人と中小企業の両方を顧客として抱えていて、中小企業の顧客は銀行手続きのいっそうのデジタル化を期待するようになった。中小企業のロイヤルティを高め、ＣＸを改善するために、銀行は顧客が関心を持っていそうな製品とサービスを探るために、フォーカスグループ調査を実施した。

調査の結果、現在各支店で提供しているサービスに、ビデオ・バンキングのサービスを加えることが良い結果をもたらすだろうということになった。このサービスが実現すれば、顧客は支店に車を走らせることなく、いつでも都合の良いときに担当の銀行員と〝対面で〟話ができる。その目的は顧客の労力を減らし、サービスのレベルを向上し、市場での差別化を強化することにあった。

それは完璧な計画に思われ、顧客の反応もすばらしかった――すばらしすぎるほどだった。顧客の満足度はうなぎのぼりで、ＣＸは全面的に改善されたが、新設されたビデオ通話サービス班の満足度は急降下した。ビデオ通話は、従来のコールセンター業務に比べ、従業員への負荷がずっと大きかったからだ。従業員は新たな技術を使いこなし、新たなプロセスに従わなければならなかった。

また、彼らは顧客から寄せられる幅広く専門的な質問に答えられるだけの訓練を受けておらず、ビデオ通話を受けても、大半は上司に指示をあおぐことになった。顧客のあずかり知らない通話の裏側では混乱をきたすことになった。舞台裏を知らなかったのは経営陣も同様で、従業員の３分の１が離職して初めてそれを知ることになった。ビデオ通話サービスの導入時には大々的に宣伝したものだが、銀行は導入後6週間でサービスの一時停止を余儀なくされることになった。

顧客から歓迎されるサービスだったのは間違いないが、銀行は従業員への負の影響を考慮に入れていなかった。従業員の仕事量が増え、従業員が顧客の多様な質問に対応できないときにどうなるかを。顧客体験と顧客基準の評価の改善だけに注目した結果、従業員にその分負荷がかかり、労力が増えることになった。

企業がテクノロジーを利用して顧客の労力を減らし、CXを改善すれば、顧客ロイヤルティと収益は改善する。そのため、経営幹部がますますCXを優先させるようになる。しかし、従業員が経営幹部と同じレベルでCXの改善を歓迎することはほとんどない。その分自分たちに皺寄せが来るからだ。

ここで注目すべきは、企業が継続的にCXの改善を目指しても、時とともにそれによって得られる利益は小さくなっていくということだ。〝新たな〟サービスが広く普及するようになると、顧客は簡単に感動しなくなっていくからだ。高まる一方の顧客の期待に応えつづけなければ、競合他社にとって代わられるリスクがあるのはもちろんだが、企業として真に成功するためには、流行の先を行き、顧客が将来的に望むものや必要とするものを予測しなければならない。

改善に次ぐ改善が標準となり、業界や地域を問わず期待は高まる一方となった。小売業界を例にとれば、オンラインで購入を行う新規顧客の期待にどう応えるかは今や周知の事実である。eコマースにおいても、顧客が探しているものを見つけて購入するまで3クリック以上かかってはならないといった暗黙のルールのように、最高水準のサービスが確立されている。記憶に残る経験を顧客に提供することのメリットを自覚する企業が増えるにつれ、標準化されていくCXの基本法則も多くなった。

企業が目指すべきは、最高というだけでなく、伝説となるような顧客サービスである。

ウォールマート創業者　サム・ウォルトン

そういうわけで、シンプルで、迅速で、明解で、直感に訴える体験がCXの必須条件となった。同時に、そうしたCXはかつてないほどに再現が容易になったため、企業は顧客の心をつかんで離さないほどまでにはCXを差別化できなくなっている。CXの改善に投資することを何十年もの間優先させてきた結果、どの企業のCXも〝似たりよったり〟になってしまったのだ。

要するに、**先に挙げた7つの指標は顧客にとって当然期待するものになりつつあるということだ。**それでも、顧客は常に今以上を企業に期待し、求める。そうしてCXを向上させつづけることで、あるジレンマが生じた。

CXのジレンマ

先週、私はスマートフォンのアプリを使ってアマゾンで商品を注文した。手続きには全部で1分もかからなかった。同種の商品のリストを少しスクロールしただけで目当ての商品が見つかったので、〝今すぐ買う〟ボタンをタップしただけのことだった。すると、関連する商品が表示され、その1つが実際に必要なものであることがわかった――買った商品を動かすのに使うバッテリーだ。その日のうちに、商品が出荷され、翌日の午後10時前には玄関先に商品が配達されるとメールで通知が届いた。そうする間に、その代金は自動的にクレジットカードに請求されていた。

私たちの祖先から見たら、アマゾンの小売り形態は奇跡のようだろう。無限に思えるほどに在庫があり、購入も返品もほぼ問題なくできる。そして商品はほとんどすぐさま玄関先に届く。しかし、それに慣れた私たちから見れば、その〝思えるほど〟とか、〝ほぼ〟とか、〝ほとんど〟という言葉に問題が隠されている。

午後10時までに届くとされた商品が翌朝午前9時に届いたら――それでも前世紀の基準から言えば驚異的に早いのだが――期待を裏切られた私はアマゾンに失望する。配達を待つという余分な〝労力〟が必要になったことで、アマゾンに対する感情、ひいては商品の製造業者に対する感情までもが悪影響を受ける。たった一度の遅配で完全にアマゾンを見限ることはないが、期待に応え、それを上まわる他の企業が現れたら、ためらうことなくそちらを試してみようとするだろう。

これが、現代のすべての企業が直面しているジレンマだ。アマゾン、ウォルマート、ターゲット、イギリスのテスコ、オーストラリアのメッカ、ブラジルのリアシュエロ、日本のユニクロといったB2Cの小売業者がこの10年の間にCXを向上させることにおいてすばらしい手腕を発揮してくれたため、顧客はほぼ労力要らずの体験だけでなく、目がくらむほどのペースでの改善を期待するようになった。企業に〝ほぼ〟労力要らずの顧客体験を〝まったく〟労力を使わない体験へと精一杯近づけてほしいというわけだ。どんな小売業者もそのペースに後れをとれば、顧客の財布はよそへ向かう。

問題は、そうした顧客の容赦ない欲求に応えようとした結果、企業がCXに過剰に力を入れてきたことだ。アマゾンの例に話を戻そう。「2017年の株主への手紙」の中で、当時アマゾンのCEO兼会長だったジェフ・ベゾスが、高まりつづける顧客の期待について強調していた。「お客様がありがたいのは、なんともすばらしい不満の持ち主である点です……。より良い方法を飽くことなく求められるので、昨日の〝感動〟が今日には〝ふつう〟になります」

アマゾンが2005年にプライムサービスを開始したときには、一定の金額以上という購入条件なしに、2日以内に商品が届くサービスを顧客は評価した。2019年になると、プライム会員へのサービスが拡充され、1000万点以上の商品について、購入金額にかかわらず、送料無料で翌日配送されるようになった。2020年にはさらにサービスを向上させ、1000万点の商品の翌日配送に加え、300万点以上の商品について、35ドル以上の注文で当日配送するようになった。そして2022年、アマゾンはCXの水準をさらに引き上げた。顧客は配送時に梱包されていた箱がなくても、所定の場所で返品すれば、返金を受けられるようになった。かさばるものやオーダーメイド品、低価格商品については、購入者が返品処理の労力や費用にわずらわされるよりは、購入した商品をそのまま手元に置いておくよう提案されることとするらある。〝地球で最もお客様を大切にする企業〟を目指す企業にしても、異常なほどにCX向上に注力することで、思いもよらない事態を引き起こすことになった。

商品の配送、返品処理、返品された商品の再ストックには常に莫大なコストがかかる。顧客がオンラインで商品を購入した場合、返品率はさらに高くなる。インターネットの買い物かごに商品を入れるのは簡単だが、それが実際に届いたときにどんな見た目でどう体にフィットし、どう機能するかを想像するのは容易ではない。全米小売業協会（NRF）によると、2021年のオンラインによる売上高は、年間の全米小売売上高4兆5830億ドルのうち、およそ23％に相当し、オンライン販売での返品率は20・8％だったという。eコマースにおけるアマゾンの2021年度の総売上高が4687億8000万ドルだったことを考えると、およそ1000億ドル分の商品が1年間に返品された計算になる。

〝地球で最もお客様を大切にする企業〟を目指すアマゾンは、CXの改善にたゆまず努めてきたことで、大きく成長し、顧客ロイヤルティを向上させてきたわけだが、返品手続きをかつてないほど容易にしたことによって、向上した収益性を一掃するほどのコストの増加とサプライチェーンの問題に直面している。アマゾンが存続していられるのは、単にその規模のおかげである。小さな会社が同様の状況に置かれたら、生き残れないはずだ。そう考えれば、CXに長期の投資をする際には、収益性への負の影響のことも考えておく必要がある。

CXは〝優れた技術〟だけの話ではない

スティーブ・ジョブズがこのことをうまく言い表している。「まず顧客体験を考えてから、その実現に向けてテクノロジーを開発しなければならない。その逆ではいけない」。商品やサービスに技術面で革新的な特徴を持たせたからといって、それだけでは優れたCXは実現できない。多くの企業がつまずく点もそこだ。そのテクノロジーをどう使うか、誰が使うかという、最も重要な点に注意を向けずに、技術革新にばかり注目してしまうからだ。

今日、テクノロジー開発にどれほどの投資が行われているか見てみればいい。エグゼクティブを対象に実施された2020年のマッキンゼー・グローバル・サーベイによると、企業は「新型コロナウイルスのパンデミックが起こってから、顧客やサプライチェーンとのやりとりや社内業務のデジタル化を3、4年早めた」そうだ。中堅・中小企業（SMB）も同様で、「お客様に利便性を提供する」という名目で組織のデジタル化に投資を行っている。成長著しい中堅・中小企業の51％が、2020年から2021年にかけて、顧客サービス関連のテクノロジーへの投資を加速させた。

また、大手IT企業の77％がCX関連の投資を増やし、そのうち93％が市場での競争力を保つには、顧客向けのテクノロジーの向上は必須だと述べている。CX関連のソフトウェアの市場規模で見ると、2021年には1673億ドルだったものが、2026年には2957億ドルに達すると予想されている。年平均成長率（CAGR）は12・1％となる。

CX関連のテクノロジーへの投資には目をみはるものがあるが、消費者が期待を裏切られることもいまだに多い。顧客がその企業ブランドとの体験を思い出す際には、〝人間が関係すること〟が多いからだ――コールセンターのスタッフがそつのない応対をしてくれたとか、気の利くウエイターだったとか、運転手が安全運転だったとか、販売員の態度が公正だったとか。要は企業と顧客が思い描く体験が乖離しているのだ。企業は新たなテクノロジーやしゃれたデザインをしきりにアピールするも、顧客が記憶に残る体験として最も重要視するもの――人間――には投資してこなかった。**企業は人間性とテクノロジーを融合させることで、顧客が喜ぶ体験の創出方法を見つけなければならない。**

日常的に何かを買いたいと思ったときに顧客には選択肢がある。オンラインで商品を選んで買い、家まで届けてもらう？　オンラインで購入した商品を店で受け取る？　店で実物を見て商品を選び、同じ商品を安価で売っていることの多いオンラインショップで購入する？　どの顧客も、購入にかかる時間や労力、特別サービス、均一的な購入体験、価格など、いくつかの要因に基づいて決断を下す。企業がオンラインの購入経験の改善にどれほど資金を投入したとしても、顧客は自分の要望や必要に基づいて（人間かデジタルか）どちらか望ましいと思うほうの購入形態を選ぶはずだ。ゆえに、人間同士のやりとりが中心となるサービスの質も保たなければならない。

——画面の向こう側にいる従業員たち

効率化と経費削減の名目でオンライン取引に高度の人間味を持たせようと試みる企業は多い。自社の規模と生産性を最大にしようとするなかで、デジタルツールを使って人間がかかわっているように見せかけるのだ。簡易化されることで取引は桁違いに迅速で容易になり、日々改善されている。このＣＸ関連のテクノロジーによって顧客の労力を減らすことにより——顧客にとって取引がスムーズで容易なものになることにより——顧客ロイヤルティは向上することになったが、先に紹介した銀行のビデオサービスの例でもわかるように、従業員にはその真逆の影響を及ぼした。企業が大々的に宣伝する改善のなかには、テクノロジーだけでは実現しないものもある。何らかの人間の関与があって初めて実現するものがあるのだ。

たとえば、オンラインで注文を受けている企業のなかには、顧客からの注文が入ると、従業員が手作業で受注確認のメールを返信し、社内の受注システムにその注文内容を入力しなければならないところがある。顧客には自動化が進み、スムーズな受注システムに見えても、従業員からすれば、それとは程遠いものとなっている。自動化して見えるスムーズな受注システムを実現しているのは従業員なのだ。それでも、顧客はそんなこととはつゆ知らないばかりか、顧客にはどうでもいいことでしかない。〝今すぐ注文〟をクリックしたら、その注文を人間が処理しようとも、商品が予定通りに届けばそれでいいのだ。注文の処理に従業員は不可欠な存在だというのに、雇用主からも、注文した顧客からも、ほとんど気にかけてもらえない。実際、世界中の企業がデジタル機能で顧客の期待に応えるために何千億ドルものコストと従業員の何百万もの労働時間を費やしてきた。しかし、従業員のほうの体験であるＥＸは忘れられることが多いようだ。現在のＣＸへの投資に対するリターンが減少傾向にあるのを補うための重要な要素であるというのに、長年雇用主から顧みられずに来たのである。

その事実は、不満を抱える何百万という従業員が離職した〝大量離職〟によってクローズアップされることになった。ほとんどの企業は――とくにアメリカの企業は――泥沼化するこの状況から脱する唯一の方法は、顧客体験の改善にいっそうの資金を投入することであると信じきっていて、従業員体験を向上させて彼らの負担を減らそうという努力をしていない。ＥＸを向上させることこそが、より良いＣＸを提供するための企業の能力に重要な影響を及ぼすのに、それを理解していないのだ。

ＣＸとＥＸは長きにわたって別の次元のものとして扱われてきたが、実は固く結びついている――運命共同体なのである。**優れたＣＸは優れたＥＸによってもたらされる。**高まりつづける顧客の期待に合わせてＣＸを向上させるためには、ＥＸも同時に向上させる必要がある。ＣＸのジレンマを解決するのに何が必要か？　CXとEXの分断を解消し、CXの人間がかかわる部分に投資するにはどうしたらいいのか？　企業が真にB4CやB4Bになるにはどうしたらいいのか？　その答えが、見えないようで実ははっきりしている企業がほとんどだ——顧客の生活や取引先企業を豊かにすることが自分の会社の存在意義であるとみなしている従業員に権限とやりがいを与えること。次の章では、どうすればそれが可能になるのか見ていこう。

本章のまとめ

■顧客体験はかつてないほど優れたものになっている（そうでない場合もあるが）。顧客側の労力減とサポートの向上に対する顧客の期待がふくらむ一方であることを考えれば、どれほどCXの向上に資金を投入しても、顧客が不満に感じることがふつうになっていく可能性はある。

■競争上の優位は、販売する製品やサービスそのものよりも、どんな経験を提供できるかで決まることが増えているため、革新的な解決法で顧客の要望に応えることは何より重要である。

■長期的な成功をおさめるためには、顧客と従業員のやりとりに双方が費やす労力を減らし、ストレスのないスムーズなやりとりができるようにする必要がある。

議論の糸口となる質問集

▼CX（顧客体験）を改善するための戦略的な決断をする場合、従業員への影響を考慮に入れ

ていますか?

▼顧客のビジネスや生活にどんな価値をもたらしていますか?

▼すばらしい顧客体験の定義は何ですか?

▼顧客中心という考え方は、企業文化として浸透していますか?

第2章 従業員体験（EX）

最も優秀な従業員は、単に雇われて仕事をこなしているわけではない。彼らなしには実現し得ない成果を生み出しているのである。

トロント大学ロットマン・スクール・オブ・マネジメント教授　ロジャー・マーティン

2020年4月には、26億人がロックダウンの憂き目に遭った。世界中の職場の81%が完全に、もしくは一部閉鎖された。安全と健康の新たなルールから、場所に縛られない働き方、デジタルファーストの採用やオンボーディングにいたるまで、パンデミックによって、経営者はほぼ一夜にして雇用主と従業員の関係のありとあらゆる部分を想定し直さなければならなくなった。

パンデミックの最初の年から学んだことがあるとすれば、従業員が雇用主との関係に変化を望んでいるということだ。新型コロナウイルスの蔓延後、仕事とはどこでやるかではなく、何をやるかだと、世界中の人が気づいた。過去のやり方や職場に戻りたくないと考える人も多かった。それは雇用主も同様だった。その結果起こった大量離職――私は〝大きな反響〟と呼びたいが――は過去の清算の始まりだった。**今日、従業員は雇用主により多くを求め、それが満たされなければ、すんなりと仕事を変えようとする――それも頻繁に。**力を持つのが雇用主から従業員に変わったことに企業が気づき、その事実を受け入れない限り、過去の清算は続くことだろう。

グローバルなコミュニケーション・サービス企業のエデルマン社の調査によると、**企業が長期的な成功をおさめるのに最も重要な存在は顧客ではなく従業員だという事実に、今は雇用主たちも気づくようになったた**という。エデルマンはさらに、「この力関係の変化は意外とは言えない。数年前に始まったトレンドが頂点に達しただけにすぎない」と説明している。**パンデミックによって、ありとあらゆる企業が、自分たちが人にかかわるビジネスをしていると思い出すことになった。**そして企業が従業員に注意を向ければ、それは従業員の生産性や満足感ややる気に直接作用し、ひいては従業員が企業にもたらす収益にも影響を及ぼす。エデルマンの調査では、投資機関の74%が次の事実に賛成していることがわかった。「投資家の信用を得るには、新たな顧客の関心を惹く能力やマルチプル法（類似した上場企業の評価倍率を元にして、対象となる企業の価値をはかる方法）での企業価値を上げる能力よりも、最も優秀な人材を勝ち得る能力のほうが重要である」というものだ。

かつて、企業は基本的に従業員を、離職されても容易に替えがきく〝資産項目のうちの人的資本〟とみなしていた。２０２０年3月以降は、企業の経営者たちも、従業員――とその体験を完全なものにすること――が何より重要だと気づきつつあるが、より良い従業員体験（ＥＸ）をもたらす要素について完全には理解していない。それをどう測り、どう改善すれば良いかは言うまでもなく。従業員の重要性をいっそう強く認識しながらも、ＥＸを改善する方策やツールを導入することにいまだ消極的である。従業員は企業のブランドが約束するものを守る存在だ。製品をデザインしたり、開発したりもする。そして、他社とは違うより良いＣＸを実現し、最終損益に影響を及ぼすのも彼らである。だからこそ、企業はより良いＥＸのために必要な投資を行い、従業員が仕事をしやすいように設備を整え、彼らが課された役割を果たせるよう、サポートしなければならない。今後、従業員は〝外部の顧客〟のために日々働くビジネスの一部でありつつも、貴重で時に代替のきかない〝内部の顧客〟であるとみなされる必要がある。

企業は従業員の要望やニーズを考慮せずにトップダウンで命令を下すのではなく、従業員のためのビジネス（Ｂ４Ｅ）を目指すべきである。**従業員体験は雇用主と従業員、従業員と従業員、従業員と顧客のやりとりのすべてを集約したものに他ならない。より良いＥＸのためには、ありとあらゆる局面で従業員との、そして従業員のための前向きでスムーズなやりとりを目指すべきである。**ＥＸにしかるべく注目せずにいれば、優秀な人材に不足するだけでなく、企業の成長も見込めなくなる。

ＥＸの水準を上げる

１９８３年8月、ワッフル・ハウス社の大手フランチャイズ加盟者であり、かつて最大のフランチャイズ所有者だったウィリアム・Ｂ・ジョンソンが、ザ・リッツ・カールトン・ボストンとアメリカでのザ・リッツ・カールトンの名称使用権を７５５０万ドルで買収した。ジョンソンは新たな高級ホテルブランドを生み出し、現在もその名称で知られるザ・リッツ・カールトン・ホテル・カンパニーを設立するために、４人からなる開発チームを編成し、そのトップにホテルマンのホルスト・シュルツを据えた。

リッツ・カールトンでシュルツは、その後ホテル業界だけでなく、広くサービス業において知られるようになる、業務とサービスの規準を生み出した。共同創業者兼社長のシュルツの指導のもと、ザ・リッツ・カールトン・ホテル・カンパニーはサービスを基本とした最初の企業となり、ホテルとしては唯一誉れ高きマルコム・ボールドリッジ賞を受賞した企業となった――一度ならず二度も。

顧客の満足度を測るＪ・Ｄ・パワー・ランキングでも必ず上位を保ち、ホテル業に与えられる重要な賞は軒並み受賞した。リッツ・カールトンは従業員の潜在的な満足度を測る従業員ネットプロモータースコア（ｅＮＰＳ）でも競合他社を抑えて1位となっている。これだけ評価されるのは、まずは従業員体験から始めて、高い体験文化の維持にたゆまず注力したからこそである。

リッツ・カールトンにはシュルツ自らが作り出した企業理念がある――〝紳士淑女に奉仕する紳士淑女の集団〟だ。40年以上の長きにわたってリッツ・カールトンを導いてきた理念である。顧客が歓迎され、良くしてもらっていると感じる場所を生み出すには、従業員も同じように感じる必要があるとシュルツにはわかっていた。正しい人々を雇い、彼らが成功するように道筋をつけることが重要と考えていた。

「わが社が雇うのは、わが社のために働いてくれる人ではありません」――私のポッドキャストで会話を交わす中でシュルツが言った。「世界一すばらしいホテル・カンパニーを生み出すという夢を一緒に追ってくれる人を雇うんです」。だからこそ、シュルツはリッツ・カールトンに在籍している間、新しく開業するホテルのすべてに出向き、すべてのオリエンテーションや研修において、自ら指揮をとった。従業員を成功に導くには、次の3つのことをきちんと行う必要があるとわかっていたからだ。

- ●正しい従業員を選ぶ
- ●会社や顧客と従業員を協調させる
- ●従業員に会社における役割を教える

シュルツは従業員に対し、優れた顧客体験とはどういうものか、単に詳細に説明するだけに終わらなかった。自ら影響力を発揮して、日々、すべての従業員が優れたCXを現実のものにしようと奮起するように仕向けた。その結果、豪奢さで伝説的なだけでなく、スタッフのサービスが伝説的なホテル・チェーンが生み出されたのである。しかし、リッツ・カールトンの従業員がサービスにおいて常に上を目指したのは、会社がCXのみならず、EXにも注意を向け、従業員に意思決定の権限を与え、それぞれの役割において成功できるよう導いたからである。

たとえば、リッツ・カールトンの従業員は顧客の問題を解決するのに、2000ドルまでなら、上司の許可を得ずに使うことができる。また、〝15分ルール〟が施行されており、顧客の部屋の問題を解決するのに15分以上かかった場合、同じ部署の他のメンバーが助けに向かうことになっている。それが従業員に要らないプレッシャーをかけるのではないかと思われるかもしれないが、リッツ・カールトンでは、従業員に期待を超える対応をし、すぐさま顧客の問題を解決するよう促すと同時に、き

正しい従業員を選ぶ
会社や顧客と従業員を協調させる
従業員に会社における役割を教える
THEY FOCUS ON EX
EXに注目
従業員に意思決定の権限を与え、それぞれの役割において成功するように導く
豪奢さで伝説的なホテル
サービスで伝説的な従業員

ちんとそれに報いている。従業員にこのレベルのサービスを期待するリッツ・カールトンでは、新規採用の過程と研修を非常に重要視している。

その研修の一環として、リッツ・カールトンでは、新入社員のために厳しい認証過程を設け、入社後21日間かけて、新入社員がそれぞれの業務に当たるための準備を整え、ホテルの〝ゴールド・スタンダード〟に彼らが足並みを揃えられるようにする。新入社員は20の原則と彼らに期待される行動をまとめた〝サービスの基本20カ条〟を1日に1つずつ覚えていく。それを覚えることで、従業員はホテルの理念とそれを実現するために自分が果たすべき役割をより良く理解できるようになる。シュルツの考えでは、こうした点を繰り返し指導することで、優れたＣＸとＥＸの基盤を固めることができるのだ。

この20の原則は、ホテルでの職務にかかわらず、全従業員に習性となるほどに強調される。この基本原則を繰り返し頭にたたきこまれることで、従業員たちはやる気を持続し、サポートを必要とする他の従業員の指導に尽力するようになる。こうした研修は伝説になるほどで、リッツ・カールトンはすぐに他の産業にもインスピレーションを与える存在となった。２０００年代初頭にアップルストアの１号店が計画されたときに、スティーブ・ジョブズは従業員に最高の顧客体験をしてきてほしいと言い、ほぼすべての従業員がリッツ・カールトンに泊まることになった。ジョブズは今後すべてのアップルストアの店長をリッツ・カールトンの研修に送り込むことを決めた。

本書でも後ほど述べるが、キャリア開発と評価は従業員の満足度を上げる2大要素である。従業員の現行の研修やキャリア開発に投資することで、リッツ・カールトンは従業員の仕事を個人的に報いのあるものにし、従業員の満足度を上げる手助けをしている。

また、リッツ・カールトンは仕事をきちんと果たすのに従業員が必要とするものを必ず手に入れられるようにしている。シュルツがまだ在籍していたころ、ホテルのネット・プロモーター・スコア（NPS）――その企業の製品やサービスに対する顧客体験を測り、顧客体験管理プログラムを定着させるための最も良い指標となる測定値――や従業員エンゲージメントスコアが下がると、彼は自らそのホテルへ出向き、元の〝ゴールド・スタンダード〟に戻るまで、責任者たちとともに経営に携わった。経営陣も含め、リッツ・カールトンへのこうした高い期待値には従業員全員で応えなければならないというわけだ。

あなたが、日々顧客と接触し、顧客に奉仕して会社に貢献している個々の従業員から遠く離れたところに身を置いているとしたら、従業員が日々直面する問題をじかに理解することなく、単に帳簿のスプレッドシートだけでビジネスを行う危険を冒していることになる。EXを改善するには、従業員の要望により良く応えられるよう、従業員とじかに接触しようとする姿勢が必要である。そうすることは従業員の満足につながり、結局は顧客を満足させることもできるのだから。

責任者は業務のプロセスを管理する。指導者は人々がすばらしい仕事をしたくなるような環境を生み出す。

ザ・リッツ・カールトン・ホテル・カンパニー共同設立者、元ＣＯＯ兼社長
カペラ・ホテル・グループ創立者　ホルスト・シュルツ

——優れたＥＸの特徴

第1章と同様に、企業が優れた従業員体験（ＥＸ）を実現するための方法について基本を押さえておこう。いくつか小さな変更を加えるだけで、当然ながら、これらの特徴は優れたＣＸを実現する指標と対を成すものになる。

●**効率化**：発注作業、顧客サービス・顧客サポート、集金、製品の発送などの仕事に従業員が費やす時間と労力を最小限にする。そこには、日々従業員が基本的な作業をするのにログインが必要なシステムを最小限にしたり、一般的な「よくある質問」への答えを従業員が見つけやすくしたり、単純作業に費やす時間が削減できるような業務プロセスを導入したりすることも含まれる。

●**個別化**：従業員が自分の要望やニーズに個別に応えてもらっていると感じるような、的を射た新たな経験をもたらす。個々の業務に特化したコミュニケーション方法を作ったり、従業員が使うシステムやツールに変更があることを知らせたり、従業員が受けなければならない研修を知らせたりすることも含まれる。

●**予測**：従業員のニーズにあらかじめ応えられるようなプラットホームを作っておく。育児休暇が良い例だ。従業員から育児休暇の申請があったら、必要な処理に混乱が生じないよう、すぐさま一連の対応を始められるようにしておく。その従業員が休暇をとることを知らせる必要がある人間に通知し、代わりの人材を確保するなど、従業員自身の労力を最小限にし、すべてがスムーズに運ぶようにする。

●**先を見通す**：従業員との間に信頼関係を築き、透明性を保つために、良い情報も悪い情報もすみやかに知らせるようにする。他の企業を買収したり、部門や工場を閉鎖したり、製品の製造を中止したりする場合、従業員がそれを社外の人から知らされたほうがいいだろうか？　もちろん、そんなことはない。経営者から知らせるほうが良いに決まっている。

●**柔軟性**：従業員のフィードバックに耳を傾け、従業員の日々の経験を改善するのに役立つような確固としたフィードバックの輪を築く。そうすることでより敏感に対応でき、従業員の信頼を高め、従業員の声がきちんと聞かれ、尊重される安全な場所を生み出すことができる。現在の一般的な例は、フレックスタイムとリモートワークなどのフレックス勤務の職場環境である。オフィス勤務と自宅勤務のハイブリッド勤務や、週4日勤務などを試している企業もある。

●**迅速な対応**：連絡窓口をできるだけ従業員に近いところに置いて迅速に従業員の問題を解決できるよう、人事、財務、雇用、福利厚生などの担当者に適宜権限を与える。

●**価値を重視**：従業員が仕事によりいっそう個人的な価値や目的を持てるよう手助けする。70％の従業員が仕事によって目的意識が決まると述べている。従業員と緊密な関係を築き、その目的の達成を促進する企業は、より生産性を高めることになるだろう。企業の行動指針やビジョン、バリューなどを壁に貼っておいてもいいが、言葉よりも行動のほうが、説得力がある。

優れたCXと同様に、これらの指標は従業員の労力を減らすのに役立ち、それによってEXを向上させる。やはりCXの場合同様、EXにおいても、競合他社をしのぐためには、人を基本として考えなければならない。従業員が仕事を果たす能力に欠けていたり、そのためのサポートや権限を得られなかったりしたら、優れた業務体験を得ることはあり得ない。

前に述べたように、企業は何十年もの間、面倒な手続きの大部分を従業員に肩代わりさせることで、顧客の労力を減らしてきた。それどころか、CXを強化しようとするときには、従業員の要望など完全に無視する企業も多かった。そのため、従業員の労力と顧客の労力が大きくすれ違い、それが結局企業の成長を遅らせる要因になることもあった。

従業員の労力を増やしていないか

最初の3つの産業革命の間、テクノロジーは主に企業の生産性と効率を上げるために用いられていた。データ入力、組み立てライン、自動化されたタイムシートやスケジュールなど、テクノロジーによって、反復作業を自動化したり、前時代的な作業行程やシステムを排除したりでき、生産性と効率は大幅にアップした。理論的には、テクノロジーの改良によって、従業員が仕事をする際の労力も減らせるはずだ。

しかし、改善は従業員が顧客にじかに奉仕して働く前線ではなく——サプライチェーン、製造、運営など——裏側で行われることが多い。企業が顧客の労力を減らそうと、製品を買ったり顧客サービスを受けたりするのに必要な手間を減らし、その手間を営業担当や顧客サービスのスタッフに押しつけるとしたら、従業員に負の影響を及ぼすことになる。ＣＸとＥＸの改善は並行して行われなければならない。目標とすべきは、双方の労力を減らすことである。しかし、経営に携わる責任者全員が、優れたＥＸが優れたＣＸを呼び、逆もまた真なりと理解して初めてそれが可能になる。

企業が業務をスムーズにするためにまず後方オフィスのテクノロジーに投資し、それを顧客や従業員向けのテクノロジーへと拡大しようとする場合、たいていは従業員の生産性とＣＸの改善を目指している。ここでＥＸではなく、〝従業員の生産性〟と述べたことに注目してほしい。

しかし、ＣＸの場合と同様に、最前線の従業員にとって、テクノロジーを追加しても必ずしも答えとはならない。テクノロジーのためのテクノロジーが従業員の役に立つことはない。それどころか、むやみに導入されるテクノロジーに怖気づく従業員も多い。訓練や技術の不足や、さまざまなシステム間の調和の欠如、不適切なプロセスなどが原因だ。より基本的なテクノロジーであっても、従業員が業務を果たすのに新たな技術が必要ないこともある。その結果、意図せず従業員の労力を増やすだけになってしまう（これは非常に重要なテーマなので、本書ではテクノロジーとプロセスについて、後に各1章ずつ使って検証する）。

——従業員のさらなる期待

日々の経験から、従業員には、何がうまく作用し、何がそうではないか、はっきりわかっている。あまりうまく作用していないシステムやプロセスにじかに対処しているのは彼らだからだ。現状に満足していない顧客からの期待、理想からは程遠いオンボーディングや研修、その間にあるすべてについても。さらには、どの従業員も他の企業の製品やサービスにとっては顧客である。仕事以外の場では、優れたCXを経験しているのだ。企業がステークホルダー全員の経験に価値を見出し、それを改善するために投資を行うことで、プロセスがいかにスムーズになるかを目の当たりにしている。より良い従業員体験が可能だとわかっているのだ。実際、従業員の56%が、業務における経験が、顧客として期待する経験に匹敵するものになってほしいと思っている。

たとえば、B2Cの業界では、デジタルのアプリによって、従来の市場で長らく不満の種となってきたものを解消することができた。今はボタンをタップするだけで最新流行のファッションが購入できる。もうタクシーに乗ることも、食料品店や銀行に足を運ぶこともしなくていい。従業員たちは外の世界がどうなっているかわかっている。企業が提供するものが（社内で使われるソフトウェアなどが）、従業員が自宅や車の中で用いている製品やサービスと同じぐらいスムーズに機能することを期待する。そしてそれがスムーズに機能しない場合、経営者が従業員の不満や無駄な労力に無関心だからにちがいないと考えるようになる。それはある意味正しい。

企業が従業員を成功へと導いてくれない例はうんざりするほど多い。長年EXを無視してきた結果、雇い主たちは自分たちが困難な状況に陥っているのに気づきはじめている。第1章で述べたように、ビジネスは全般的に製品中心から顧客中心へと過剰なほどにシフトしている。今や顧客と従業員の労力に大きな不均衡が生まれ、それが経験にも影響を及ぼしている。CXの改善に注目することで良い結果がもたらされはしたが、そのせいで従業員の満足度ややる気やロイヤルティが損なわれたことは隠されてきた。その程度は今や否定できないほどになっている。

エグゼクティブがEXよりもCXを優先させる理由

パンデミックにより、企業が長年従業員の要望やニーズを無視してきた事実に光が当てられた。顧客のほうは総体的な経験の改善に企業が絶え間なく行う投資の恩恵を受けてきたが、経営幹部はEXの改善にはほとんど興味を示さなかった。経営幹部の10人中6人近くが優れた従業員経験をもたらすことが全社で最優先されるべきことだと語っているが、経営幹部、とくに人事関係の役員のほとんど(66%)が、パンデミック後の労働力計画を立てるにあたり、従業員から直接意見を聞くことはほとんど、もしくはまったくないという。ここには、明らかに断絶がある。

従業員――とくに顧客サービス、営業、出張サービスのスタッフのように直接顧客と接する仕事をしている従業員――は、顧客と直接やりとりし、優れたCXを提供したいと考えている。顧客と直接やりとりすることは、そもそも彼らがその職業を選んだ理由の1つでもあることが多い。しかし、調査によると、従業員は職場の現実からかけ離れた場所にいる経営陣にことあるごとに邪魔されていると感じるそうだ。ガートナー社によると、調査に参加した、顧客とじかに接する従業員の87%が、「顧客により良い経験をもたらしたい」と答えている。しかし、その半分以上が会社や経営陣が顧客とのやりとりがうまくいくような環境作りをしてくれているとは思っていない。それどころか、回答者の大半が、「日々の業務における不必要な労力が顧客により質の高い経験をもたらす妨げになっている」と答えた。

実際、企業は何十年も前から従業員が何に困っているかは承知している。多くの企業が長年の間に調査を行い、従業員についてのデータを収集しているが、73％もの経営幹部が「従業員のデータをどう用いて変革を進めればいいのかわからない」と答えている（これについては第3章で詳しく見ていく）。そして、それを見極めるのに時間も資金も投入したくないと思っている。この2つの要素を詳しく掘り下げてみよう。

1. 時間　調査を通して従業員が抱える問題を知るのも重要だが、真にそれを理解して解決策を講じるにはまず、エグゼクティブが従業員体験の実情を知る時間をとらなければならない。しかし、定期的に顧客サービスの部署へ行って顧客との通話に耳を傾けるエグゼクティブがどのぐらいいるだろう？　業務を容易にするのに会社は何をすればいいか、個々の従業員に直接問いかけることがどのぐらいあるだろう？　ホルスト・シュルツのように、研修やオリエンテーションに直接かかわるエグゼクティブがどのぐらいいるだろう？

2. 資金　効率が悪いことが明らかになったあとも、劣った従業員体験を改善するのに必要な資金を経営陣は投じたがらない。よくある理由は、安価な〝応急処置〟がないことだ。経営陣が下す決断は、長年にわたって利用されているものの、時代遅れである投資収益率（ＲＯＩ）の想定に基づいている。投資対象を選択する場合、すぐさま結果が目に見える解決策への投資が好まれる。長期にわたって投資しなければならず、終わりが見えない解決策は、〝後日〟に先送りされてしまう――その〝後日〟がやってくることはめったにない。概して、ＣＸはＥＸよりも優先され、それが企業のレジリエンスを弱めることになってしまっている。

これらの問題に取り組む代わりに、エグゼクティブは、従業員が身を粉にして――頭を使ってではなく――業務に励むことを定番の解決法としてしまった。たとえば、単純な業務を遂行するのに、複数のシステムにログインしなければならない従業員は多い。しかし、システムを統合すれば、データが複数のシステムから１つの場所に集約されて〝信頼できる唯一の情報源〟ができ、アクセスが簡単になるはずだ。そうすれば、エラーが減り、効率が上がり、従業員の労力をもっと生産的な業務に向けられる。それでも、企業はそういった問題を解決しないままにしている。

――従業員が不満を抱き、やる気を失った結果

従業員の大半は何十年も前から、仕事へのやる気を失い、仕事に無関心になっている。労働に見合わない賃金、限られたキャリアアップの機会、非現実的なレベルの生産性への期待、必ずしも必要のない長い通勤時間などに不満を抱いている。**図表２・１**に示したように、アメリカではデジタル革命までは、従業員の生産性と報酬は同調していたが、それ以降、大きく乖離するようになった。１９４

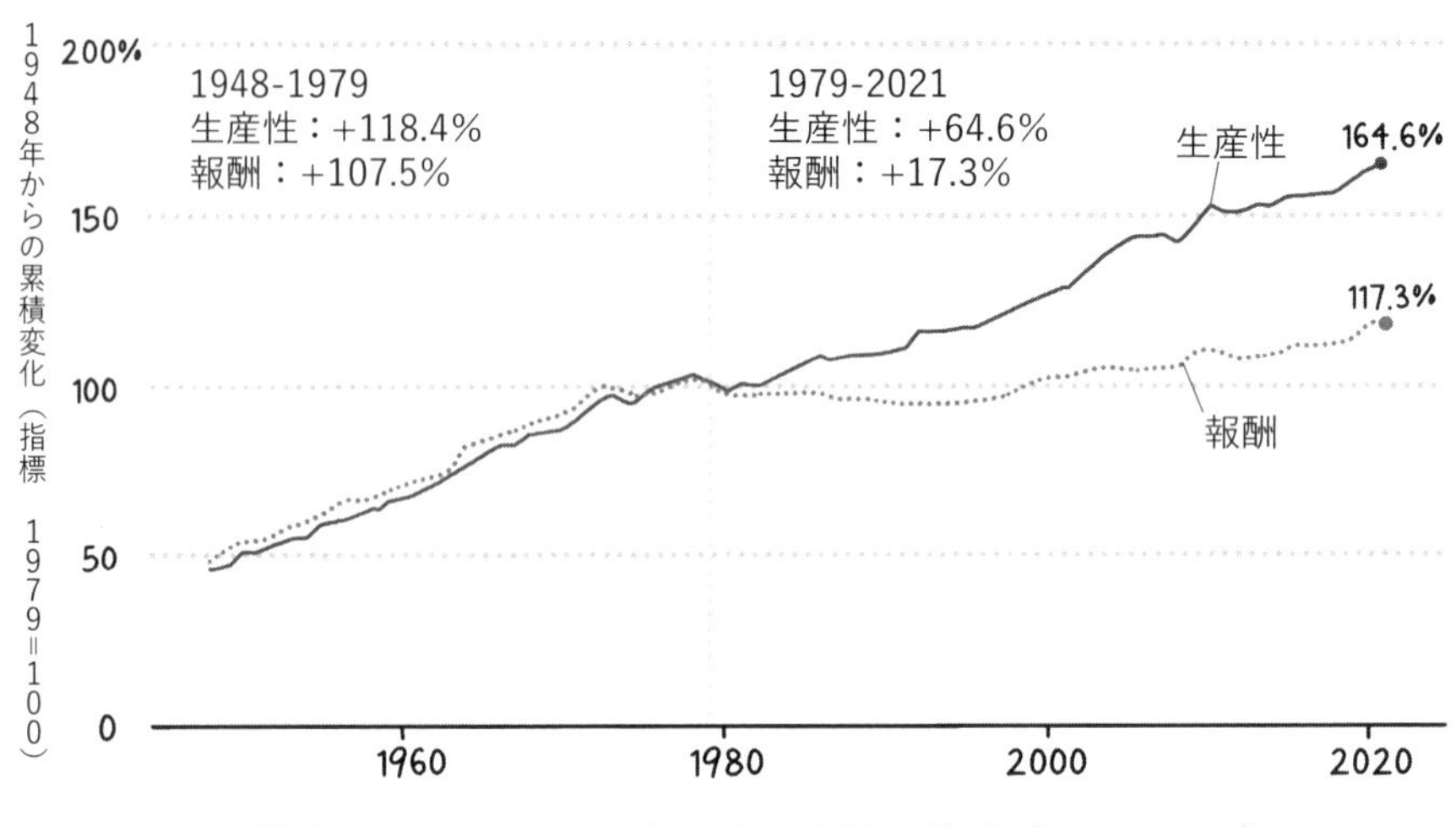

図表2.1　アメリカの生産性と時給の伸び（1948-2021）

8年から1979年の間は、アメリカの生産性（平均労働時間当たりの総収入で測られる）と報酬（従業員の平均賃金）はかなり密接した平行線で上昇している。「成長によってもたらされる利益を幅広い所得階層に分配することを意図的に目標とし」、具体策を講じた結果だった。

1979年から2021年にかけて、生産性は64・6％上昇したが、報酬はたった17・3％しか上昇していない。生産性が上がれば、企業の収益も上がると考えるのは当然で、それはその通りと言える。しかし、その収益は大半の従業員には還元されない。企業のトップや企業内専門家の報酬となり、株主への分配金となるのだ。雇い主が大半の従業員をどう評価しているかを如実に伝える統計と言える。

EXをより良くすることを考えるなら、企業は報酬と生産性以外に従業員エンゲージメントに注意を向ける必要がある。従業員エンゲージメント

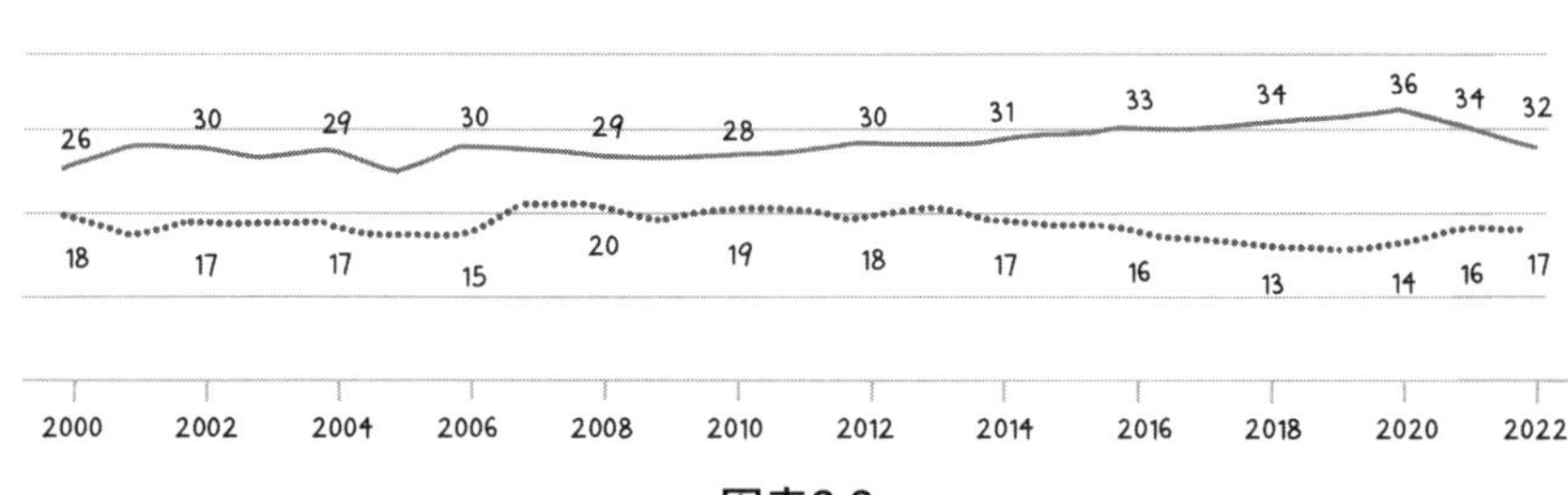

図表2.2

は現在、32％と惨憺たるもので――**図表２・２**でわかるように、アメリカでは２００７年以来、ほぼ横ばいの状況だ（世界の他の地域では、状況はさらにひどく、たった20％となっている）。２０２１年初頭から２０２２年にかけて最も降下している従業員エンゲージメントの要素は、「会社から明確な期待、正しい資材と設備、日々実力を発揮できる機会を与えられ、企業の使命やパーパス（目的意識）に共感している」かどうかについての従業員の同意レベルである。

会社にまったく思い入れのない従業員の割合――すなわち、職場におけるニーズがまるで満たされないために不満を募らせ、会社への忠誠心を失っている従業員の割合――はゆっくりと上昇傾向にあり、２０２２年のアメリカでは17％だった。さらに顕著なのは、２０２１年初頭から２０２２年にかけて働く場所としての自分の会社に**〝極めて満足している〟従業員の割合が８ポイントも下降している事実である。**

エンゲージメントの欠如は、世界経済にとって、年間７兆８０００億ドル分の生産性の喪失につながると見込まれている。人的生産性はもちろんエンゲージメントと相関関係にあるが、不満を持ち、エンゲージメントが低い従業員であっても、〝仕事をこなす〟ことはできる。適宜出勤表にチェックを入れ、給料をもらうわけだ。しかし、そういう従業員はみじめでもある。会社への思い入れのなさはさまざまなところで顔を出す。同僚と協力し合うことに無関心だったり、求められている以上の働きや余分な仕事をするのを嫌がったりと。そうなると、会社に強い思い入れのある従業員にも負の影響を及ぼすことになる。

デジタルの生産性もエンゲージメントの問題を隠す要因となる。どんな業界でも、内部の仕事――ありふれた退屈な仕事――の多くが今や人間ではなく、テクノロジーや機械で処理されているため、結果として生産性の数値は高くなっている。しかし、だからといって、従業員が会社に思い入れを持っているとは限らない。前にも述べたが、テクノロジーは従業員の手助けにはなっても、問題をすべて解決する手段ではないのだから。エンゲージメントの生産性への影響はその業界全体や、成し遂げられる仕事や、自動化や人的介入のレベルにも大いにかかわってくる。

外食産業を例にとってみよう。例えば、不満を抱え、会社への思い入れもない従業員が、比較的にぎわっているレストラン（つまり、生産性の高い職場）のキッチンで調理を担当しているとする。しかし、そこで提供される食べ物の質が低く、見た目も標準以下だとしたら、それが最高の結果を生み出すだろうか？　評価の基準が1日に何食提供したかであるのならば、うまくいっているように見えるだろう――生産性は高いように。評価の基準が提供される食事の質や、リピーター顧客数や、オンラインの口コミにおける良い評価だとしたら、少々事情が変わってくるかもしれない。

もっと単刀直入に言えば、エンゲージメントが欠けているということは、企業の目標や成果のために従業員が自発的に努力することが少ないということだ。劣ったパフォーマンスゆえに離職したり解雇されたりする可能性も増え、人材難がさらに深刻化することになる。失った従業員の穴埋めは高くつく――平均して、元の従業員の基本給の約90％から２００％のコストがかかり、そこには専門知識を持つ人間を失った影響や新たな従業員の研修や技術の習得にかかるコストは含まれていない。

そうしたすべてを鑑みれば、従業員エンゲージメントが最もすばらしい企業が競合他社の4倍にもなる当期純利益の伸びを達成しているのも意外とは言えない。従業員エンゲージメントがなければ、高い生産性や業務の革新や組織としての機敏さをどうして期待できるだろうか？　従業員エンゲージメントがそれほどに低いときに、優れたＥＸなどもたらせるはずはない。

企業の経営者たちは従業員エンゲージメントが何よりも重要であり、それが収益の増加につながることに気づきはじめてはいるが、まだ遅きに失している状態だ。ＥＸに注目すべきときは来ているのだ。従業員はそれを求め、それが無視された結果を顧客は粗末なサービスを通して実感する。その影響は最終損益にも現れつつある。

目的を持って導く

幸い、そうしたつながりをすでに理解し、なお重要なことに、その理解に基づいて経営されている企業は数多くある。本章で前述したように、ＥＸはリッツ・カールトンの企業理念においては基本的なもので、それは創立当時から変わらない。問題を認識し、ＣＸに直接的な影響があると理解してＥ

Xを改善しようとしている、先見の明のある企業は他にもある。そうした企業のすべてが、ダイナミックで機敏なテクノロジー主導の経営方針をとる新規参入企業とは限らない。創立からほぼ1世紀になる巨大製造企業のユニリーバを例にとってみよう。

１９２９年にイギリスで創立されたユニリーバは、14万５０００人の従業員を抱え、４００のブランドを持ち、年間売上５２４億４０００万ユーロ（２０２１年）を誇る多国籍複合企業に成長した。その企業規模を考えると、ユニリーバにとって、自動化やＡＩのようなテクノロジーの進歩によってもたらされる業務の変化やパンデミックなどに対応するのは大仕事である。これに対し、ユニリーバは、競争力を保ち、労働の仕方を一変させるために〝仕事の未来〟と名付けたプログラムを数多く展開した。そうしながら、〝サステナビリティを暮らしの当たり前に〟という使命に忠実であろうとした――そこには、従業員の〝暮らし〟も含まれる。

他の企業が〝収益性を改善し、成長を見込む〟ためにコスト削減を行うなか、ユニリーバは〝そのような切り捨て型のアプローチは好機を見過ごすことになり、結局は逆効果に終わる〟と信じている。ユニリーバがコスト削減を行わないということではない。２００８年以降、持続可能な資源調達（サステナブル・ソーシング）によって経費を年間15億ドル削減してきた。しかし、コスト削減によって得られた資金の4分の3を成長戦略に再投資した。

２００９年から２０１９年までユニリーバのＣＥＯだったポール・ポルマンは、社会におけるパーパスを持つことこそが〝従業員のストレスを軽減し、成長するために最適な条件を生み出す〟という理念を導入した。その理念に基づいて、ポルマンは自社や製品や従業員に対し、〝経費削減や目下の

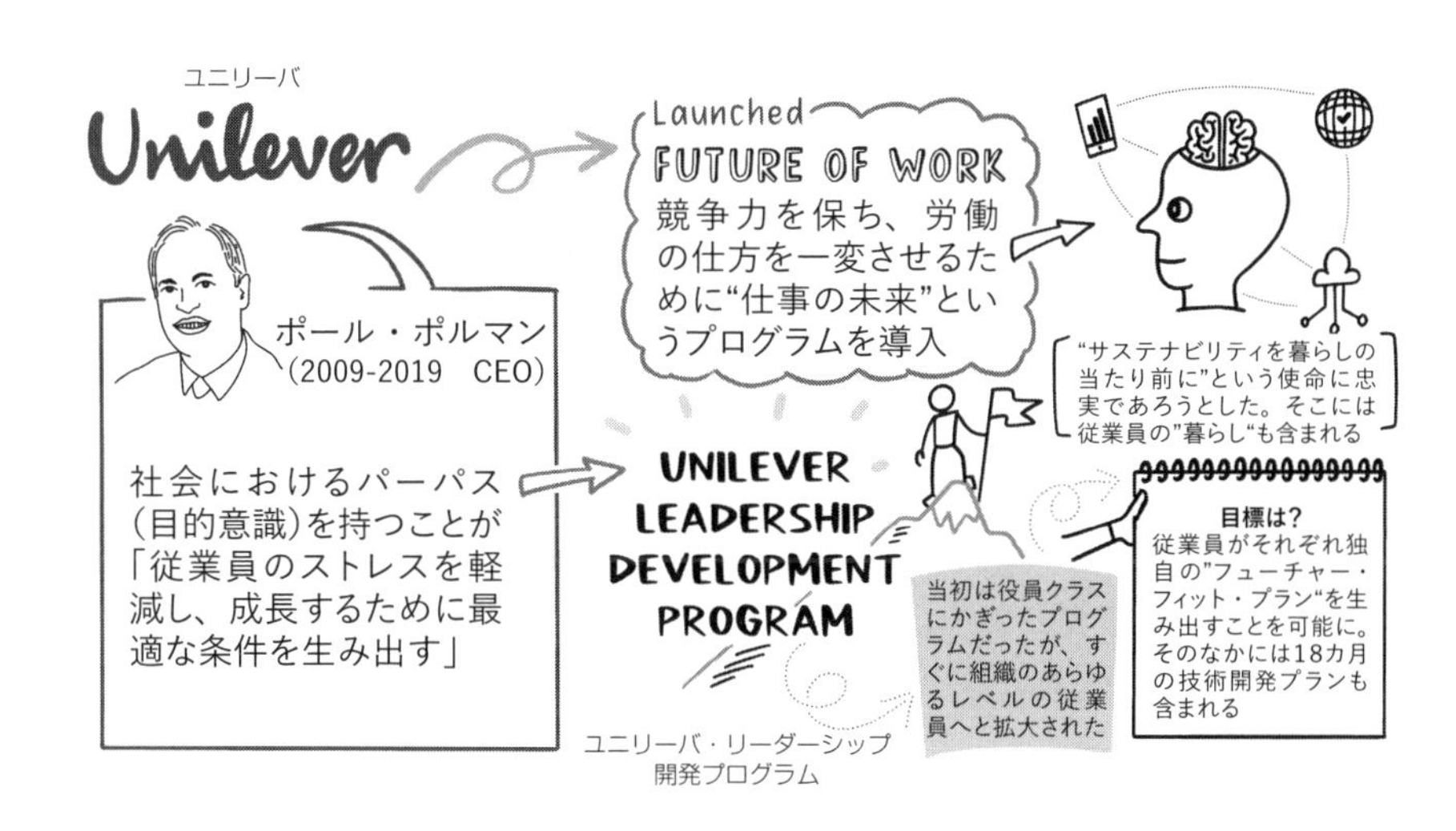

利益追求を超えた目的〟を与えることに注力した。ユニリーバの使命は？　地球をより良い星にすること。ユニリーバは長期のビジネスモデルである〝ユニリーバ・サステナブル・リビング・プラン〟を構築した。無駄をなくし、温室効果ガスを減らし、工場では１００％再生可能な電力供給網の達成を目指したものだ。

ポルマンは社内で社会的意義主導型のビジネスを喚起しただけに留まらなかった。他社にも追随するよう働きかけた最初のＣＥＯの１人である。２０１９年には、他の１８１人のＣＥＯとともに、ビジネス・ラウンドテーブル協定にサインした。〝顧客、従業員、仕入先、地域のコミュニティ、そしてもちろん株主、といったすべてのステークホルダーの利益となるように会社を導く〟と謳う協定である。

ポルマンはすでにユニリーバのＣＥＯを退いているが、社会的なパーパスを持ち、従業員に投資するという理念は減速していない――むしろ加速している。２００９年初頭にユニリーバは社会的意義主導型のアプローチへの従業員の参加を求めた。その取り組みがＥＸの向上にもつながるとわかっていたからだ。従業員に積極的に取り組んでもらうために、同社はユニリーバ・リーダーシップ開発プログラムを導入した。当初は役員クラスにかぎったプログラムだったが、すぐに組織のあらゆるレベルの従業員へと拡大された。従業員はそれぞれ独自の〝フューチャー・フィット・プラン〟を生み出した。そのなかには、彼ら個人にとって重要な人生の目的に焦点を当てながらも、ユニリーバの企業目標にも即した18カ月の技術開発プランも含まれている。

こうしたプランは成功をもたらした。２０２０年、ハーバード・ビジネス・レビュー誌によれば、「〝人生の目標を見つけよう〟というワークショップに参加した人の92％が、いっそう頑張りたいと思わせてくれる仕事を得た。参加していない人の場合、その割合はたった33％だった」という。

従業員の研修を諸刃の刃と企業がみなすことはよくある。従業員の生産性や能力の向上においては費用対効果ありと言えるが、一方で、会社の費用で研修を受けたあとで従業員が離職すれば、その投資は無駄になる。とはいえ、研修を行ったり、従業員のキャリア形成に投資したりしないとしたら、どうして最も望ましい人材に会社に残ってもらえるだろう？　あてにならないことが多すぎる昨今、従業員のキャリア開発に投資を行うのは、会社を去る数少ない従業員がもたらす限られた影響に比べ、長期的に見れば、はるかに大きな利益をもたらしてくれるはずだ。

「一生の仕事を約束するなんてことはできません」とユニリーバのＷｅｂサイトには書いてある。「でも、ユニリーバであっても、他の会社であっても、意義のある仕事を追求できるよう、できる限り社員に技術と意識を持ってもらおうとすることはできます」――これこそが、今日の従業員が求める経験である。それさえわかれば、雇い主にもたらされる結果は非常に現実的である。ポルマンの在籍時、ユニリーバの株主総利回りは290%となり、年間売上は380億ドルから600億ドルへと増加した。

EXを優先させて大きな成果を得る

EXの低下の問題を解決する上で、シンプルだが、見過ごされることの多いやり方がある――何を改善すべきか従業員に訊いてみるのだ。私の友人であるトム・ピーターズは『エクセレント・カンパニー』の共著者で、他にもすばらしい本を何冊も執筆しているが、〝経営者が現場へ足を運ぶこと（management by wandering around：MBWA）〟が重要だと信じている。言い換えれば、自分の会社の中で何が起こっているのか知りたければ、〝実際に業務が為されている場所に近づいてみろ〟ということだ。だからと言って、あてもなくオフィスをさまよい歩けということではない。それは従業員と接点を持つだけでなく、社内の労働環境を観察するための意図的で誠実な方法だ。経営者、管理者として周囲に壁を作ってはならない。壁があっては、従業員はあなたから専門知識を得られず、あなたは従業員からそれを得られない。

現場に足を運んで見つけたことは、会社の年次報告書や財務のスプレッドシートには載っていないことだ。従業員は仕事を気に入っているだろうか？　会社からのサポートがあり、意見に耳を傾けてもらっていると感じているだろうか？　効率的に仕事ができているだろうか？　時代遅れの技術やプロセスに時間と労力を無駄にしていないだろうか？　現場に行くことによって従業員の不満の源を探り出し、それらを取り除くことができるはずだ。

従業員の不満が最も集中している部分を時間をかけて構築し直そうというならば、企業はこうした問題を解決して、従業員に進歩と誠実さを示すことから始めればいい。EXを改善することから始めればいいのだ。その見返りとして、CXも改善されるはずだ。その利益を具体的に示すと次のようになる。

- 69％の従業員が、より良い評価が得られれば、いっそう業務に励むと述べている。
- CXに秀でている企業は、そうでない企業に比べて、会社に思い入れのある従業員を1・5倍抱えている。
- 61％の従業員が、経営者は従業員のフィードバックにもっと耳を傾けるべきだと考えている。
- 平均62％の従業員が、経営者からもっと良い待遇を受ければ、より業務に励むだろうと考えている。
- 企業に思い入れの強い従業員は、そうでない従業員に比べ、仕事にプラス57％の労力を注ぎ、離職率は87％も低い。
- 81％の従業員と58％の人事部の責任者が、優れた従業員体験を可能にするには、〝ポジティブな企業文化を創出して維持すること〟が重要だと考えている。

EXを改善するこうしたプロセスは、経営幹部から始まってトップダウンで管理職へ、そして従業員へと伝わっていく。誰もが従業員体験の一端を担っているのだから、自分をその改革の関係者とみなすべきである。会社の社会貢献に従業員が何にもましてモチベーションを感じ、共有する目標に向かって本気で取り組んでいる企業は、そうでない企業に比べ、顧客の満足度がはるかに高い。

業界のトップ企業はすでにこうした改革に着手している。ようやく経営者たちが**従業員を〝内なる顧客〟として遇し、EXとCXを並行して向上させる方策をとりつつあるのだ。**「わが社の従業員は顧客とみなされています」とオールステート保険のCEOであるトム・ウィルソンは言う。「彼らはドルでの支払いはしないが、仕事に精を出すことで払ってくれる」それはウィンウィンの関係なのだ。

劣ったEXに対処するのは企業の責任だ。そうすることによって企業は次の10年の厳しい競争に打ち勝つことができる。会社への思い入れがあり、投資してもらって満足している従業員の文化を生み出すことで、活発で成功している組織を維持できるのだ。EXかCXのどちらかを向上させれば、収益を増加させることはできるだろうが、両方を調和させて改善することにはより多くの効果がある。

次の章では、そこに真のつながりがあることを裏付ける研究を探っていこう。

本章のまとめ

- 実のところ、企業は何十年も前から、従業員の悩みの種に気づいていた。システムやツールへの投資の不足によって、業務にあたる従業員の労力を増やしていることにも気づいている。企業はこれらの問題に対処する代わりに、従業員が身を粉にして――頭を使ってではなく――業務に励むことが基本の解決法となるのを容認している。
- 製品を購入する際や、顧客サービスを受ける際に必要とする手順をなくすことで顧客の労力を減らすとしても、そうした手順が営業担当や顧客サービスのスタッフに押しつけられるのであれば、そこに正味の利益はない。ＣＸとＥＸの改善は双方の労力を減らす形で並行して行われなければならない。

■従業員の要望やニーズを無視してトップダウンで指示を出す代わりに、企業は自らを従業員に奉仕する存在とみなさなければならない。**もはやＣＸだけを改善しても充分ではないからだ。**ＥＸも改善しなければならない。それは雇い主と従業員の関係を集約するものに他ならないのだから。

議論の糸口となる質問集

▼従業員を管理するのに用いられる評価基準は仕事の生産性ですか、従業員が顧客にもたらす価値ですか、業務全体ですか？

▼従業員が将来に備えて幅広い技術を習得できる研修に資金を投入していますか？

▼顧客向けのテクノロジーの改善と、従業員向けのテクノロジーの改善は、ともにバランスよく行っていますか？

第3章 大規模調査で裏付けられた事実

従業員を優先すること。従業員と正しく接すれば、従業員も顧客を正しく遇し、顧客は戻ってくる。そうすれば、株主も満足させられる。

サウスウエスト航空の共同創業者、のちのCEO（亡くなる2019年まで名誉会長）

ハーブ・ケレハー

2019年にCXとEXの真のつながりを研究しはじめたときには、私の作業仮説は次のようなものだった。**満足している従業員は会社により強い思い入れを持っている。従業員の高いエンゲージメントはより良いCXをもたらす。EXとCXが協調して改善されれば、企業の成長率は、どちらかがどちらかの犠牲のもとに改善されたときよりも、大幅に高いものになる。**序章でも概要を述べたように、〝満足している従業員は顧客を満足させられる〟という仮説は当然に思えるが、それを言い出したのは私が最初ではない。しかし、それが当然ならば、どうしてもっと多くの企業がそれに沿った経営理念を展開しないのだろう？　それは企業の成長率を底上げできる絶好の機会ではないのか？

前述の通り、企業のトップは長年にわたってより良い従業員体験がより良い顧客体験を呼び、利益や成長率のアップにつながると認識してきた。それなのに、その直接のつながりをはっきり示す研究はこれまでほとんどなかった。セールスフォース社はフォーブス・インサイツと提携し、その後エデルマン、タレンテックとも提携して、その研究に着手した。

私たちは2年かけてデータを掘り起こし、かねてより主張されていたことが事実に裏打ちされているかどうかを調べた。この調査によって、**従業員体験を改善することはより良い顧客体験に直接つながり、その結果、成長率もアップするということがはっきりと裏付けられた**。優れた従業員体験を実現している企業が、顧客体験の評価においても良い実績を誇っていることが多いのは、偶然ではないのだ。両方がうまくいっていると、収益の増加にもつながる。従業員体験、顧客体験、そして収益の3つの要素は強くつながっているからだ。私たちの調査によって、企業がすべての人に有意義な体験を届ける、より全体的なアプローチをとる場合、数知れないメリットが――成長に加え――もたらされることがわかった。そのなかには次のものがある。

- 従業員と顧客の企業へのロイヤルティや親近感が強まる
- 全従業員がテクノロジーを含めた変革に寛容になる
- 変化や革新に対する企業の受容力が高まる
- 企業の目標達成に、従業員がより歩調を揃える
- 経営陣に従業員がより満足する

●従業員と顧客両方に企業のビジョン、バリュー、文化への個人的つながりができる調査からわかったことを1つの章で詳細に説明するのは不可能なので、本書の随所にそれを織り込み、収益パフォーマンスと従業員エンゲージメントの改善を目指す企業に最高の見識を示せるようにした。一方で、本章では、調査結果からわかったことの主な要点を挙げておく。

それによって、ＥＸとＣＸをより緊密に連携させることで生み出される効果的なサイクルを真にご理解いただければ幸いである。そして、現在も未来も、企業のパフォーマンスとレジリエンスにとってそれが必要不可欠である理由も。しかしまずは、すでにその効果的なサイクルを理解して実践している企業の例を見ていこう。サウスウエスト航空である。

ワールドクラスのＥＸが業界一のＣＸを生み出す

この半世紀の間、ビジネス書を数多く執筆しているトム・ピーターズは、世界各地で何千回も飛行機に乗った。その中で最も記憶に残っているのはサウスウエスト航空だと、彼は私のポッドキャストで語ってくれた。頻繁に飛行機を使う人はたいていそうだが、ピーターズも、格安航空会社としては異例なほど、サウスウエストの顧客サービスがすばらしいという評判は知っていた。しかし、そのフライトで、彼はその評価の高い顧客サービスをじかに目にし、そのときのことが忘れられないという。

飛行機を降りるときに、ピーターズは、車椅子の男性がボーディングブリッジ（搭乗橋）を渡るのに、車椅子を押してもらうのを待っているのに気がついた。そこへ突然、パイロットの1人が飛行機から降りて歩み寄ってきた。

「私が押させていただいてもよろしいですか?」

「もちろんです」驚いた車椅子の乗客はそう答え、パイロットはその男性の車椅子を押してボーディングブリッジを渡った。ピーターズにとってこれは、職場での優秀さ(エクセレンス)が〝眼前で〟示されたすばらしい例となった。

サウスウエスト航空は風変わりなクルーと機知に富んだ機内アナウンスでよく知られている。会社がトップランクの顧客サービスを維持しているのは、ありとあらゆる場面でどこまでも強調される〝従業員ファースト〟というマントラのおかげとされている。サウスウエスト航空が従業員を正しく処遇するのが重要だと考えるのは、とりわけ、そうすれば、今度は従業員が顧客を正しくもてなしてくれると信じているからだ。従業員から始まるこの効果的なサイクルが、顧客や利益を増やしてくれるものとわかっているのだ。

だからこそ、2019年、フォーブス誌はサウスウエスト航空を〝女性にとって最も働きがいのある企業〟と称賛し、ミリタリー・タイムズ紙はサウスウエスト航空を2019年の〝復員兵にとって最高の航空会社〟と称えた。求人専門の検索エンジンであるインディードは、サウスウエスト航空を2019年の〝働きがいのある会社ランキング〟で第3位にランク付けした。2020年の〝エアライン品質レイティング〟で同社が顧客からの苦情が少ない会社第1位に位置づけられたのも、納得がいく。

サウスウエスト航空のカルチャー&コミュニケーション担当の元副社長ジンジャー・ハーデイジと、

語り草になっている同社の従業員体験と顧客体験について話をする機会をもらえたときに、私は嬉々として質問を繰り出した。ハーデイジは同社に25年在籍し、経営幹部の1人として働いたのち、カルチャー&コミュニケーション担当の副社長に就任した。サウスウエストの顧客サービスと従業員体験のすばらしさは、創業者のハーブ・ケレハーと名誉社長のコリーン・バレットのおかげだと彼女は言う。「あの2人が創業当初から、サービスの基本を整えたんです」とハーデイジは話してくれた。「とくにサーバント（奉仕型）リーダーシップの理念を。つまり、従業員を第一に考えれば、あとはおのずとついてくるということです」

ピーターズの経験について話しても、ハーデイジは驚きもしなかった。「そういう逸話は山ほどありますから」と言う。「実際、私たち自身が奨励しているので。従業員の顧客サービスを強化するために、全社的にそういう逸話を集めて紹介するよう奨励しているんです——とくに新入社員向けに」

ハーデイジは満足している従業員と満足している顧客のつながりを、車のエンジンの始動などに使われるフライホイール（弾み車）に見立てて説明した。ＥＸとＣＸがうまく改善されれば、はずみがついて、その後何年にもわたり、成長が促進されるのだ。「多くの企業が犯しがちなミスは、株主ファーストでそのフライホイールをまわそうとすることです」と彼女は言った。「そうなると、その過程に従業員の支持を得るのが本当に難しくなります」

ＥＸとＣＸに異なるアプローチをすることになったのも、やはりケレハーのおかげだと彼女は言った。「ハーブは従業員を満足させることから始めるのがどれほどの奇跡を起こすかよくわかっていましたから、今日にいたるまで、サウスウエストの企業理念はこうです。〝**従業員は社内において、彼**

サウスウエスト航空
Southwest

従業員を正しく処遇すれば、今度は従業員が顧客を正しく遇してくれると信じている

満足している従業員と満足している顧客のつながりはフライホイール（弾み車）に見立てられる。EXとCXを改善すれば、はずみがついて成長を促進できる

企業のすべての意思決定がEXとCXの両方を向上させるものであるときに、フライホイールは最速でまわる

SERVICE

採用で大変な思いをすれば、管理はたやすくなる

すべての企業文化は採用から始まる

らが社外のお客様から期待されるのと同じ気遣い、敬意、思いやりを受ける"。企業の意思決定が従業員と顧客両方の体験を満足させるものであるときに、フライホイールは最速のスピードでまわるのである。

こうした企業理念をそもそもどうやってビジネスモデルに取り入れたのかを尋ねると、彼女は創立当日から始まったあるプロセスについて語った。「企業文化はすべて採用から始まります」とハーデイジは私に言った。「採用で大変な思いすれば、管理はたやすくなります」——自らの企業文化を心底大事に思っている組織は、採用に時間をかけることをいとわない。サウスウエストのように優れた従業員体験で評価されている会社は選択眼にも優れている。

「サウスウエストは昔から、年に平均約37万通もの応募書類を受け取ります」とハーデイジは私に言った。「採用されるのは6000人なので、応募者の2％しか合格しないということです。採用で大変な思いをすれば、管理がたやすくなるだけでなく、雇用の維持にも役立ちます。サウスウエストの雇用維持率は約97％で、つまり、どの年をとってみても、依願退職する人の割合はたった2～3％ということです」。多数の履歴書が届くのもすごいことだが、企業のバリューに見合い、長期間在職してくれる質の高い志願者を見出すこともすばらしいことだ。「企業が従業員の業務におけるすべての面に気遣いを見せれば、その従業員は顧客に気遣いを見せてくれるでしょう。車椅子のお客様のお手伝いをしたそのパイロットのように。そういう単純なことなんです」とハーデイジは言った。

有効性を示す確固たる数字

サウスウエスト航空の、そのパイロットのエピソードを私はとても気に入っている。企業の経営理念にしっかりと根づき、バランスよく結びついたEXとCXの真の力を表しているからだ。しかし、それが1つの美談にすぎないこともわかっている。本当に目を向けなければならないのは、〝良い矢に頑丈な木が使われる〟ように、そうした美談を支える事実である。ここでそれを検証したい。

まずは、直接的なつながりについて見てみよう。セールスフォースの調査によると、自分の会社は〝EXの優先順位が高い〟と感じている経営幹部のエグゼクティブは、そうでないエグゼクティブに比べ、顧客満足度に関する重要業績評価指標（KPI）の伸びが1・3倍になっているそうだ。〝CXの優先順位が高い〟企業はそうでない企業に比べ、従業員満足度に関するKPIが1・4倍となっている（図表3・1参照）。**CXとEXの両方が調和して向上されれば、その結果はさらに望ましいものとなる。**

経営幹部の中で……

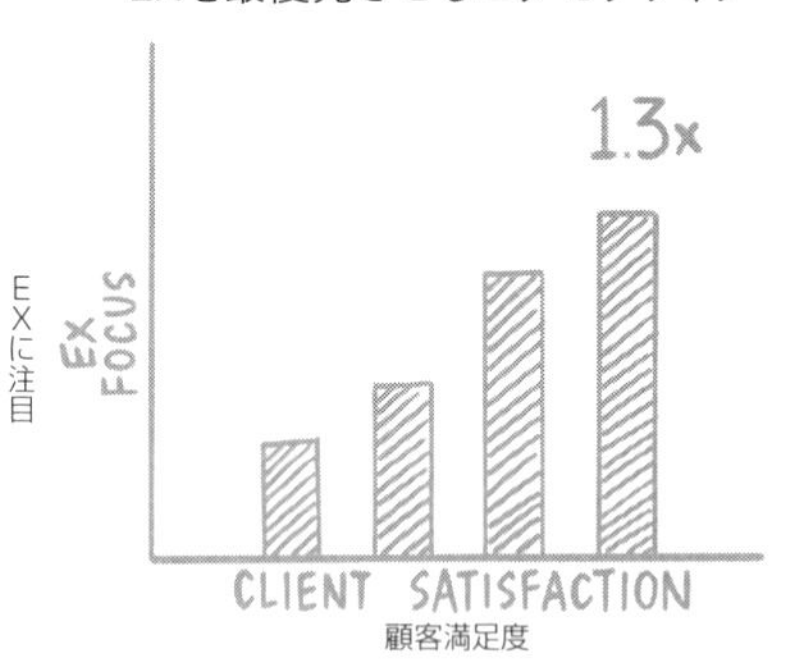

そうでないエグゼクティブに比べ、
顧客満足度に関する複数のKPIの伸びが
1.3倍

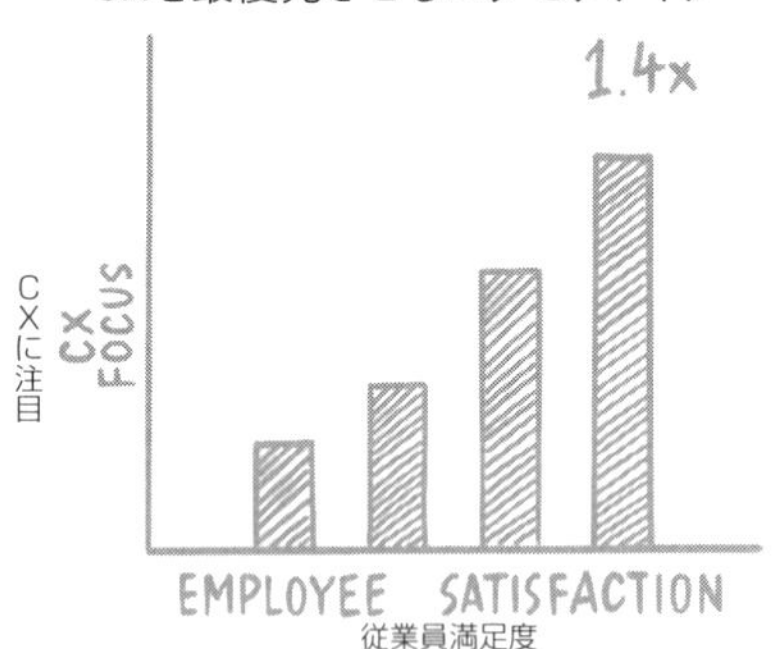

そうでないエグゼクティブに比べ、
従業員満足度の複数のKPIの伸びが
1.4倍

図表3.1　EXとCXへの投資で、類似した改善が見られる

こう述べると、必ずそれに対してこう訊かれることになる。「それはすばらしいが、伸びはどのぐらいで、収益にはどう影響するんです?」このセールスフォースの調査はアメリカ国内のみで実施されたが、間違いなく収益が増加することをはっきり示す結果となっている。EXとCXの両方が優れている企業は、3年間の年平均成長率(CAGR)が8・5%を示しており、それはEXとCXの劣った企業(年平均成長率4・35%)のほぼ2倍(1・8倍)となっている。**言い換えれば、資産10億ドルの企業であれば、この成長率から換算すると、年4000万ドルの収益増となる。**

アメリカでトップの業績を誇るのは、フェデックス、ペプシコ、アマゾン、アップル、ネットフリックス、コストコ、ヒルトン、サウスウエスト航空のような象徴的な企業である。あなたの会社が資産10億ドルの企業でなくても、この乗数効果には注意を向けずにいられないはずだ。**従業員と顧客の体験を改善して最適化する取り組みが現在進行中であれば、収益を増やすこ**

とは可能であり、いずれ増えることになるだろう――成長についての考え方を変えることに2倍注意を向ければいいだけだ。

セールスフォースの調査は企業レベルのデータに基づいているので、ＥＸとＣＸのつながりが収益改善の実際の要因であることが明確に裏付けられたとは言えない。たとえば、それが業務推進のサイクルがうまくいった結果や、すばらしい新製品の導入の成果である可能性もあるからだ。そこで、セールスフォースは調査を一歩進めて、ＥＸのどんな要素がＣＸや企業の成長に最大の影響を及ぼすかなど、その施策の効果をどの程度特定、そして数値化できるか確かめることにした。ＥＸとＣＸのつながりが結果をもたらしたと証明できれば、従業員への投資の重要性を示す新たな根拠になるだけでなく、そうした投資が企業にどれほどの力を及ぼすかを経営陣に示すことにもなるはずだ。

この直接的なつながりを探るために、〝現場の〟従業員たちの統制がとれている、チェーン展開していないアメリカの大きな小売店が最も良い調査対象になると思われた。小売業に注目したのは、顧客とじかに接する従業員に大きく依存している企業を調べれば、顧客の決断に従業員がどれほどの影響力を及ぼしているかに照準が絞れると考えたのだ。われわれの疑問は次のようなものだった。

「これらの店で顧客とじかに接する従業員の構成は――他のすべてが同じだとしたら――収益や利益に影響があるのか？」

小売業の調査（３年分のデータ）でまずわかったのは、従業員体験は次の４つの要素が組み合わさった結果だということだ。

１　従業員の在職期間の長さ

2　フルタイム／パートタイムの立場
3　社内での過去のさまざまな業務経験
4　技術レベルへの報酬

この調査では、財務データと人員に関するデータ――異なる部署で保存され、めったに統合されない2つの情報源――を結びつけて、もう1つの核となる疑問への答えを探ろうとした。**月初めの従業員の構成がその月の店の売上に影響を及ぼすか？**である。

調査結果には目をみはるものがあった。従業員と収益の間にはっきりとつながりがあることを証明しただけでなく、その影響が非常に大きいことがわかったのだ。要約すると、顧客とじかに接する従業員が基本的に（1）より在職期間が長く、（2）複数の部門での経験があり、（3）より技術に優れ、（4）フルタイムの雇用が多い店は、1時間当たりの売上がずっと多い。

1時間当たりの売上はどのぐらい多いのだろう？　平均的な小売店が、小売業の従業員体験についての前述の4つの要素のそれぞれにおいて、下から4分の1だった状態を上から4分の1まで引き上げられれば、毎時一人当たり57ドルだった売上を毎時一人当たり87ドルにまで急激に増やすことができる。それは収益に換算すると50％以上の増加となる（**図表3・2参照**）。

同じく注目すべきは、こうした収益アップが経費の急増を伴わないということだ。それどころか、事業利益の並行分析によると、こうした4つの要因を通して従業員体験を改善すれば、毎時一人当たりの利益が41ドルから59ドルと、45％も増加するという。

ここで示した数字はもちろん調査した（小売業の）会社や産業に特化したものだ。しかし、その効

EXが収益と利益を押し上げる

従業員の在職期間の長さ、フルタイム勤務、社内での業務経験、技術レベルなどのEXの評価基準を改善すれば、店の財務評価に影響を及ぼす

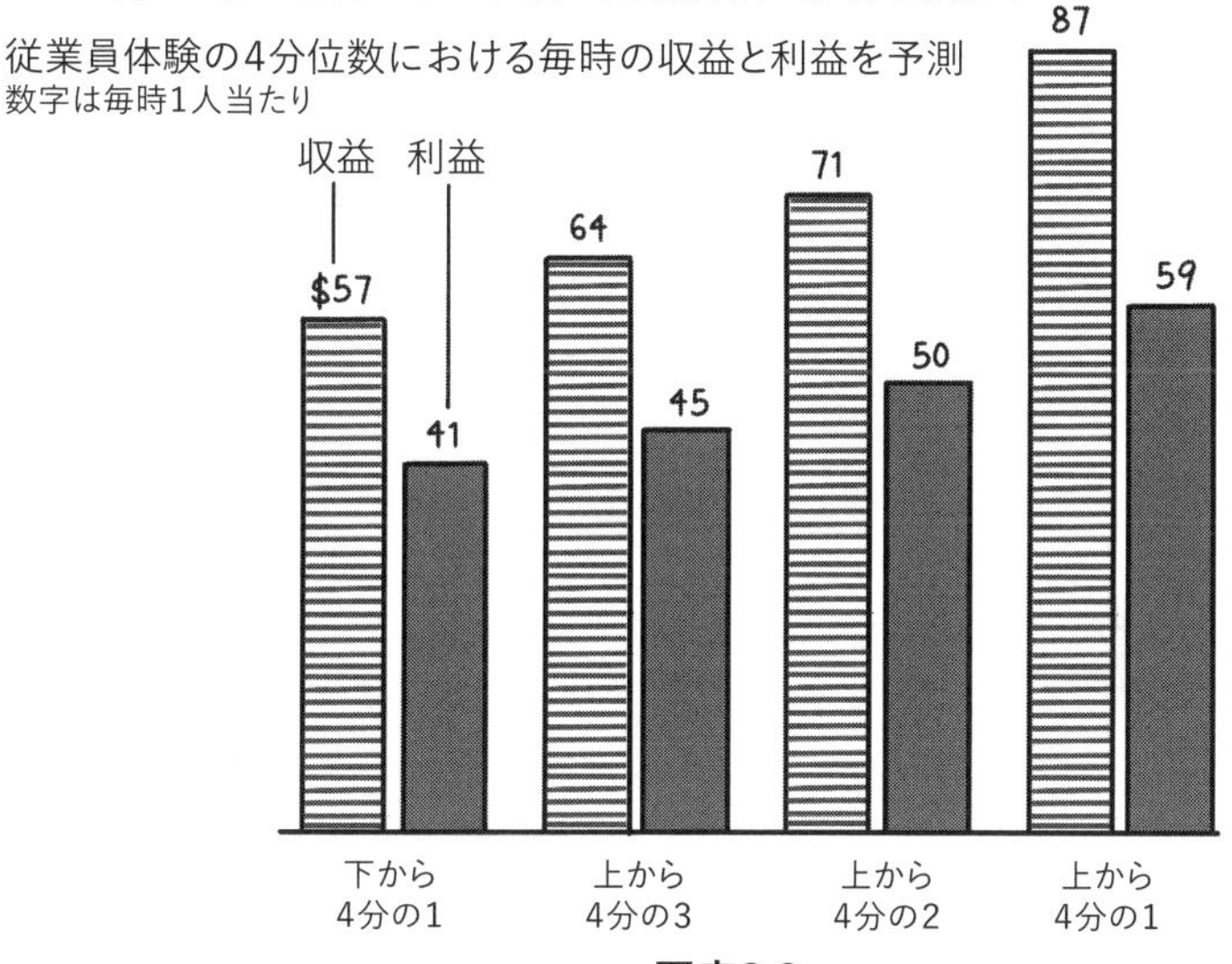

図表3.2

果は絶大で、パフォーマンス改善の大きな機会を失っている事実を企業のトップたちに納得させるには充分のはずだ。顧客とじかに接する従業員は——そういう意味ではすべての従業員が——最小限に絞るべきコストではなく（小売業やコールセンターや顧客サービスの従業員をそう考えるエグゼクティブは多すぎる）、うまく管理できれば、大きな見返りを期待できる、潜在的効果の大きな投資の対象なのである。

緊張関係：優先順位の危機

ＣＸとＥＸがじかに結びついているということははっきりしてきたものの、**ＥＸはＣＸを改善して収益を上げるのに貢献していながら、忘れられ、見過ごされていることが多い。**エグゼクティブたちはそのこと

**最高責任者たちはEXとCXと収益がつながっていることに気づいているが
それでもCXを優先させる**

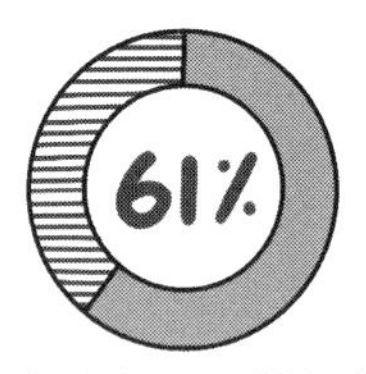

優れたEXは優れた
CXと同等である

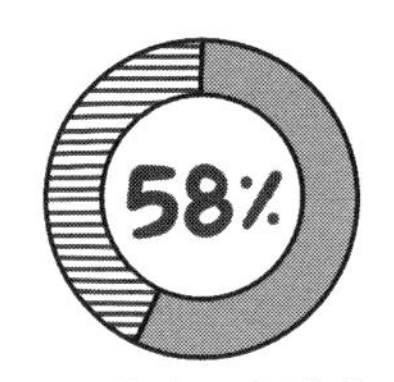

EXの向上は個人的に
実現させたいことで、
会社にとっては最優
先事項である

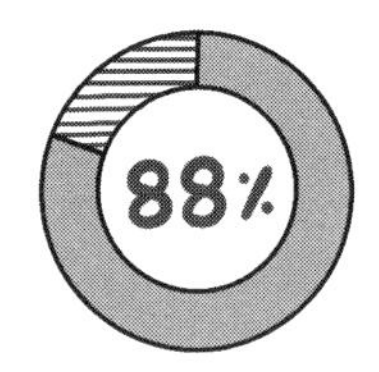

従業員はCXを優先さ
せるよう促される

図表3.3　目標と現実

EXかCXが企業の成功には重要と感じている企業の最高責任者の割合

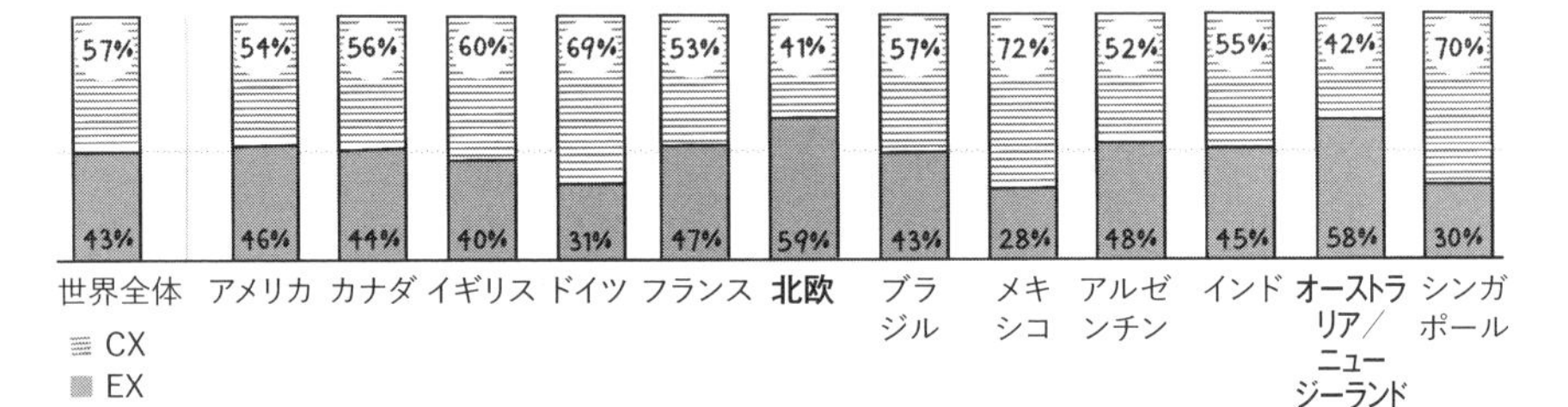

図表3.4　EXの重要性にもかかわらず、企業の最高責任者たちは
世界的にまだCXを優先させている

に気づいてはいても、成長計画を立てる際にどのような戦略的選択をしたらいいのかということに始まって、社内の多くの障害を乗り越えるのに手助けが必要だ。最高責任者や役員たちはＥＸを優先させることについて口ではもっともらしいことを言いながら、実際にはほとんどなんの手も打てていない。大きな矛盾があるのは明らかだ（**図表３・３参照**）。

　企業の最高責任者たちがＥＸとＣＸの結びつきを直感的に理解していることには勇気づけられる。半分以上（61％）が優れたＥＸは優れたＣＸと同等だと言い、10人中6人近くが優れた

EXの重要性にもかかわらず、世界的にどの地域でもCXが優先されている

企業の成功のためにEXもしくはCXが重要と感じている従業員の割合

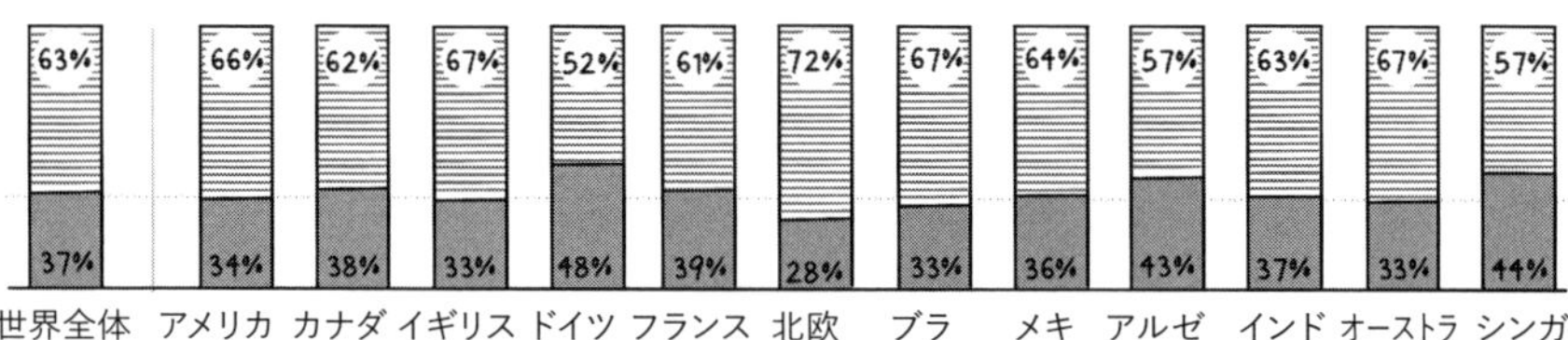

図表3.5　従業員は会社の成功のために顧客のほうが自分たちよりも重要だと感じている

EXを提供することが最優先事項だと述べている。しかし、EXを後押しする姿勢もそこまでのようだ。10人中9人近く（88％）が**全従業員に対し、他の何にもまして顧客の要望に注力するよう促しているのだ。**

これはアメリカだけの現象ではない。企業の成功のためには、CXよりもEXのほうがより重要だと企業の最高責任者たちが考えているのは、たった2つの地域――北欧諸国とオーストラリア・ニュージーランド（ANZ）――しかないことがわかった。**図表3・4**からもわかるように、世界の他の国々の経営者たちも、アメリカ同様、CXがEXよりも重要だと感じている。メキシコ、シンガポール、ドイツではとくにそう感じている人が多いようだ。**世界中で企業のトップがEXを改善させることが重要とどれほどリップサービスを駆使しようとも、それはまだ意図に留まり、行動は起こされていない。**

企業の成功のためにはCXがEXよりも重要と企業のトップが感じていることよりもさらにがっかりなのは、従業員も同じ考えということだ（**図表3・5参照**）。

驚くことに、全世界では従業員の63％がCXのほうがEXより

従業員体験を主体的に担っているのは誰か：主要市場における違い

誰も従業員体験を主体的に担っていないと感じるエグゼクティブの割合

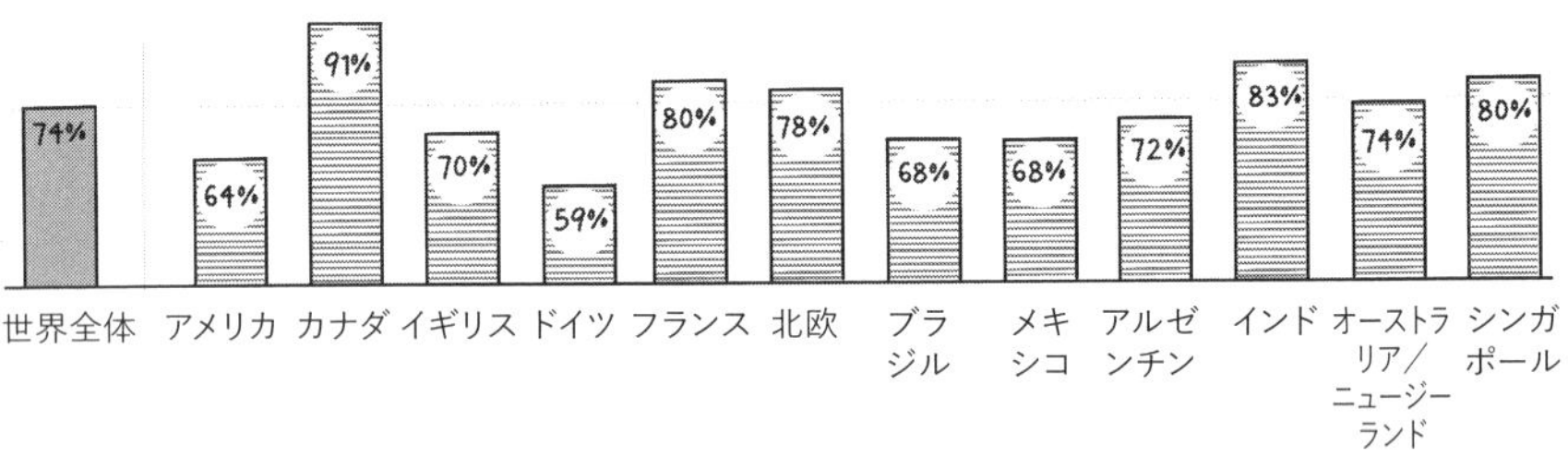

図表3.6 世界的にも、EXを主体的に担うことは一般的ではない

も重要と感じている。この統計によってわかるのは、従業員が会社の成功に貢献していると自任するような企業文化を築き上げるために、トップが苦闘しつづけているということだ。

EXを主体的に担うエグゼクティブの不在

世界的に見ても、企業のトップの見解と実際の従業員の日々の体験との間には大きな断絶がある。この断絶はEX，CX、ひいては成長率を改善する企業の能力を低下させている。また、経営陣がEXに対する責任感と主体性に欠けることが、その断絶を深めている。企業全体のビジョンを決める会議には人事部も参加すべきという考えには、経営陣では51％、従業員では33％しか賛成していない。これほどに大きな分断があるのも不思議ではない――企業にとって重要な決断の場に、EXを代表する者が参加しないのである。

今日の企業による歴然とした失敗の1つに、経営陣の74％がEXを〝主体的に担っている〟者はいないと述べていることがある。

これは調査対象のありとあらゆる部門や市場において根強い問題

だが、とくに91％のエグゼクティブが社内にＥＸを主体的に担っている者がいないと述べているカナダで顕著だ（調査を行ったすべての市場の中で最も高い割合）。アメリカとドイツはそれぞれ64％と59％と最も低く（**図表3・6参照**）、この2つの市場で従業員体験の改善に他とはレベルのちがう努力が為されている事実がわかる。

世界中で開かれている何十もの役員会で、ＥＸを主体的に担う役員の不在は議論のきっかけとして最も意義のある問題の1つである。とくに最高人事責任者（ＣＨＲＯまたはＣＰＯ）が会議に参加しているならば。どうしてだろう？　優れた顧客体験が収益の伸びをもたらすとたいていの人は信じている――調査で裏付けられてもいる。しかし、そうした功績に寄与したのは誰だろう？　マーケティング部は宣伝活動やブランド認知努力を行ったときに通常以上の売上高が見られたと指摘するだろう。製造部は製品の特長が顧客満足度や収益増に及ぼす影響を数値化できる。もちろん、営業部は会社に実際に収益をもたらしている部門と自任しているはずだ。しかし、人事部はどうだろう？

ＣＸについては、組織図内に数多くの貢献者がいる――最高マーケティング責任者（ＣＭＯ）しかり、最高顧客責任者（ＣＣＯ）しかり。しかし、従業員体験について同じように貢献している役員はいるだろうか？　ＥＸについて主体的に担っているかと調査に協力してくれたＣＨＲＯに訊いたところ、答えはほぼ同じだった。「部分的には担っていますが、担っているという点では、他のさまざまな部門の役員も同様です」。こうした反応は**図表3・6**で、よりはっきりと実証されている。

ここまでわかったことをもとに戦略的調整が行われる前に、**エグゼクティブや業界のリーダーは状況の把握から始める必要がある。ＥＸの現状を真に理解しなければならないのだ。**そこには、顧客満足度と収益を向上させるとみなされるＥＸの特別な一面もある。

市場を支配している企業のＥＸが高いとは限らない

意外かもしれないが――もしくはまったく意外でない可能性もあるが――パンデミックの時代になっても、エグゼクティブたちはみな、企業が成功していれば、従業員から文句を言われるいわれはないという、昔ながらの信念を抱いていた。収益の増加が従業員を満足させるという考えは魅力的ではあるが、企業が従業員を追い詰めすぎて彼らの神経がすり減り、燃え尽きてしまう可能性もある。

競争に勝ち、市場を支配することは、理論上は良いこととされるが、その成果は社内で分配されなければならない。それは労力に対する報いとして、もしくはそれ以上のものとして分配される。大きな収益を上げている業界大手の企業で、ＣＥＯが最前線に立つ従業員以上の報いを受けているとすれば、従業員もそれに気づくだろう。２０２１年、Ｓ＆Ｐ５００として上場している企業のＣＥＯは、平均して１８３０万ドルの報酬を得ていた――ふつうの労働者の３２４倍である。アメリカ労働総同盟と産業別組合会議の報告によると、２０２１年の労働者の賃金の上昇率は４・７％であったのに対し、ＣＥＯの場合は18・２％だったそうだ。倉庫や従業員の職場がさびれていくのに、役員室だけが豪奢に改良されるようでは問題である。

従業員が仕事に励むのを認めて報いることなしに、ただ搾取するだけでは成功はなし得ない。少なくとも、雇用を維持したいと思うならば。ゆえに、会社が成長し、収益を上げれば、従業員は満足の

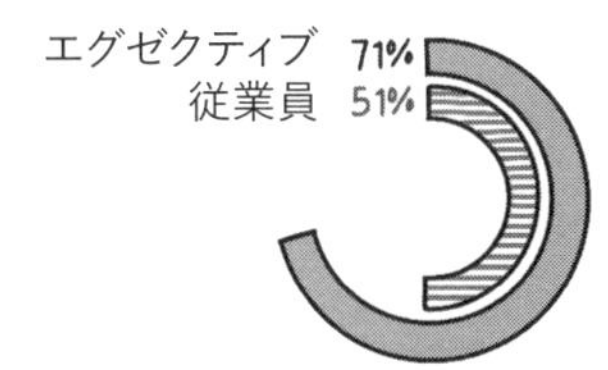

経営に携わるエグゼクティブの71%が自社の従業員は仕事に思い入れがあるとしているが、実際、思い入れがあると答える従業員は51%にすぎない

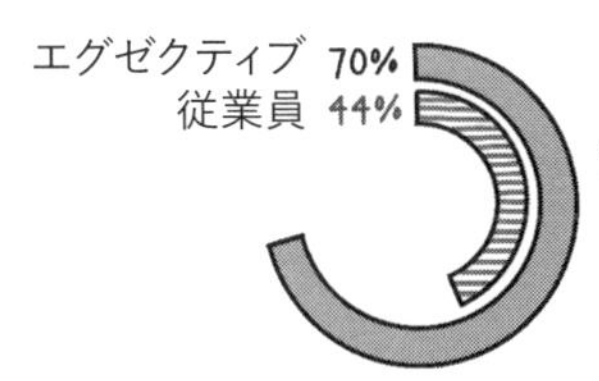

経営に携わるエグゼクティブの70%が自社の従業員は満足しているとしているが、それに同意する従業員は44%である

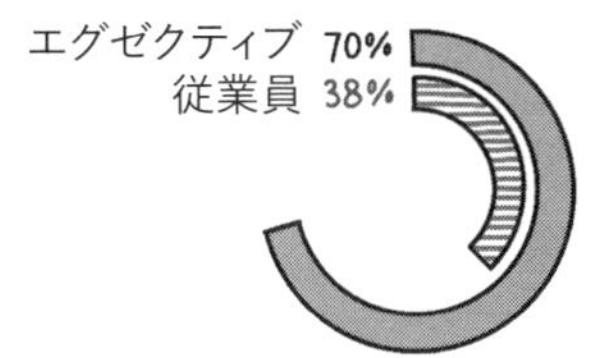

企業のトップの70%が自社の従業員は会社を成長させるのに必要なものは何でも手に入れられるとしているが、それに同意する従業員はたった38%である

図表3.7 エグゼクティブは現実とかけ離れている

はずというような古臭い考えは忘れなければならない。従業員を最大限活用したいと思うならば、従業員と彼らを代表する役員の意向に沿って、適宜投資を行う必要がある。

第2章でも述べたが、最前線の職場がどういうものかという現実についても、はっきりした誤解がある。それは経営陣の視点から見たものとは対照的だ（**図表3・7参照**）。また、変化をもたらすのに、従業員のデータをどう用いれば良いかわかっていないエグゼクティブも相当数いる。ここにこそ、誰もＥＸを主体的に担っていないという事実がおのずと表れている。調査によって得られたデータを分析し、分析結果を行動に移す責務を担う人間がいないならば、まずもってなぜ調査を行うのだろう？

エンゲージメント、満足度、成長の機会について、経営陣と従業員の意識がこれほどにかけ離れているせいで、より良い条件を求めて離職する人が何百万人にものぼっている。そうなるのを避けるには、経営陣の想定と従業員の実体験の乖離がどこで生じているかを見極めなければならない。従業員に権限を与えられていると感じさせ、ＣＸを向上させるような要因についてはとくに（それについては第8章で詳しく見ていく）。

異なるエグゼクティブ同士の見解と優先順位

見解と優先順位の相違は、経営陣と従業員の間だけでなく、エグゼクティブ同士においても存在する。先に述べたように、ＣＸを改善し、企業を成長させるためにＥＸを優先させることが重要とすでに受け入れているエグゼクティブもいる。そういう人たちは他のエグゼクティブと違って、実際にＥＸを改善することにより注意を向けたいと思っている。彼らを「ＥＸ重視のエグゼクティブ」と呼ぼう。逆に、顧客体験にフォーカスすることこそ、成長を持続させる最も重要な方法と信じるエグゼクティブは「ＣＸ重視のエグゼクティブ」である。とはいえ、彼らもＥＸを改善することに価値は見出している。

しかし、両方のグループがＣＸとＥＸを改善したいと考えていても、**図表3・8**からわかるように、そこへ到達するにあたっての障害については意見が異なるようだ。エグゼクティブたちの意見が異なるのは珍しくもなく、想定どおりだが、そんなふうに意見がばらばらなせいで行動に移せずに何かを成し遂げる妨げになり、結局、それが企業の将来の成長に影響する可能性はある。

EXとCXを改善する上での最大の障害は……

企業文化の変化に対する従業員の抵抗

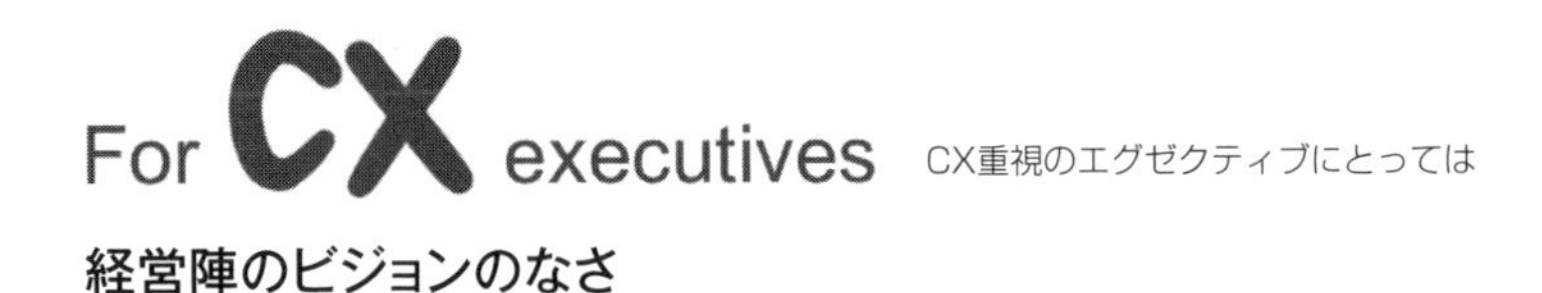

経営陣のビジョンのなさ

図表3.8　改善の障害

ＥＸを重視するエグゼクティブの43％は、**企業文化の変化に対する従業員の抵抗**が、従業員体験と顧客体験の両方を改善する上で最大の障害であるとしている。ＣＸ重視のエグゼクティブの31％も同様の意見だ。ＣＸ重視のエグゼクティブの41％にとっては、**経営陣のビジョンのなさ**がＥＸとＣＸの改善にとって最も大きな障害で、ＥＸ重視のエグゼクティブの32％も同じ意見である。

障害についての意見が異なることに加え、ＥＸ重視のエグゼクティブとＣＸ重視のエグゼクティブはＣＸとＥＸを改善する最善の方法についても異なる見解を持っている。際立っているのは、ＥＸ重視のエグゼクティブの39％以上が**変革のビジョンを少しずつ浸透させるのが最善の方法**だとしているのに対し、それに賛成するＣＸ重視のエグゼクティブは32％しかいないという点だ。対照的に、ＣＸ重視のエグゼクティブの47％がＣＸとＥＸを改善する最善の方法は**ＣＸとＥＸの両方の水準を高めることにフォーカスするよう、組織を再編成すること**だとしている一方、ＥＸ重視のエグゼクティブで同意見なのは40％である（**図表３・**

CXとEXを改善する最善の方法は……

39%　EX重視のエグゼクティブの39%が、「経営陣は変革のビジョンを少しずつ浸透させなければならない」と述べている

47%　CX重視のエグゼクティブの47%が、「CXとEXの両方の水準を高めることにフォーカスするよう組織を再編成しなければならない」と述べている

図表3.9　改善の方法

9参照）。より計画的、かつ密に連携したやり方でＥＸとＣＸを強化するというマインドセットで経営陣が足並みを揃えているなら、エグゼクティブ同士が協調していることが不可欠であるのは疑問の余地もないことだ。

ＣＸとＥＸを改善する上で、最大の障害が何で、最善の方法が何か、経営幹部の意見が一致していなくては、どうして行動計画など立てられるだろう？　どだい無理な話である。

ＥＸ重視のエグゼクティブとＣＸ重視のエグゼクティブの次の３年の目標においても、注目すべき相違がある。想定外と言える相違が。

- ＣＸが最も重要な目標、もしくは上から5番以内の目標に入るとするＥＸ重視のエグゼクティブの割合（81％）は、ＣＸ重視のエグゼクティブの場合（64％）よりもずっと多い。
- ＣＸ重視のエグゼクティブの場合、優先順位が逆になる。ＥＸが最も重要な目標、もしくは上位5番以内に入る目標であるとしているのは、ＥＸ重視のエグゼクティブの52％に対し、68％である。

いや、この数字は間違っているわけではない。ＥＸ重視のエグ

ゼクティブはCXが最も重要な目標、もしくは上位5番以内に入る目標であるとしており、一方のCX重視のエグゼクティブはEXこそが最も重要な目標、もしくは上位5番以内に入る目標であるとしているのである。つまり、CXとEX、どちらを重視するエグゼクティブも、両方の体験が重要という点では意見が一致しているのだが、障害をどう乗り越え、それぞれの体験をどう改善するかについて意見が合わず、行き詰まってしまっているわけだ。

それゆえ、企業がいまだに従業員と顧客のどちらがビジネスにとってより欠くべからざる存在か問いつづけ、前に進めずに苦闘しているのも不思議はない。ビジネスにおいて優先すべきものが何であるかを理解することは、企業の意思決定の前には必要不可欠だ。さもなければ、企業はばらばらになってそれぞれ異なる方向を目指すことになってしまう。次章ではEXとCXを並行して高め、さらに大きな成功へと企業を導きたいと考えるならば中核とすべきマインドセットについて探っていこう。

本章のまとめ

■CXとEXの間にストレスがあるのは事実だ。EXを優先させ、EXのための資源、システム、プロセスにおける遅れを是正するのは急務である。また、EXを測る指標やその達成に責任を持つ体制をつくらなければならない（それについては第9章で詳しく述べる）。部門間の垣根を超えてEXの向上を主体的に担うことも経営陣のレベルで為されなければならない。さもなければ、従業員は企業の成功のために自分たちは重要な役割を果たしていないと感じつづけることになる。

■エンゲージメント、満足度、成長の機会について、経営陣と従業員の意識がこれほどにかけ離れているせいで、より良い機会を求めて離職する従業員が何百万人にものぼっている。そうなるのを避けるには、役員の想定と実際の従業員体験の乖離がどこで生じているかを見極めなければならない。従業員に権限を与えられていると感じさせ、CXを向上させるような要因についてはとくに。

■従業員が仕事に励むのを認めて報いることなしに、ただ搾取するだけでは成功はなし得ない。少なくとも、雇用を維持したいと思うならば。ゆえに、会社が成長し、収益を上げれば、従業員は満足のはずというような古臭い考えは忘れなければならない。従業員の力を最大限活用したいと思うならば、従業員と彼らを代表する役員の意向に沿って、適宜投資を行う必要がある。

議論の糸口となる質問集

企業のエグゼクティブと会い、企業の成長を促すためにCXとEXを緊密にリンクさせることが肝要というような議論をするときは必ず、私は次の一連の質問から会話を始める。

▼次の3年から5年の間に、何を優先すれば、企業の成長に最大の影響があるかという点で、エグゼクティブのみなさんの意見は一致していますか?

▼あなたの会社の従業員は、仕事を能率的に行うために会社が最高のテクノロジー、プロセス、文化を提供してくれていると感じていますか?

▼顧客のためのデジタルトランスフォーメーションに投資するのと同じだけ、従業員のためのテクノロジーにも投資されていますか？
▼EX向上とCX向上の取り組みの間で、どんな点にストレスや格差がありますか？　その差を解消しようという計画はありますか？
▼CXとEXのレバレッジ・ポイントは何かご存じですか？　それらをどのように利用していますか？
▼あなたの会社は変化を促すのに従業員のデータを活用する方法をご存じですか？
▼優れたCXと優れたEXがどういうものか、明文化された定義はありますか？
▼CXとEXを測るのにどんな指標を使っていますか？　現在の目標を検証するために、目標や指標を設定する役割の役員や部門を超えたチームがありますか？

こうした質問を自らにしてこなかったとしたら――それに答えるのはもちろん――行く手に待ちかまえているのは過酷な未来だ。従業員がすでに抱えている以上の不満を抱えるようになり、顧客もその結果、不満を抱くようになる。なぐさめになるかどうかはわからないが、少なくとも、それはあなたの会社に限った話ではない。同じ状況にある会社はあまりに多い。

第4章 エクスペリエンス・マインドセット

企業の創業者世代が顧客を喜ばせるための効果的な方法を思いつくと、その新たな事業はめくるめくほどの成長に力を得て転がりはじめる。しかし同時に、そういう状態のときに企業の経営陣が従業員の処遇を良くすることに目を向けるのは、必ずしもふつうのことではない。

ベイン・アンド・カンパニー顧問、ネット・プロモーター・システム開発者
フレッド・ライクヘルド

世界で最も有名な企業の1つ、エアビーアンドビーにおける従業員体験について知るのには、従業員体験責任者のマーク・レヴィと話をするのが一番だ。2013年にエアビーアンドビーに加わったときには、レヴィはアメリカの大手企業で初めての従業員体験責任者とみなされることが多かった。彼の話では、その役職はエアビーアンドビーのCEOだったブライアン・チェスキーとの会話から生

まれたものだそうだ。チェスキーが〝企業文化をぶっ潰すな〟と題した文章をメディウム（テキスト、画像、動画を含む記事を閲覧できる電子出版のプラットホーム）に投稿してから数日後、チェスキーはレヴィを人事部のグローバル本部長に迎えるための面接を行った——6カ月以上も空席だった役職である。「人事部が何なのかはよくわからないんだ」とチェスキーはレヴィに言った。「でも、耳にすることから言って、必ずしも好ましい部門じゃないな」

人事部の責任者候補を面接するにあたって、こんなふうに切り出すのは興味深いやり方だ。チェスキーはレヴィが前代未聞のアプローチを受け入れてくれるかどうか知りたかったのだ。「みんなが1つのグループとして従業員の活動に注目することで、人事というものを考え直す方法はあるだろうか？」とチェスキーは訊いた。「これまでの人事の枠組みを根本から覆して、従業員との異なる働き方を探ることはできないかな？　成長するにつれて、われわれが企業文化をぶっ潰すことのないように」。

へえ、それはおもしろそうだとレヴィは思った。チェスキーはどこまでも文化を提唱する人間だとわかったので、狭い意味での人事について話すのをやめ、エアビーアンドビーの従業員全体に話題を向けた。

「従業員にかかわる分野ではどんな人間が働いていますか？」とレヴィは訊いた。「その全員が会社の異なる部門へ報告を行っていますか？」ほとんどの企業がそうだが、エアビーアンドビーでも、それが行われていることはわかった。人材発掘と採用にかかわる25人の従業員が組織全体に散らばっていた。技術者採用部門はエンジニアリング部門に属し、通常の人事部門と技術者以外の採用部門は法務部門の一部とされていた。
驚いたのは、社内にユニークなグループが存在することだった。企業文化と経験を改善するための大きな力となりそうなそのグループは地上管制班（グラウンド・コントロール）と呼ばれていた。この自発的に組織された従業員のグループは従業員同士のイベントや評価、祝賀会、社内のコミュニケーションを通して、企業文化、使命、バリューに命を吹き込んでいた。グラウンド・コントロールの目標はシンプルだ。**「ここは特別な職場で、われわれはそれを維持したい」**

チェスキーからグラウンド・コントロールのことを聞いたときに、レヴィはぱっとひらめき、こう言った。「この会社には顧客体験担当部門はありますが——従業員体験担当部門もつくれませんか?」チェスキーは同意し、2人は力を合わせてその創設に着手した。それがエアビーアンドビーの従業員体験の変化の始まりで、従業員体験担当部門の責任者としてレヴィがそれを主導することになった。レヴィは言う。「会社に変化をもたらすための重要な一歩は、改善が先送りされてきた従業員体験を本当の意味で変えることです。昔ながらの人事機能は保ちながら、今やグラウンド・コントロールによってもたらされたアイデアもそこに含まれるというわけです」

その後また転機が訪れた。「EXを新たに強調したおかげで、働き方に大きな変化があったんです。従業員に向けて何かをするのではなく、従業員とともに、従業員のために、彼らが成果の上がる働き方ができるよう、優先順位を決めることになった。それが今度は、従業員たちが会社への思い入れを強め、より生産的になり、ホストやゲストや地域コミュニティとのつながりをより強くするためのプログラムやプロセスやシステムやツールをわれわれが構築することにつながったのです」

「本質的に異なる部門をどうにかつなぎ合わせようとしはじめたときには」とレヴィは言った。「採用、トータル・リワード（金銭的報酬だけでなく、非金銭的報酬も含めた報酬）、多様性等の分野にフォーカスしてすべてを行う4人のチームから始めました。こうした機能やチームをどう作用させれば、従業員にとってすべてを網羅する体験を生み出せるか、よく考えなければならないことを学びました。すべてがつながらなければ、損なわれるのは従業員体験なんです」

「私たちの目標は企業文化を民主化する権限を従業員に与える枠組みを生み出すことでした」レヴィが続けて説明しているように、エアビーアンドビーはそれを「非常にはっきりしたバリューと、それに輪をかけてはっきりした行動を通して実践しました。その中には、採用予定のすべての従業員、すべての採用候補者が、その人の中核（コア）となるバリューのインタビューを受けるという〝コア・バリュー・インタビュー・プロセス〟もありました」。そのインタビューを行ったのは採用を予定している部署の人間ではなかった。候補者が優秀な技術者やマーケティング部員になるかどうかというバイアスをかけたくなかったからだ。その構想をさらに強化するために、エアビーアンドビーは、候補者が正しい理由で入社を希望していて、企業の価値をより高める人になると確信が持てる兆候を探すよう、面接官を訓練した。

レヴィとそのチームはコア・バリュー委員会も創設した。会社の各部署からベテランの従業員を集めた委員会だった。レヴィはこう言い表した。「マーケティングのキャンペーンから、提携、組織の再編、企業の買収にいたる、ありとあらゆる重要な決定を下す際に、〝賢人〟としてCEOや経営陣に助言する人々です。ここでも、われわれは従業員に権限を与えようとしたわけです」

チェスキーとレヴィは従業員が使うテクノロジーや業務プロセスやツールを改善することが、彼らが仕事をする上での満足度に途方もない影響を与えるとわかっていた。だからこそ、ITがEXに果たす役割を想定し直した。2013年、エアビーアンドビーは新たにIT部門の責任者を雇った。レヴィはその人物に、通常ホストやゲストにしているのと同様に、従業員にとってもストレスのないようにしてもらわなければならないと告げた。

レヴィと新たなITの責任者は連れ立ってアップルストアを訪れ、ジーニアス・バーを視察した。アップルがリッツ・カールトンから学んだように（第2章参照）、エアビーアンドビーはアップルから学ぼうとしたのである。リッツ・カールトン同様、アップルストアでも、従業員は顧客の問題を解決するのに、上司に相談しなくても2000ドルまでは使用できた。顧客の力になるのに、特別な許可を得る必要がないのである。こうして従業員に自主性を持たせれば、権限を与えることになり、それがより良いEXを生み出す。顧客も丁重で気遣いのある従業員から、速やかでストレスのないサービスを得られるので、CXも改善される。

アップルストアの顧客が得ているようなスムーズな体験を生み出すために、レヴィはエアビーアンドビーの各オフィスに、従業員がIT部門からすばやく便利なサービスを受けられる、独自の〝ジーニアス・バー〟を備えたいと思った。従業員はヘルプデスクかサービスウィンドウに、修理の必要なノート型パソコンやスマートフォンやその他のデジタル機器を持ち込み、ITのスタッフに出迎えられる。IT部門には、親しみやすくて役に立ち、愛想の良いやりとりをしてくれるジーニアス・バーと同じような雰囲気がほしかった。オフィスの従業員がIT部門に助けを求めるのを恐れることはよくある――電話やメールだけでなく、〝サポートチケット〟を使ったり、何度もやりとりしたりすることを。レヴィの考える〝ジーニアス・バー〟の場合、従業員は自主性を持ってＩＴ部門にアクセスでき、ＩＴのスタッフはその場で力になってくれ、よりスムーズな経験をもたらしてくれる。その場の環境も感じが良く、従業員はそこで支援を受ける間、すわってコーヒーを飲みながら、居心地良く過ごせるのだ。

ＥＸのステータスをＣＸと同等まで上げたところで、最後の課題は双方の世界を結びつけることだ。「従業員をゲストやホストと結ぶために、旅行費として年間２０００ドルを支給することにしました」とレヴィは説明した。「滞在する家のホストに贈る特別な感謝の品も作りました。従業員にはホストと過ごす時間を持ち、エアビーアンドビーのホストを務めるのがどんな感じか話を聞いて、戻ってきたときには、何でもいいから考えやアイデアをオフィスに持ち帰ってほしいと頼んだんです」

レヴィはエアビーアンドビーの同僚でホスピタリティーの責任者であるチップ・コンリーと密接な関係を保って仕事をしていた。レヴィのチームがエアビーアンドビーの従業員全員をワン・エアビーアンドビーというイベントに集めて成功させたのを見て、コンリーはエアビーアンドビー・オープンというイベントに世界中からホストを招待するのが理にかなっていると判断した。この2つのイベントはコラボ企画だった。重要な要素は、〝ホストをホスト〟するために、できるだけ多くの従業員を招くことだった。この2つのイベントは、ミーティングや体験、ボランティア活動などを通して、従業員、ホストとゲスト、地域コミュニティを1つにするために、さまざまな点でコラボしていた。

「われわれの始めたことが実を結んだと実感したのは、会社が２０２０年12月に上場したときだっ

エアビーアンドビー

たと思います」レヴィは思い出しながら笑みを浮かべた。それは新型コロナウイルスのパンデミックの真っ只中で、昔ながらのベルを鳴らす儀式はバーチャルで行われたのだった。エアビーアンドビーはそれを記念して、ブータンからサモア、アイスランドにいたる400万人以上のホストたちが同時にドアベルを鳴らす広告を作った。世界中のホストたちが1つの大きなエアビーアンドビーの家族となり、会社の成功を祝ったのである。

「そのとき、われわれは単にエアビーアンドビーの従業員と顧客の体験を改善しただけじゃないとわかったんです」とレヴィは語ってくれた。「その体験は今や分かち合うものになったと」レヴィが思うに、こうしたすべての火付け役となったのは、初めて会ったときのチェスキーの言葉だった――人事を根本から覆す。

「それはマインドセットの変化でした」とレヴィは言った。「それを解決するのを単に人事の問題とせずに、会社全体の問題として考える。従業員体験のプロセスにかかわる全員に、従業員がホストやゲストに接するのと同じやり方で、従業員に接する必要があると理解してもらわなければならなかった。つまり、従業員にサービスすることになるわけです」すべての組織の最もささやかな行動と最も大きな目標が、こんなふうに——顧客と従業員に同時に奉仕するように——方向づけられたら、両者の摩擦の原因は排除されることだろう。

意図的で戦略的なアプローチ

パンデミックと大量離職によって、従業員の期待値と体験について話し合うのは、もはや人事部門に限ったことではないことがはっきりした。従業員が期待するものは変化しつつあり、過去には我慢したであろうことも、もはや耐えられなくなっている。組織全体が新たな組織運営の考え方——体験を重視する「**エクスペリエンス・マインドセット**」に足並みを揃えなければならない。

> **【復習!】**「エクスペリエンス・マインドセット」とは、企業の成長率の大幅な向上へとつながる、はずみのついた効率的なサイクルを生み出すために、優れた従業員体験と顧客体験のレバレッジ・ポイントを最大限活用することである。

エクスペリエンス・マインドセットを示している会社——エアビーアンドビー、カタール航空、コストコ、ランボルギーニ、ヒルトン、チューリッヒ・インシュアランス・グループ、チポトレなど

――がそれぞれの分野で、CXだけに目を向けている競合他社に業績で大きな差をつけているのは偶然ではない。これらの企業は、EXを落とすようなCXの改善は――その逆も――望ましくない結果に終わるとわかっている。両者が緊密に拠り合っているからだ。幾何級数的な収益増を見込める一致団結した戦略は、社内外を問わず、すべてのステークホルダーの体験を改善させるような意思決定の方法によってのみ可能なのだ。

エクスペリエンス・マインドセットを導入するには、本当の意味での企業文化の変革が絶対に必要である。さらには、それを計画や戦略を立てる上での標準的な経営理念にしなければならない。戦略的意思決定に体験重視の考え方を用いる企業は、従業員と顧客のフレームワークを統合された価値の高いものにでき、それが組織全体に行きわたることになる。

エクスペリエンス・マインドセットを用いる目的は、役員室でもそれ以外でも、CXとEXの両方にそれを担う人間がちゃんといて、別々に考えられていたそれらを統合し、1つのものとして扱うことだ。この新たなマインドセットを導入する上での目標は、顧客への対応をより良くすることだが、それは、第2章で〝内なる顧客〟と言い表したグループから始めることになる――すなわち、従業員から。

エクスペリエンス・マインドセットを実際に使ってみる

企業の顧客が求める新しいサービスの実施を従業員が不安に思っている状況を想定してみよう。企業は〝顧客中心〟の名目で、とにかくそのサービスを提供すべきだろうか？　この顧客の要望に最も強く反対している従業員を解雇し、代わりに本心をあまり明らかにしない人間を雇ったらどうだろう？　その問題にエクスペリエンス・マインドセットを用いるとすれば、答えはおのずと明らかだ。どちらも正しい対応とは言えない。

すべては従業員体験から始まる。リモートワークも取り入れた労働環境で従業員体験を最大限向上させ、従業員を肉体的、精神的、金銭的、社会的に満足させることに力を注ぐことが真に優先される。

チューリッヒ・インシュランス人事最高責任者　デイヴィッド・ヘンダーソン

こういう状況においては、従業員の抵抗を会話のきっかけに利用し、新しいサービスに最も強く反対している従業員に直接意見を聞くのが、経営者にとって最善策である。その意見が顧客と従業員の両方を同時により満足させるような解決策へとつながる可能性もある。〝顧客がつねに正しい〟という昔ながらの言いまわしに従って道を誤ってはならない。顧客が望むことや、望んでいると思い込んでいることを、企業は何でもすぐにかなえるべきではない。とくにそれが従業員の犠牲を伴うのであれば。

製品にしろ、サービスにしろ、何かを新たに顧客に提供する場合、従業員にも意見を言う機会を与えなければならない。製品やサービスの特徴や機能性の観点からだけでなく、新たに提供するものが従業員の日々の業務にどんな影響を及ぼすかについても。そうすれば、問題が起こっても、意見を聞いてもらっていると感じている従業員は、新たなやり方を取り入れ、その方法を習得しなければならない理由を理解して受け入れる可能性が高い。

ＩＴ部門が営業用に「チャット」を新たなテクノロジーとして導入するつもりでいると想像してみてほしい。このチャットを使えば、営業担当が顧客とバーチャルでやりとりできるのだ。チャットが顧客の求める技術であると聞いていたエグゼクティブたちは大喜びだ。しかし、そこには彼らが予測していなかった問題がある。チャットはすぐさま導入されたので、既存の顧客関係管理（ＣＲＭ）システムに統合されていない。それが導入された理由の詳しい説明もなく、それをどう活用できるか、営業担当が意見を求められることもなかった。

実際、意見を求められていれば、営業担当は、ＣＲＭシステムを通して簡単にアクセスできるものでない限り、自分たちにとってチャットは望ましいものではないと説明していたことだろう。そうでなければ、業務がより複雑になるだけだと。そんな状況で、営業担当はすぐさまそのテクノロジーを受け入れるだろうか？　それとも、それを使うのを恐れるだろうか？　より望ましいシナリオは、何かプロセスの変更が必要ならどんなものか、新たな技術をどう活用できるか、それが既存のＣＲＭシステムに統合されるべきかどうか、営業担当に訊いてみることではないだろうか？

短く答えるならば、それはもちろんそうだ。しかし、現実には、営業担当が与えられた新しい技術を使わないとなれば（経験から言って、そういうことは常に起こっている）、経営陣がＩＴの人間にどうして誰も導入された新しい技術を使わないのか尋ねはじめる。それに対しては、責めを営業部の人間に負わせるのがふつうで、その導入が最適でなかったという事実が明かされることはない（これについては第7章で詳しく見ていく)。

それとは対照的に、顧客が営業担当とチャットできることを望んでいる事実をIT部門が営業担当と共有し、どうすればそれをうまく——チャットをCRMシステムに統合させ、既存のプロセスをアップデートし、営業担当に適宜訓練を施すなどして——導入できるか、営業担当も交えて考えれば、受け入れもそれほど問題にならなかったはずだ。残念ながら、従業員が仕事上何を必要とし、与えられたシステムやツールをどう利用しているか、従業員に尋ねることがテクノロジー導入計画のプロセスの一環となることはめったにない。不必要な重荷や期待を関係者に押しつけたあとで尋ねることはあっても。

それとは逆の例もある。従業員は仕事のある面を気に入っているのだが、顧客がもはやそれに価値を認めないことがあるかもしれない。その場合、従業員のためにそのサービスを続けるべきだろうか? それとも、それを完全に排除すべきだろうか? 仕事におけるその変化のせいで、従業員が顧客とのつながりや顧客に尽くす気持ちを失ってしまったらどうだろう? その時点で別の人間を雇えばいいだろうか?

こうした状況でもやはり、従業員の声が重んじられ、守られるほうがいい。従業員に意見を求めることで、彼らの考えを重視し、その提案や不満に真に耳を傾けるつもりでいることを示せる。こうしたやり方をすることで、現在は甚だしく失われている信頼を築くことができる——自分の会社がこのような双方向の対話を実践してくれていると回答する従業員はたった46%だが。

どんな問題を解決するにしても、究極の目標は、従業員の労力と期待と顧客のそれとを同等に扱うということだ。良し悪しは別にして、どちらに対する意見であっても、いつも必ず考慮に入れなくてはならない。両方に等しく利益となるようには必ずしもできないかもしれないが、公平なバランスはとれるはずだ。

調査からわかるように、元々ふつうは顧客ファーストという考えが行きわたっているため、こうしたアプローチについて多少しっくりこない思いをする経営者もいるかもしれない。しかし、それによって企業は、顧客を他のすべてに優先させてきた何十年かの間に生じた不均衡を是正することができる。従業員はそうした変化に気づき、評価することだろう。それが企業の利益や成長にも目覚ましい影響を及ぼすはずだ。

このようにEXとCXの均衡をとることはすばらしい結果をもたらす。調査によると、優れた従業員体験に恵まれている従業員は、劣った体験に甘んじている従業員に比べ、エンゲージメントが16倍にもなるという。また、会社に留まりたいと思う従業員も8倍になるそうだ。

魅力が3倍に――ハワード・シュルツとスターバックス

長年、スターバックスは優れたCXとEXの代名詞だった。その組み合わせはスターバックスの競争力を高める資産の1つでもある。もともとこの企業は顧客だけを念頭にカフェを展開していた。顧客がゆったりと過ごし、エスプレッソやカフェラテ越しにつながりを持つ場を創造したいとして。1990年代初頭から、スターバックスは自らを〝サードプレイス〟と位置づけるようになった。家と職場の間で、顧客が〝居心地の良さと人とのつながりとおいしいコーヒー〟を見つけられる場所として。一方で、創業当時からスターバックスは画期的な従業員ファーストの方針を実施してきた。その中には、パートタイム従業員向けの医療補助、多様性を推奨し誰も排除しない労働環境、大学の学費援助、有給の育児休暇も含まれる……何もかも採用の1日目から適用される。

こうした従業員ファーストの方針は利他主義からではなく、感傷とは無関係なビジネスの実利主義から生み出された。スターバックスの創業者ハワード・シュルツはこう説明する。「（教育費援助は）労働力の低下を防ぎ、パフォーマンスを向上させる。より良い人材を惹きつけ、その雇用を維持することになる」こうした福利厚生のおかげで、スターバックスは高い実績を上げ、働きやすい職場としてランク付けされてきた。業界の内外を問わず、従業員と顧客の両方にとっての価値を上げたいと願う企業の羨望の的となってきたのである。

シュルツは２０１７年に引退したが、２０２２年4月に暫定ＣＥＯとして復活し、２０２３年4月に後継者のラクスマン・ナラシンハンが後を継ぐまで務めた。シュルツが復活したのは、多国籍のコーヒーチェーンがいくつかの地域で採用に苦労するようになり、アメリカのバリスタたち（スターバックスでは〝パートナー〟と呼ばれている）の間でスターバックスの創業以来、最も労組結成の機運が高まったときだった。ＣＥＯに返り咲いてから初の全従業員参加のフォーラムで、シュルツは課題の1つとして、「アメリカのカフェで働くおよそ23万人のスタッフとともに新たなスタイルを確立するつもりだ」と述べた。優れた従業員体験で長く名を馳せたスターバックスが、道に迷いはじめていることを認めたのだ。

これはシュルツにとって三度目のCEO就任となった。かつて1986年から2000年にCEOだったときには、1992年に2億7100万ドルの評価額で会社を上場させた。8年後の2008年にCEOに戻ったときには、何年か低迷期が続いたあとで、自社ブランドとCXを再度つなぐことに尽力した。当時、シュルツはこう語っている。「今われわれが直面している最も深刻な問題は、われわれ自身の行動です。顧客との関係やコーヒー体験について情熱を失ってしまった。**体験よりも効率に時間を費やしてきたんです**」シュルツは2017年までCEOに留まり、スターバックスの株価を551%上昇させた。

CXに再注目して会社を成功に導いてからちょうど5年後の2022年3月、シュルツはまたスターバックスに戻ってきたが、今度は会社が〝社内のパートナーと顧客両方の進化した行動様式、ニーズ、期待にうまく対応できる〟体制になっていないことがわかった。今回は従業員と顧客両方の体験に再注目しなければならなくなったわけだ。

ここ数年、スターバックスとその従業員との関係の変化には、会社のコントロールのもとで実施されたものと、それ以外の要因によるものとがある。従業員は定期的に顧客満足度調査の対象となり、そこで悪い評価を受けると人事に通達されるリスクがある。新型コロナウイルスのパンデミックの際には、ドライブスルーの時間制限のプレッシャーにさらされることになった。新型コロナウイルスのパンデミックの間、ドライブスルーの売り上げが伸びたため、ドライブスルーの顧客を重視するようにと本社から圧力がかかったからだ。

２０２０年3月が小売業界に恐慌をきたしたのは疑う余地がない。世界各地で最前線の従業員の多くは、自分の身の安全を守りながらも給料を得ようと苦闘していた。この労働環境はスターバックスの従業員やバリスタたちにとってはとくに困難なものだった。スタッフ不足に直面し、従業員の多くは途方に暮れた。その間、ドライブスルーのウィンドウやカウンター越しに告げられる注文をさばくのに加え、デリバリーのオーダーが〝処理しきれない〟ほどになった。

なお悪いことに、この新たな現実を押しつけられた従業員は、システムや健康や安全のプロセスに取り組みながらも、その訓練をほとんど受けていなかった。この問題は、従業員が昔から、〝顧客とつながりを持ち、店内での顧客の経験に影響を及ぼす能力によって〟評価されてきたという事実から、さらに深刻なものとなった。

数多くのスターバックスの従業員にインタビューしたファスト・カンパニー誌の記者によると、「スターバックスが長く掲げている方針の1つに、1人のバリスタは30分以内に、10件の顧客の注文に

――支払いを受け、飲み物や食べ物を準備し、すべてを顧客に渡して――対応しなければならないというものがある。バリスタのなかには、それを期待されるのは時代遅れだという人もいる。モバイルの注文が増えたことで、実際、以前より難しくなったものもあるからだ。消費者はティックトックで人気の14種類の中身のはいった飲み物を注文するのに、バリスタからじかににらまれることがなくなった。スターバックスのアプリはそれを意に介さず受け付けてしまう」。

アメリカでは、スターバックスの従業員はパンデミック以前から、すでにモバイルの注文に不満を覚えていたが、パンデミックのせいでその状況がさらに悪化した。従業員は管理職の人間が耳を貸してくれないと感じ、本部と店で働くスタッフの間に断絶があるのは間違いなかった。スターバックスは、パンデミックが始まってからというもの、「本部と地域の責任者とバリスタの間の交流不足のせいで、従業員同士の関係や店の問題を速やかに解決する会社としての能力が損なわれ、労働組合を求める機運が高まった」と述べている。EXとCXの不均衡さも目についた。その結果、労働組合組織を求める声もさらに大きくなった。スターバックスの経営陣においても、優先順位をどうするかの問題が起こっているようだった。シュルツの復帰にそのことも一役買っていたのかもしれない。経営陣は株価、株主の期待、顧客の期待、従業員のニーズの間でバランスをとるのに苦労していたのだ。

復帰して最初の従業員フォーラムで、シュルツは株式の買戻しに数十億ドルを投じるのを一時中止すると宣言し、会社が「ただちに注力すべきは株式市場ではなく、カフェであり、顧客と従業員だ」と述べた。それから、「私はスターバックスの株主として経営に携わるつもりはない。四半期の株価に基づいてすべての決断を下すことはしない。そういう時代は終わったのだ」と述べた。外部から受けていたプレッシャーにもかかわらず、シュルツが〝パートナー〟――従業員――の価値を理解しているのは明らかだった。彼らは顧客が期待するようになった高いCXの水準を実現するブランド・アンバサダーというわけだ。

私が本書を執筆中だった当時（2022年夏）、シュルツは5つの大胆な戦略から始まる再創造プランを発表した。そのうちの2つは本書の主旨にとってとりわけ重要だ。**パートナー（従業員）の体験を大きく改善することで、彼らの幸福を実現する。記憶に残る個人的な瞬間を実現することで顧客とふたたびつながる。**この計画は正しい方向を目指しているように思われるが、従業員がそれに賛同するかどうかはまだわからない。

スターバックスはまた、従業員の賃金、設備、研修、その他の手当てに2億ドルを投資し、2022年の会計年度に、従業員と店内での顧客体験の改善に約10億ドルを投じる計画を発表した。2022年6月には、新規採用したバリスタの研修期間を2倍にし、8月にはシフト管理者についても同様に研修期間を延ばした。従業員同士がつながりを保てるよう、従業員用のアプリも導入している。

しかし、おそらく最も重要なことは、賃金を上げると発表したことだろう。すばらしいことに思えるが、すべての従業員がその恩恵にあずかれるわけではないという通告があった。正社員の賃金増や新規採用者への手厚い研修は実現するが、労働組合立ち上げに賛成した約50の直営店は除外される。政府の規制によって、そうした利益を受けられないからだ。

結果はどうあれ、シュルツの目的は、かつて従業員体験と顧客体験のつながりと価値を理解していた企業文化を取り戻すことだ。それに時間がかかることはシュルツにはよくわかっている。「われわれの再創造への取り組みは現在進行中だ――スターバックスの企業としての目標や可能性を信じてくれているパートナーはみな、未来へつながる道を築くのに大きく貢献してくれている」――スターバックスがその再創造計画で成功するかどうか、時が経てばわかるだろう。

転換点

セールスフォースによる調査結果が最初に現場から戻ってきたときに、私はその結果をいくつかの討論会でエグゼクティブたちと共有するようになった。グローバルに展開する資産数十億ドルの〝サービスとしてのソフトウェア〟（SaaS）会社の最高人材活用責任者（ＣＰＯ）と話をしたときに、その企業がグラスドアの〝働きがいのある会社〟トップ１００に選ばれ、従業員体験を極めて重視している会社でありながら、社内におけるＥＸとＣＸ改善の取り組みに正式なつながりがないと聞いて興味を覚えた。

私は詳しく知りたくなって訊いた。「御社でＥＸ向上を主体的に担っているのは誰です？」答えは印象的だった。「従業員及びリソース管理に関しては私です」とそのエグゼクティブは答えた。「ただ、わが社には、全体としての従業員体験に目を配るためにさまざまな部署をつなぐような正式な構造がないんです」

ＡＩによるクラウドサービスプロバイダーの最高収益責任者（ＣＲＯ）はこう言った。「ＥＸは人事の管轄で、従業員エンゲージメントの指標は、われわれ経営陣レベルの重要業績評価指標（ＫＰＩ）

からは省かれてきました。それがわが社の成長力に影響を及ぼしてきたんです。**そうした状況をどうにかしようと、わが社ではそういう考え方を打倒し、ＥＸを最優先事項にしようとしてきました**」

非常に多くの人が言っていたことだが、優れたＥＸが優れたＣＸにつながるという概念は、聞けば至極当然のことに思える。世界中のエグゼクティブたちはその考えを耳にしたとたんに納得するものの、自分の会社ではそれが盲点になっていると認めることも多い。しかし、成功している企業のエグゼクティブの多くは、この類いの〝破壊的な変化〟を起こすことなく、すでに自分の会社は成長していると指摘する。

ただ、彼らもそうした正当化をこれ以上は続けられないだろう。パンデミックと大量離職によって、私たちは転換点に来ており、過去のどんな決断が収益の伸びにつながったにせよ、企業がＥＸとＣＸのつながりを無視しつづけることはできないからだ。**企業にとってＣＸとＥＸの改善をはばむ最大の障害は、企業がどちらか一方だけに力を注ぎつづけるときに起こる。**

その障害を避けるために、考慮に入れ、バランスをとるべき４つの要素がある。従業員、業務のプロセス、テクノロジー、企業文化である。この４つの要素を統合して優先することで、どんなビジネスにおいても、ＥＸとＣＸを等しくするのではなく、両方を改善できる。ここから先は、この優先すべき要素を１つひとつ詳しく見ていこう。

本章のまとめ

■エクスペリエンス・マインドセットのアプローチは、経営陣においてもそれ以外でも、CXとEXの両方について責任者が必ずいるようにし、ばらばらに考えられていた両者を1つに

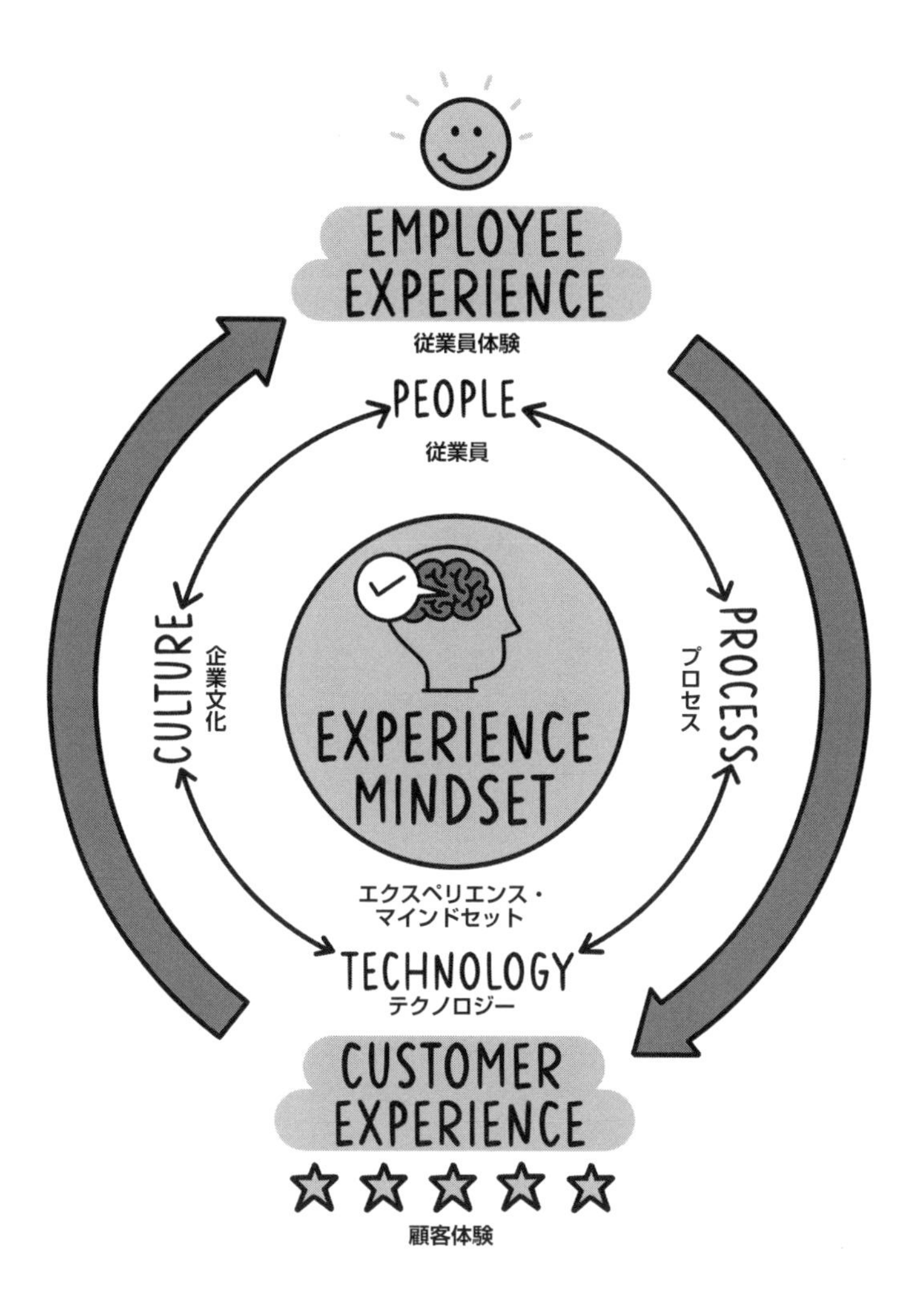

まとめて考えることを目指している。この新たなマインドセットの目標は、顧客への対応をより良くすることであり、それは第2章で〝内なる顧客〟と言い表したグループから始めることになる――すなわち、従業員から。

■片方だけの改善は一歩前進であり、一歩後退でもある。幾何級数的な収益増を見込める一致団結した戦略は、社内外を問わず、すべてのステークホルダーの体験を改善させるような意思決定の方法によってのみ可能なのだ。

■どんな問題を解決するにしても、究極の目標は、従業員の労力と期待と顧客のそれを同等に扱うということだ。良し悪しは別にして、どちらに対する意見であっても、いつも必ず考慮に入れなくてはならない。両方に等しく利益となるようには必ずしもできないかもしれないが、公平なバランスはとれるはずだ。

議論の糸口となる質問集

▼あなたの会社はＣＸとＥＸの両方の改善のために同等の時間をかけ、同等の投資を行っていますか？

▼あなたの会社は製品中心の組織ですか、それとも、顧客中心の組織ですか？

▼あなたの会社は変化をすぐに受け入れますか？

第5章 従業員：ビジネスの核心

生産性に注目するのではなく、目標に注目し、思いやりを育み、従業員に意思決定のための力を与えること。

心理レジリエンスの専門家　アミット・スード博士

1960年代初め、ビジネス・マネジメントの専門家ハロルド・リーヴィットはすべてのビジネスにとっての新たなモデルとなる、リーヴィットのダイヤモンド・モデルを考案した。そのモデルは4つの要素から成る——従業員、構造、タスク、テクノロジーだ。リーヴィットの理論は、組織に変化をもたらすためには、この4つの要素のうちの1つ以上を活用しなければならないというものだった。「われわれはこのうちの1つを、それ自体を目標として変化させようとすることがある」と彼は言った。「時に他の要素に変化を及ぼすための手段とすることもある」その論文が発表されてから、リーヴィットのモデルは少しずつ変化し、構造とタスクを結合させて〝プロセス〟が生み出された。「PPT」が誕生したのである。

● **従業員（People）** は組織で働く人々であり、業務を行う。

● **プロセス（Process）** は繰り返し行われる手段や行動で、それを用いれば、より効率的な形で同じ結果や目標を達成できる。

● **テクノロジー（Technology）** は従業員が業務を遂行する助けとなり、効率を上げる。

この多次元のフレームワークに、4つめの要素を付け加えることを提案したい。リーヴィットであれば、従業員の範疇に含めたであろうものだが、時間とともにより重要性を増した要素――「企業文化」――である。今日と未来において競争力を持ちたいと考える企業は、PPTの代わりに「PPTC」を考慮に入れる必要がある――**従業員、プロセス、テクノロジー、企業文化だ。**

● **企業文化（Culture）** は従業員と経営陣が、内外を問わず、他のステークホルダーとどのようにやりとりするかを決める信念や態度を示す。

エクスペリエンス・マインドセットを構築するのは、CXとEXの向上を目指すさまざまな取り組みをバランスさせ、意図を明確にするためであることを思い出してもらいたい。同じことがここでも言える。**組織の効率を最大限高める方法は、PPTCへの取り組みをバランスさせるだけでなく、意図して継続的にそれらの関係を最適化し、その進捗状況を見守ることである。**

たとえば、あなたの会社のテクノロジーが変わることになれば、その変化を受け入れられるよう、従業員とプロセスもそれに合わせて変化させなければならない。従業員が有能でない場合、テクノロ

企業文化
従業員と経営陣が、内外を問わず、他のステークホルダーとどのようにやりとりするかを決める信念や態度

従業員
組織で働く人々で業務を行う

企業文化
Culture

従業員
People

PPTC
エクスペリエンス・マインドセット

Technology
テクノロジー

Process
プロセス

テクノロジー
従業員が業務を実行する助けとなり効率を上げる

プロセス
繰り返し行われる手段や行動。それを用いれば、より効率的な形で同じ結果や目標を達成できる

ジーとプロセスに目を向けることから始め、次に従業員の教育に移ること。個人の能力が問題だと決めてかかってはならない。従業員が新しい技術の使い方をちゃんとわからず、仕事に苦労しているとしたら、企業は従業員と顧客両方の満足度を損ねることになってしまう。

同様に、組織があまりに多くのプロセスやルールを生み出すと、組織内の官僚主義が従業員の生産性を大きく損なうことになる。企業文化やブランドの評価も損なわれるということだ。すなわち、**PPTCの要素は互いにつながっているので、他の要素を考慮に入れずに1つだけに注意を向けると、最高のパフォーマンスは期待できない。**本章と、続く3つの章では、エクスペリエンス・マインドセットをより意図的にバランスのとれた方法でビジネスに結びつけるために、PPTCを深く掘り下げていく。まずは、元のPPTの最初の要素でもある従業員（People）から見ていこう。

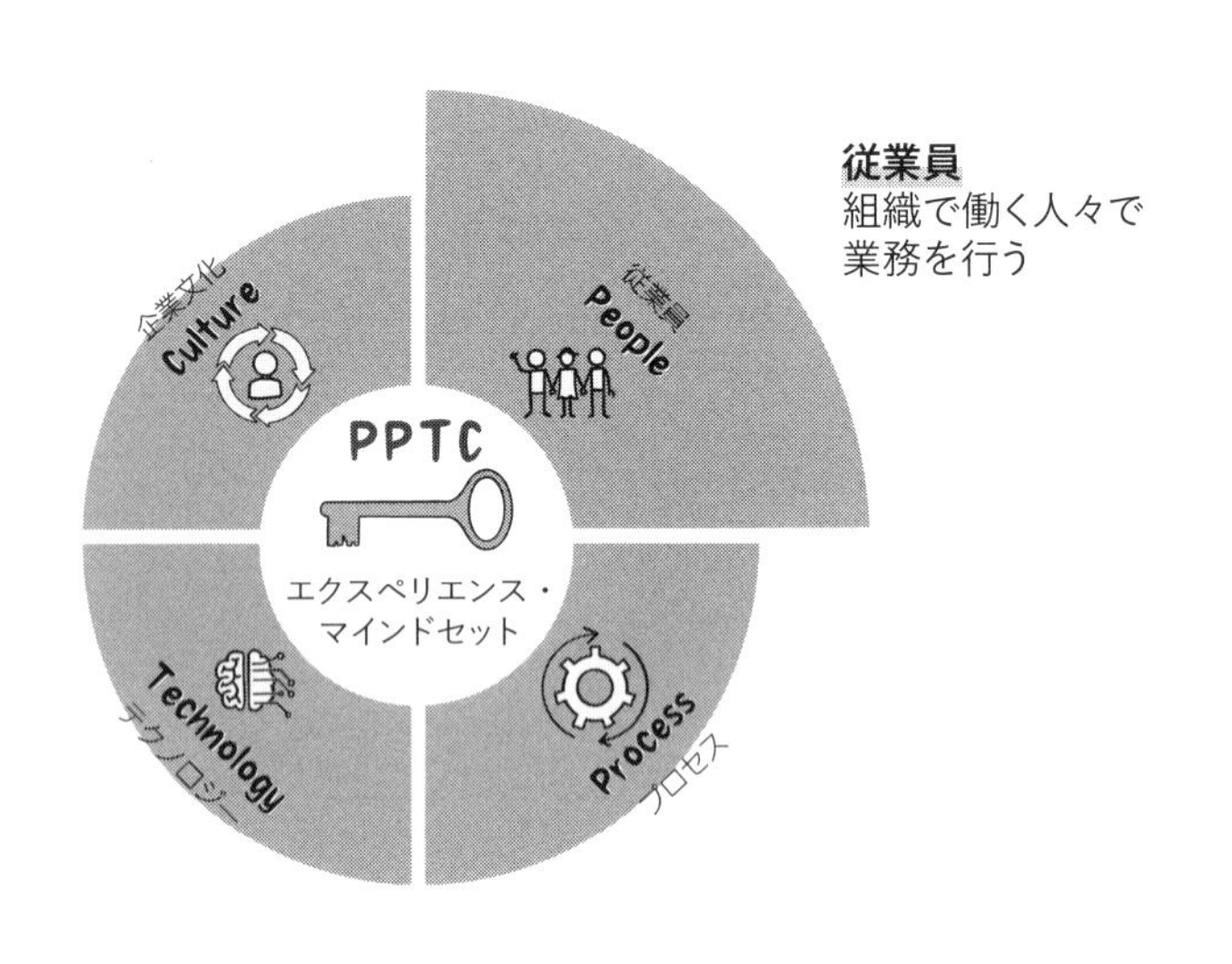

これまで見てきたように、顧客とその他の外部のステークホルダーに企業の注意の大部分が向けられる一方で、従業員は見過ごされてきた。テクノロジーとプロセスに重きを置き、その両方を合理化してコストを減らし、人的生産性を増やそうとしながらも、全般的な従業員体験の改善はまるで顧みないという罠に陥っている企業が多すぎる。言うまでもないが、見過ごされ、正しく評価されないことが、おしなべて従業員の失望や不満の原因となっている。それはEXを損ね、その結果CXにも悪い影響を及ぼす。これらの要因が組み合わされば、企業全体の成長率も下がってしまう。

顧客について理解するのと同じように、企業は従業員が実際に体験していることを理解する必要がある。彼らの体験（エクスペリエンス）を理解して初めて、事態が悪化して従業員が離職を決断する前に、固い決意でそれを改善しようとすることができる。

CEOたちは顧客体験（39％）と人材（20％）が競争優位を生み出す上で最も効果的な2つの要素だと述べている。

従業員中心の企業への方向転換

2012年、ベストバイ社は深刻な財政難に陥っていた。売上も利益も減少し、株価も急降下していた。従業員のやる気も失せ、専門家は事業の消滅を予測していた。ベストバイは業績回復を目指し、新たなCEOとして、小売業界になじみのないユベール・ジョリーを迎えた。私のポッドキャストで彼と交わした会話の中で、ジョリーはこう説明した。「ベストバイの株には買い推奨はゼロだった。誰もが、『何もかもカットして、店舗を閉め、大量解雇すべきだ』と言っていたよ」

ジョリーはそうはせず、ベストバイに成果責任を取り戻そうと、〝全員ただちに位置につく〟ことを目指し、事業を改善する方法を見つけるのに、従業員同士が協力するよう促した。まったく新しいビジネスモデルを生み出すつもりもなければ、人員をひたすら削減するつもりもなかった。ベストバイがすでに有している、人材を含む資産をうまく活用して、財務成績を向上させようとしたのだ。

ジョリーは〝前線の人々〟と彼が呼ぶ従業員の声に耳を傾けることで、どう事業を改善し、不要な経費を削減したらいいかを知った。彼らが答えを持っていたのだ。「私は従業員の声に耳を傾けるために、青いシャツとカーキのズボン姿で、〝CEO研修中〟というバッジをつけて、セント・クラウドの店で1週間過ごした。彼らがすべての解決法を教えてくれて、仕事が楽になったよ」

「その経験から1つ学んだことは――」ジョリーは私に言った。「従業員に関する限り、人員の削減は最後の手段にすべきだということだ。経営者として、まずは売上高を伸ばすことに注意を向けなくてはならない。そして経費については、私が〝人的コスト以外のコスト〟と呼ぶものに注目すべきだ。それはコスト体系における、従業員とは関係のないすべての要素のことだ」たいていの企業では、この〝人的コスト以外のコスト〟がコスト体系の大半を構成している。「コストに関しては、約20億ドルを削減した」とジョリーは説明した。「約70%が人的コスト以外のコストだった」レイオフがまったくなかったというわけではない――いくつかはあった――が、人員削減についてジョリーは、〝熟考の上、明確な意図を持って〟行いたいと思った。

「その経験からいくつか教訓になったことがある」とジョリーは言った。「まずは、従業員中心の企業への方向転換を行うことになった。結局、会社というのは、共通の目標を追い求めてともに働く個人から成る人間の組織なわけでしょう? 経営者として、われわれは〝何を〟すべきかに注目しすぎることがある。でも、従業員とともに計画を練り、それを実行に移し、成功を祝うことによってそのエネルギーを生み出す方法を見つけるには、〝どうやって〟すべきかがとても重要なんだ」

2012年から2019年にかけて、ジョリーは会社を率いて〝リニュー・ブルー〟改革を成功させ、5年連続で売り上げを伸ばし、顧客満足度を向上させ、マーケットシェアを拡大し、販売利益を改善させ、株主利回りを263%上昇させた。この改革はこれまでになく従業員体験に重きを置き、〝改革のリーダー〟を育成し、従業員に〝並々ならぬ結果〟をもたらすためのエネルギーを与えた。

ベストバイが顧客を満足させる上で、従業員の熱意と才能が重要な役割を果たすことがジョリーにはわかっていた。そのために、ベストバイはいくつかの方法で従業員に投資を行った。研修を強化し――その質の高さが称賛を呼び、いくつもの賞を受賞した――従業員の福利厚生を拡大した。その中

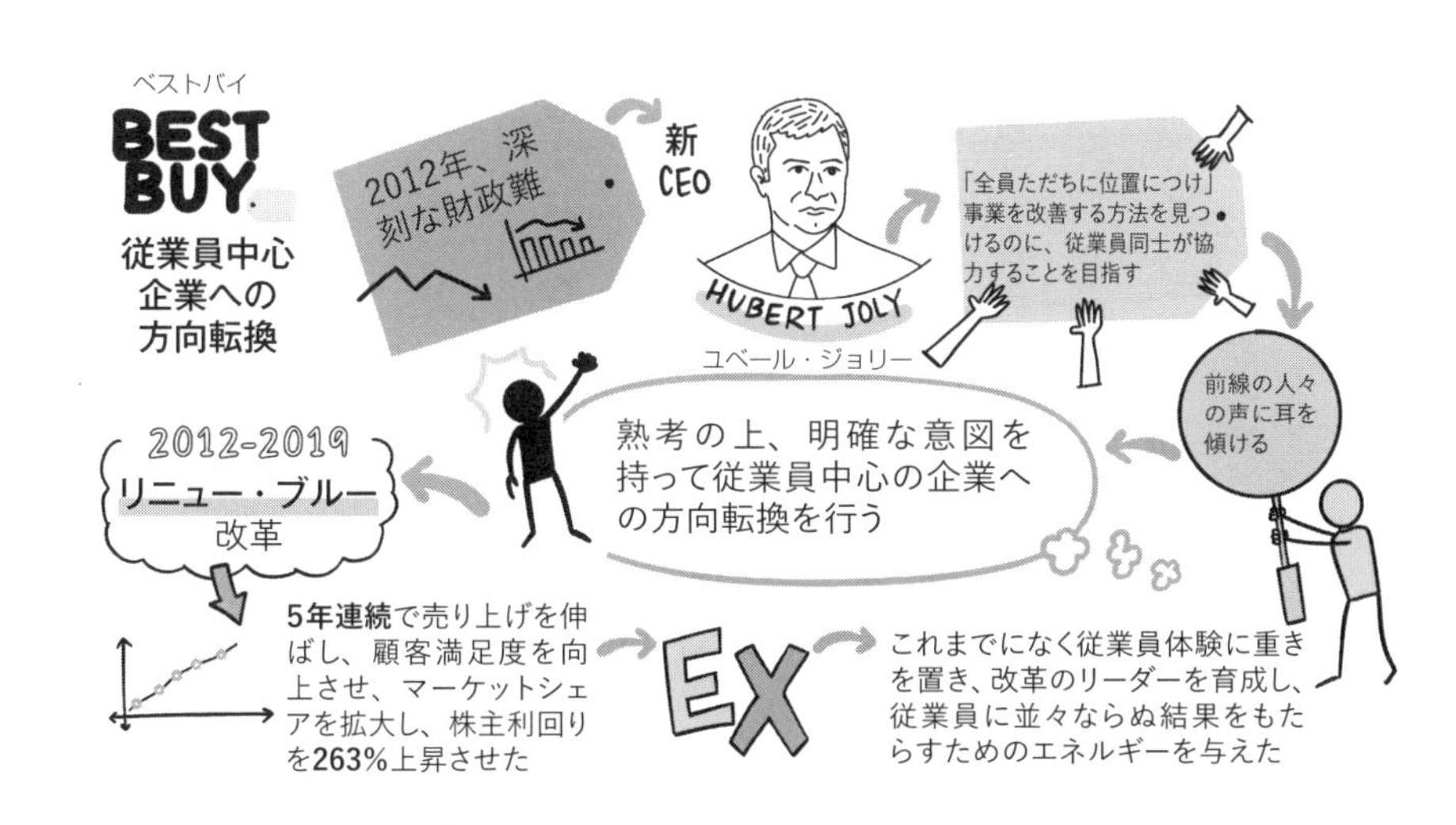

には、有給の介護休暇、メンタルヘルス手当、パートタイム従業員への有給の時短、養育費援助なども含まれていた。

給料も大幅にアップした。従業員エンゲージメントは記録的な高水準に、店内従業員の転職率は記録的な低水準となった。従業員は毎年数えきれないほどの研修にも参加した。その中には、新入社員向けのオリエンテーション、商品知識研修、リーダーシップ開発研修などもあり、対面でもオンラインでも行われた。２０１９年には、ベストバイはトレーニング誌の〝トレーニング・トップ１２５リスト〟の第3位に輝き、3年連続でトップ10入りを果たした。

この前向きな勢いは、ジョリーが２０１９年にＣＥＯから退くまで続いた。ベストバイのＷｅｂサイトにはこう記されている。「従業員の知識は過去最高を記録し、顧客満足度の総体的なネット・プロモーター・スコアは着実に上昇を続けています。つまり、わが社の社員は自分の仕事やそのやり方をきちんと心得ているということです。わが社の社員の熱意と能力がお客様の満足につながっているのです。わが社の社員は情熱的で、知識豊富であり、仕事に熱意を持っています

――そして、もっと知識を得たくてたまらない思いでいるのです」

人は誰でも世界で最もすばらしい場所をデザインして創出し、建設することはできる。でも、その夢を現実のものにするのは人である。

ウォルト・ディズニー

個人的なこと

現代の従業員が注目するのは給料だけではない。ハーバード・ビジネス・レビュー誌によると、仕事の満足度の最も重要な要因として給料の額を上げたのは、25歳から45歳までの労働者のたった38・2％だそうだ――経営者が従業員の離職理由として報酬を上げることは多いが。従業員をつなぎとめられるかどうかが、単に報酬の問題だと考えるのは明らかに間違っている。それどころか、離職の一番の原因として給料を上げた従業員の数は２０１８年から23％も下がっている！

給料や福利厚生だけでは採用も雇用維持も人材発掘もできない。たとえば、働く時間を選べる従業員はワークライフバランスが3倍良いと感じており、仕事関係のストレスも7倍近く低いと感じている。同様に、働く場所を選べる従業員は、ワークライフバランスと仕事にまつわるストレスについて2倍ましだと感じている。

金銭や特典は一時的には良い気分にさせてくれても、満足をもたらしてはくれない。長い目で見れ

従業員のモチベーション・ランキング

	アメリカ	カナダ	イギリス／アイルランド	オーストラリア／ニュージーランド
仕事と私生活のバランスがとれることが仕事を選ぶ上で優先される	26%	34%	39%	29%
給料だけでなく、福利厚生がすばらしい仕事を探す	21%	17%	7%	8%
給料も重要だが、もっと重要なのはキャリアアップの機会のある仕事だ	16%	15%	13%	18%
やりがいがあり、常に技術を伸ばしてくれるような仕事を探す	13%	11%	13%	16%
仕事上の安全がしっかりしている仕事を探す。仕事上の安全のためなら、給料が低くてもかまわない	11%	8%	10%	11%
仕事選びには給料が何よりも重要だ	9%	10%	12%	15%
仕事に就くか、離職するかの最大の理由は上司だ	5%	5%	12%	5%

図表5.1

ば、仕事選びはそれよりもずっと個人的なことなのだ。報酬や特典（賃金や手当など）を、仕事を選ぶ際の最優先事項に挙げる人は10人中、たったの３人にすぎない。顧客とじかに接する従業員の10人に７人は他の要素を優先事項としている（たとえば、仕事と私生活のバランスをとることや、キャリアアップの機会、仕事の安全性など）。優れたＥＸを実現すれば、従業員のニーズや期待により良く応えられるようになるはずだ（**図表５・１参照**）。

顧客との良好な関係も従業員の満足や幸せに重要な役割を果たしている。アメリカの労働者の３人に２人は、優れたＣＸが個人的なレベルで優れたＥＸをもたらしてくれると言っている。優れたＣＸの恩恵は単に会社に有利というだけでなく、従業員にももたらされ、効果的なサイクルを促進し

優れた顧客体験を提供することで、自身の体験も強化されると従業員は言う

89% 顧客と良い関係を結ぶことで“仕事がより報いあるものになる”

88% 顧客と良い関係を結ぶことで“仕事に誇りが持てる”

88% 顧客と良い関係を結ぶことで“自分の役割により満足できる”

図表5.2 顧客が満足ならば、従業員も満足

てくれるのだ（**図表5・2参照**）。

そのことを考えてみてほしい。ふつうの人は人生の3分の1を仕事に費やしている――約9万時間である。それはかなりの時間だ。友人や愛する人と過ごす時間よりも多い。そう考えてみれば、当然ながら、EXは個人的なものである。従業員のために作る職場環境は真に重要で、従業員には職場で幸せでいて（少なくとも満足して）もらいたいはずだ。仕事に思い入れを持ってほしいはずだ。ゆえに企業は従業員にとって何が最も大事かを見極め、優先順位に沿って彼らの業務への取り組み方（コミットメント）やエンゲージメントを助長するようにしなければならない。

従業員のコミットメントやエンゲージメントの促進は、採用やオンボーディングの初期から始まり、従業員のキャリア開発への投資へと続く。前にも述べたが、B4Eは従業員に向けてではなく、従業員のために意味のある行動をとることだ。人材が本当に最優先事項だとしたら、経営陣全体がそれを新たな指針としなければならない。ベストバイやサウスウエスト航空やザッポスやセールスフォースの

ように、すでにそれを指針とし、大きな見返りを得ている企業もある。今度はあなたの会社の番だ。

採用とオンボーディング

新人の採用とオンボーディング研修の流れについて考察してみよう。ひとことで言えば、この流れは新たな従業員に、あなたの会社で働くのがどんな感じかを教えるものだ。迅速で効率的な採用のプロセスは、市場や就職希望者間での企業の評判を高めてくれ、最高の人材をスムーズに見つけ出し、雇用を契約し、業務へと導くことを可能にしてくれる。

しかし、狭い労働市場において、リモートで最適の人材を見つけ、その獲得を競い合うのは大変なことで、採用のプロセスを急ぐことにつながる。それが将来的に新規採用者に意図せぬマイナスの影響を及ぼすことも多々ある（**図表5・3参照**）。こうした採用プロセスの迅速化をプラスにとらえる就職希望者もいるかもしれないが、プロセスを急ぐと、職場環境や企業文化や企業のバリューを、雇われるほうがちゃんと理解できないというような思わぬつまずきを招く余地も生まれる。採用にかかわる企業側の人間も少なくなり、採用当初から関係性を築く機会も失われてしまう。

また、リモートでの短い採用のプロセスでは、就職希望者と採用責任者がじかにやりとりすることができない。そのせいで、期待や優先順位がより曖昧になり、個人的なつながりも違ってくる。期待は裏切られ、就職希望者は必ずしも歓迎されていないと感じるようになる。企業の目標やバリューがきちんと説明されず、理解されない状況も生じる。

採用

ご自身の採用／雇用経験について、次の言葉にどの程度賛成／反対ですか？

「賛成」の回答の上位2つを表示	B2B	B2C	小売業
この会社の目標とバリューについては理解している	47%	34%	35%
この会社には採用当初から歓迎され、チームの一員である感じがした	46%	33%	36%
入社当時、大事にされ、支えられている気がした	45%	28%	31%
この会社の優先順位については経営幹部からはっきり示された	40%	25%	32%
オンボーディング研修では、顧客サービス／顧客管理がフォーカスされていた	36%	26%	33%
私の仕事は就職したときに期待していたものとは違った	31%	16%	20%
仕事をするのに必要なテクノロジーをすぐに得られなかった	25%	16%	19%

図表5.3　採用の経験

図表5・3の通り、採用／雇用体験について、B2C企業は改善の余地が最も大きい。そして、この結果の他にも、オンボーディングのプロセスが〝すばらしい経験〟だったと述べたB2C企業の従業員はたった20％だった。そうした企業はとくに、業務をこなすのに必要な技術を新人に速やかに提供できないでいる。テクノロジーはオンボーディングで最も手薄ながら、最も重要なものの1つだ。それに匹敵するのはキャリア開発しかないほどに。しかし、あなたの会社がB2Bや小売業であっても安心はできない。それぞれ37％と28％と多少ましではあるが、シャンパンを開けて祝うほどの数字ではないからだ。

これらのデータからわかる最も重要な点は、経営者として、人材を発見して採用する時点ですでに困難を極めているというのに、新規採用者のことも失望させているということだ。従業員が、その会社で過ごす最初の段階である採用やオンボーディングで最高の経験を提供できないとすれば、1日の大半をそこで働いて過ごすことになるその従業員と強いつながりを作れるとはとうてい思えない。

従業員が最初にやりとりするのは、人事部か採用責任者であることが多い一方、組織の他部門もそれなりの役割を担っている。自分たちのチームや会社の他部門の新たな一員となる人材の採用プロセスに参加することは、社内のすべての従業員の仕事の一部であるべきだ。エアビーアンドビーの話を覚えているだろうか？　あの会社の〝コア・バリュー・インタビュー・プロセス〟は、採用にあたってどう従業員をそこにかかわらせ、責任を持たせればいいか、すばらしい例を示してくれている。

残念ながら、すべきとわかっていても、必ずしもそれが実行されるわけではない。採用とオンボーディングのプロセスを改善する最初の一歩として異なる部門の責任者同士が**機能横断的な関係**を築き、それを発展させること。そうした関係は社内の人々（従業員などの関係者）や社外の人々（顧客などのステークホルダー）に影響を及ぼすはずだ。ジンジャー・ハーデイジがこう言っているように。「企業文化はすべて採用から始まります――採用で大変な思いをすれば、管理はたやすくなります」よく考えて新規採用計画とキャリア開発戦略を立てれば、誰にとっても良い結果を得ることができる。

キャリア開発

もちろん、従業員体験の改善は採用とオンボーディングでは終わらない。従業員が採用されたら、責任者たちは彼らのキャリア開発戦略に部門を超えて協力し合いながら目を向ける必要がある。調査によると、キャリア開発とその成果は調査対象のどの地域をとっても、従業員体験の最も低く評価されている一面だそうだ。ここで**図表5・4**の従業員が〝賛成〟と答えた上位2つの文言を見てもらいたい。

「私の会社には私をキャリアアップさせてくれるテクノロジーとツールがある」はB2Bの会社が最高の40%だった。「私の会社では他の部門へ移りたいと思っても、異動できる余地があまりない」はB2Cの会社が最も低く21%だった。そして、「私の会社は私を貴重な人的資源とみなし、私の進歩を気にかけてくれる」はB2B企業が最高の37%だった。残念ながら、B2Cの企業は、「異動の余地」以外のすべての質問において〝賛成〟と答えた従業員の割合が最も低かった。

社内の資源を従業員の成長を促進させるために分配すれば、従業員は自分たちが企業の成功に欠くべからざる貴重な存在であると認識する。仕事において評価されていないと感じる従業員の76%が転職を考える。

> ほぼ5人に1人の従業員がキャリアに関係する問題が離職の決断をする一番の理由であるとしている。

従業員のキャリア開発に関しては、改善の余地のある企業が多いものの、52%もの経営に携わるエグゼクティブが、自分の会社は〝(従業員が)将来に向けて準備できるようにする研修やキャリア開

キャリア開発

ご自身のキャリア開発の経験について、次の言葉にどの程度賛成／反対ですか？

「賛成」の回答の上位2つを表示

	B2B	B2C	小売業
私の会社には私をキャリアアップさせてくれるテクノロジーとツールがある	40%	19%	25%
私の会社は私を貴重な人的資源とみなし、私の進歩を気にかけてくれる	37%	20%	27%
私の会社は私のパフォーマンスについて常に正しいデータと見識を結びつけて進歩を判断する	37%	19%	23%
私の会社では、他の部門へ移りたいと思っても異動できる余地があまりない	35%	21%	23%
私の会社は給料と昇進について、全従業員に透明性を保っている	35%	22%	25%
従業員のキャリア開発は、私の会社にとって中核となる価値／優先事項である	33%	18%	23%

図表5.4　キャリア開発の経験

発の選択肢が豊富だ〞と思っている。従業員のほうはそれに36％しか賛成していない。つまり、改善の余地は大きいということだ。さらに重要なことに、リンクトインが行った調査によると、94％の従業員が、学ぶ助けとなるような投資を会社がしてくれるなら、もっと長く会社に留まるだろうと回答している。

研修やキャリア開発を改善するのに加え、従業員のコミットメントを増すためには、所属部署内での役割や部署間の活動を通して部署外へ昇格させることや、すばらしいパフォーマンスに対して給料以外の報酬を与えることや、離職を決めた従業員に懲罰的な態度をとらないことなどが改めて重要視されなければならない。社内の流動性に秀でた企業は、平均で5・4年の雇用を維持できる――これは社内における昇格やキャリアアップがうまくいっていない企業のほぼ2倍の長さである。うまくいっていない企業の場合、平均雇用期間は2・9年となっている。

残念ながら、人材開発部門（L＆D）の責任者がいまだにそのつながりを認識していないことは多い。2021年には、L＆Dの責任者の46％が、技術向上や技術の再教育（リスキリング）に最も力を入れているとしていたが、社内の可動性やキャリアパス作りは大きく低下し、それが従業員の在職期間の短さにもつながった。少なくとも企業は、人材の流出を防ぐためだけにでも、従業員の育成には投資を行うべきである。要するに、人材に投資することで、従業員に会社の目標に向かって真剣に取り組む理由や、仕事が大変になっても離職しない理由を与えることになる。

企業のエグゼクティブたちとこうした会話をして、話が人材開発のコストに及ぶと、彼らは反発することが多い。とりわけ、投資を行ったあとで従業員が新たに習得した技術を、離職してよそで発揮するとなると。それに対する私の反応は**図表5・5**にCEOの言葉として端的にまとめた。研修やキャリア開発に投資を行わなければ、いずれにしても従業員が離職するリスクを冒すことになる。調査からわかるように、それこそが、従業員が雇い主に望むことだからだ。そうした投資は従業員のエンゲージメントやコミットメントを保つのに大きな役割を果たしている。従業員の処遇を良くすれば、たとえいつか離職するとしても、彼らは生涯あなたのブランドの最高のアンバサダーになってくれるはずだ。そして、従業員の育成に投資を行わないまま従業員が会社に留まれば、たとえ現在の職務が技術アップを必要としていても、従業員の技術はそのままで向上することはなく、そのせいで同僚や顧客が困ることになる。どっちが最悪か、自問してみてはどうだろう？

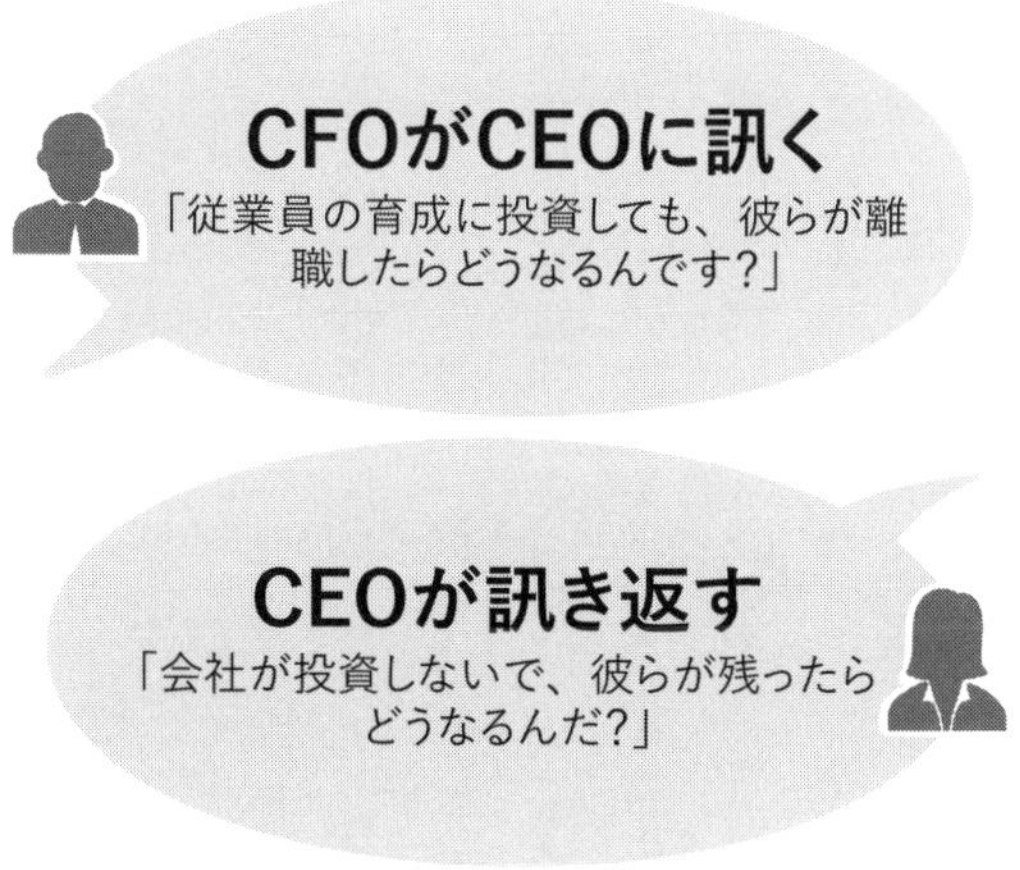

図表5.5　ちぐはぐな会話

より良い人間を生み出すことが、より優れた機械を生み出すよりも常に重要である。

元チェス世界チャンピオン
『ディープ・シンキング　人工知能の思考を読む』（日経ＢＰ）の著者
ガルリ・カスパロフ

想定外の提携

私が従業員体験と定義したものを鑑みれば、人事担当の最高責任者のほとんどは、自分たちがＥＸのいくつかの側面（採用やオンボーディングやタレントマネジメントなど）を取り仕切っている一方で、他の面（人材開発など）には限られた影響しか及ぼせず、まったく目を向けていないもの（テクノロジーなど）まであるとすぐに気づくはずだ。そんな彼らに、ＣＸ向上を目指す会社の会議で何らかの役割を果たしているかと訊いてみたらどうだろう？　調査の結果から見て、「イエス」と答える人はほとんどいないだろう。ただし、第3章で述べたように、彼らはそれが最優先事項であることはわかっている。

ここで、企業の問題を裏返してみよう。標準的な最高マーケティング責任者（ＣＭＯ）にＥＸ改善に向けて何か責任を担っているかと訊いてみたら、すぐにイエスという答えが返ってくるだろうか？それとも、「どうして私が？」と訊き返してくるだろうか。興味深いことに、そこには変化が起こっているようだ。マーケティング担当の最高責任者のほぼ半数（48％）が、ＥＸの改善は次の2年において戦略的に注目すべき分野だと示している。とはいえ、ＣＸについて主体的に担っているかと訊けば、彼らは「ええ、もちろん」と答えるはずだ――それは当然と言えば当然だが。

最高情報責任者（ＣＩＯ）も考慮に入れよう。技術担当の最高責任者にＥＸかＣＸを主体的に担っているかと訊けば、彼らはなんと答えるだろう？　ＩＴの責任者からは、自分たちはＥＸとＣＸ両方に影響を及ぼすテクノロジーをもたらしているという話をよく聞くが、彼らは必ずしもそれらを向上させるための戦略を立てたり、そのプロセスを主体的に担ったりする人たちではない。ここで、エクスペリエンス・マインドセットが大きな意識の変革をもたらすことになる。ＣＭＯやＣＩＯやＣＨＲＯといったさまざまな部門の最高責任者たちがうまく協力し合えば、入社から在職期間を通じて従業員が企業のブランドを支え、収益や生産性を向上させる手助けができるはずだ。それが結果的にＥＸとＣＸの改善につながる。

企業が優れたＥＸとＣＸの効果的なサイクルから利益を得て成長を促進したいと思うなら、これらの最高責任者たちの間に意図的な提携関係を作る必要がある。そして**従業員体験と顧客体験双方の改善のために資金を分配し、社内で共有されている評価基準を吟味し、部門間のワークグループを持ち、**

トップダウンの従業員中心のコーポレート・ナラティブ（物語）を生み出さなければならない。

さらに、人事部は〝金のかかる管理部門〟という評価を払拭し、従業員と彼らの業務体験の擁護者として、幅広く対話を展開していかなければならない。未来の人事最高責任者たちは、より大きく広く物事を考え、役員会において、従業員の（とくに顧客とじかに接する役割を担っている従業員の）雇用主に対する要望やニーズを代弁する必要がある。EXの改善をはかるために、彼らはテクノロジーやデータに精通し、幅広い世代の従業員を理解し、柔軟な就労形態を生み出すことができ、各階級の責任者と連携して部門を超えた協力関係やワークグループを形成する必要がある。

目標に向かってこのやり方を推し進めるためには、最低でも、人事、マーケティング、ITが連携しなければならない。それは責任者レベルだけでなく、会社全体に言える。主体的に担っているのは誰かとか、縄張り云々の話ではない。会社と顧客のために毎日仕事に励んでくれている人々の日々の暮らしを改善させるということなのだ。今日、マーケティング部とIT部門は社内で人事部よりも影響力が大きい。経営に携わるエグゼクティブの中で、将来の成功に向けて会社のビジョンを決める会議に人事の責任者が加わっていると回答した人がたった51％しかいないことを思い出してほしい。

従業員よりもプロセスを優先させれば、インスピレーションに欠けることになる。

ザ・エンパシー・ビジネスＣＥＯ　ベリンダ・パーマー
フロスト・インクルーディド社長　スティーヴン・フロスト

それとは対照的に、ＣＩＯは１９９０年代後半からそうした会議に加わっており、ＣＭＯはビジネスがより顧客中心になってから会議に加わるようになった。**この新たな経営のマインドセットが効果を発揮するには、ＣＥＯは人事を戦術的な部門ではなく、会社の競争優位を保つための戦略的な部門とみなさなければならない。**企業のビジョン、バリュー、文化には従業員を通して息を吹き込まなければならないのだから。それは採用、オンボーディング、キャリア開発から始まる。そうでなければ、企業の使命についていかに雄弁に述べても、陳腐な言葉の羅列にしか聞こえない。

まずは質問してみること

従業員の要望やニーズを理解し、それに対応するプロセスやテクノロジーのロードマップを開発するには、基本に戻る必要がある。従業員の満足度を向上させるのは大きな目標だが、定期的に体験について従業員に訊くことなしにその目標は達成できない。しかも、ただ訊くだけでは不十分だ。誰がその質問をするか、どのぐらいの頻度で訊くか、どんなトピックをカバーするかも重要となってくる。たとえば、経営に携わるエグゼクティブを〝なんでも訊いて協議〟（Ask Me Anything：ＡＭＡ）にかかわらせたり、プロセス改善のアイデアを共有するためにスラック（チャット）のチャンネルをセットアップして直接経営陣にそのアイデアをぶつけたりすることは、経営陣と従業員のつながりや信頼を築く助けになる。

トロントに基盤を置くカナダの金融大手クリアコを例にとってみよう。私はこの会社の共同設立者

クリアコ
CLEARCO

共同創業者兼CEO
ミシェル・ロマノウ

改善案専用のEメールボックスを設置し、全社員からアイデアを募った

THE STUPID SH*! WE DO
改善箱

業務をスムーズにする方法

従業員の不満の要因をあらかじめ排除する方法

従業員を業務改善のプロセスにかかわらせた

経営陣が従業員との間に非常に効果的なフィードバックの輪を作ることができ、信頼関係を強めた

で共同会長のミシェル・ロマノウと、従業員の声を聞くことについて話をする機会を得た。ロマノウはクリアコの経営に携わっているだけでなく、〈ドラゴンズ・デン〉（カナダ版〈シャーク・タンク〉――アメリカで人気の投資リアリティ番組）の共同司会者でもあり、2つの顔を持つ現実離れした人物だ（経営する会社はアメリカドルで20億ドル以上の価値がある）。

私と共同で行ったウェビナーでロマノウは、クリアコが目覚ましい成長を見せている間、長年にわたって育んできた起業精神の文化を失わないようにしたかったと述べた。それでも、会社が創立時に定めたプロセスのいくつかが、急速に成長するビジネスや拡大する従業員の規模に追いつかなくなっていることは認識していた。

それに対処するために、ロマノウは改善の余地があるのはどこかを知ろうとしたが、それを必要以上に複雑にしたくなかった。そこで、〝改善箱〟と名付けたEメールボックスをシンプルに設置し、（1）業務をスムーズにする方法や、（2）従業員の不満の要因をあらかじめ排除する方法について、アイデアを投稿してほしいと全社員に呼びかけた。

ご想像にたがわず、アイデアは尽きることがなかった。

ロマノウはその取り組みの2つの大きな成果を共有してくれた。まずは、従業員に意見を訊くことで、経営陣は従業員の日々の業務やビジネス全体を改善するプロセスに従業員をかかわらせることができた。次に、Eメールボックスの設置によって、経営陣が従業員との間に非常に効果的なフィードバックの輪をすばやく楽に作ることができ、従業員の意見に反応して信頼関係を強めることができた。プロセスやシステムの問題が手に負えなくなる前に、それらを明らかにして解決する、有益で効果的な方法だった。

このことから何が学べるかははっきりしている。物事が非常にうまくいっているとしても、質問をすることであえて現状に疑問を投げかけることも必要なのだ。それをする方法は必ずしも複雑で、高価で、時間がかかるとは限らない――Eメールボックスを設置してアイデアを募集するというようなシンプルなやり方もできる。また、非常に成功している経営者でも、問いに対する答えをすべて知っているとは限らないが、それはそれでいい。従業員に考えや気がかりや問題を尋ねることで、彼らから学び、ふつうは直接報告を受けない従業員との間に気安い信頼関係を築き、新たな声に耳を傾ける余地を作り、社内での協力関係を生み出すことができる。

たとえば、従業員に今の職場環境に〝満足しているか〟とか〝不足はないか〟と単純に訊いてみることでは、従業員の業務を困難なものにしている隠れた問題は明らかにならないかもしれない。従業員からのフィードバックの機会を設け、調査を行うために、企業は――IT、人事、マーケティング、顧客サポート、営業を含む――職務の枠を超えたチームを創出しなければならない。そのチームがフィードバックのプロセスを主体的に担い、定期的に従業員と接することになる。こうしたチームを私は体験諮問委員会（Experience Advisory Boards：ＥＡＢ）と呼ぶが、このチームの見識を行動に移すことによって、従業員や顧客のフィードバックから得たデータを企業の経営に活かすことができる。前にも述べたが、得た見識をすぐに変化に結びつけることにはエグゼクティブも苦労しているので、ＥＡＢがとくに重要になってくる。

よりよく質問し、データ分析を改善することで、ＥＸとＣＸの両方を支えるテクノロジー、プロセス、組織構造に対する全体的な満足度を測ることができる。データを総体的に分析する組織では、顧客とじかに接する場で何が起こっているかがより可視化される。そこから、わかったことを分析することで、〝何が起こっていたか〟を超えて〝なぜそれが起こったか〟がはっきりし、どこに改善の機会があるかを特定できる。

本章のまとめ

■従業員は仕事にパーパス（目的意識）を求める。価値があると信じるものを支え、何か偉大なものの一部であると感じたがっている。それが感じられれば、仕事に用いることが可能な新たな技術を進んで学ぼうとし、経験を有意義な形で利用できる、多才なプロフェッショナルに成長する。そうした成長は難しい仕事を扱った結果であることも多く、従業員はそれに進んで取り組もうとする。

■金銭や特典は、一時的には良い気分にさせてくれても、満足をもたらしてはくれない。長い目で見れば、仕事選びはそれよりもずっと個人的なことなのだ。

■このやり方を推し進めるためには、最低でも、人事、マーケティング、ITが連携しなければならない。それは責任者レベルだけでなく、会社全体に言える。

■概して企業は、顧客に奉仕する業務にあたっている従業員を満足させられるよう、さらに努めなければならない。さもなければ、従業員は、不満を抱える顧客に奉仕する、不満を抱える従業員でいつづけるだろう。真の目標は、従業員のコミットメントやエンゲージメントを向上させるために、従業員にとって最も重要なことは何かを見つけることである。

議論の糸口となる質問集

▼今、従業員体験を主体となって担っているのは誰ですか？　そこからどの部門に報告が行きますか？　EXを包括的に担っている部門がない場合、EXのさまざまな側面（IT、人事、エンプロイーサクセス、ファイナンス、人材開発）に接する役割をどう果たせばいいか、考えてみてください。

▼あなたの会社のエグゼクティブが最後に前線で時間を過ごし、リアルタイムで顧客と〝大事な時間〟を経験したのはいつですか？

▼あなたの会社には体験諮問委員会（EAB）が設置されていますか？

第6章 プロセス：従業員を責めてはいけない。責めるなら仕組みを責めよ

失敗の原因の85%は従業員ではなく、システムやプロセスの欠陥である。経営者の役割は、従業員により良いパフォーマンスをしつこく求めるのではなく、プロセスを変えることである。

W・エドワーズ・デミング

1980年代初頭、フォード・モーター・カンパニーは苦境に陥っていた。1979年から1982年にかけて売上が落ち、何十億ドルという損失を被っていたのだ。フォードは、低迷していた成長率を上げ、製品の品質を改善させるための助言を得ようと、アメリカ人の技師であり、統計学者でもあるW・エドワーズ・デミングを顧問として招いた。しかし、ビジネスのプロセス改善の専門家として知られていたデミングは、製品の品質にはまったく注意を向けなかった。その代わり、社内のプロセスを検証することで、フォードの苦境の根本原因を探ろうとした。

調査を行い、デミングは〝より良い自動車開発を目指すにあたって、この会社が抱えている問題の85％が経営陣の行動のせいである〟ことを知った（それを聞いてきっと最高責任者たちは茫然としたことだろう！）。デミングは経営陣に、企業文化と経営方法が従業員のパフォーマンスに何よりも大きな影響を及ぼしており、それがひいては製品の品質にも影響しているのだと告げた。

製品の品質の改善には、従業員を〝どうにかする〟のではなく、むしろ**〝彼らを支える会社全体のシステムとプロセスをどうにかする〟**ことが必要だ。その改善は当時のＣＥＯのドナルド・ピーターセンを始めとするフォードの経営陣からスタートさせなければならない。デミングの助言のおかげでフォードは業績を回復し、たった4年後の１９８６年には、〝アメリカで最大の収益を上げている自動車製造会社〟となり、１９２０年以来初めて、収益でゼネラル・モーターズを超えた。

デミングがフォード社にしたように、本章で私はＰＰＴＣの２つめの〝Ｐ〟であるプロセスを掘り下げていく。

●プロセス（Process）

プロセス（Process）は繰り返し行われる手段や行動で、それを用いれば、より効率的な形で同じ結果や目標を達成できる。

企業がどれだけの数のプロセスを用いているか考えただけで圧倒される気がするが、プロセスは他

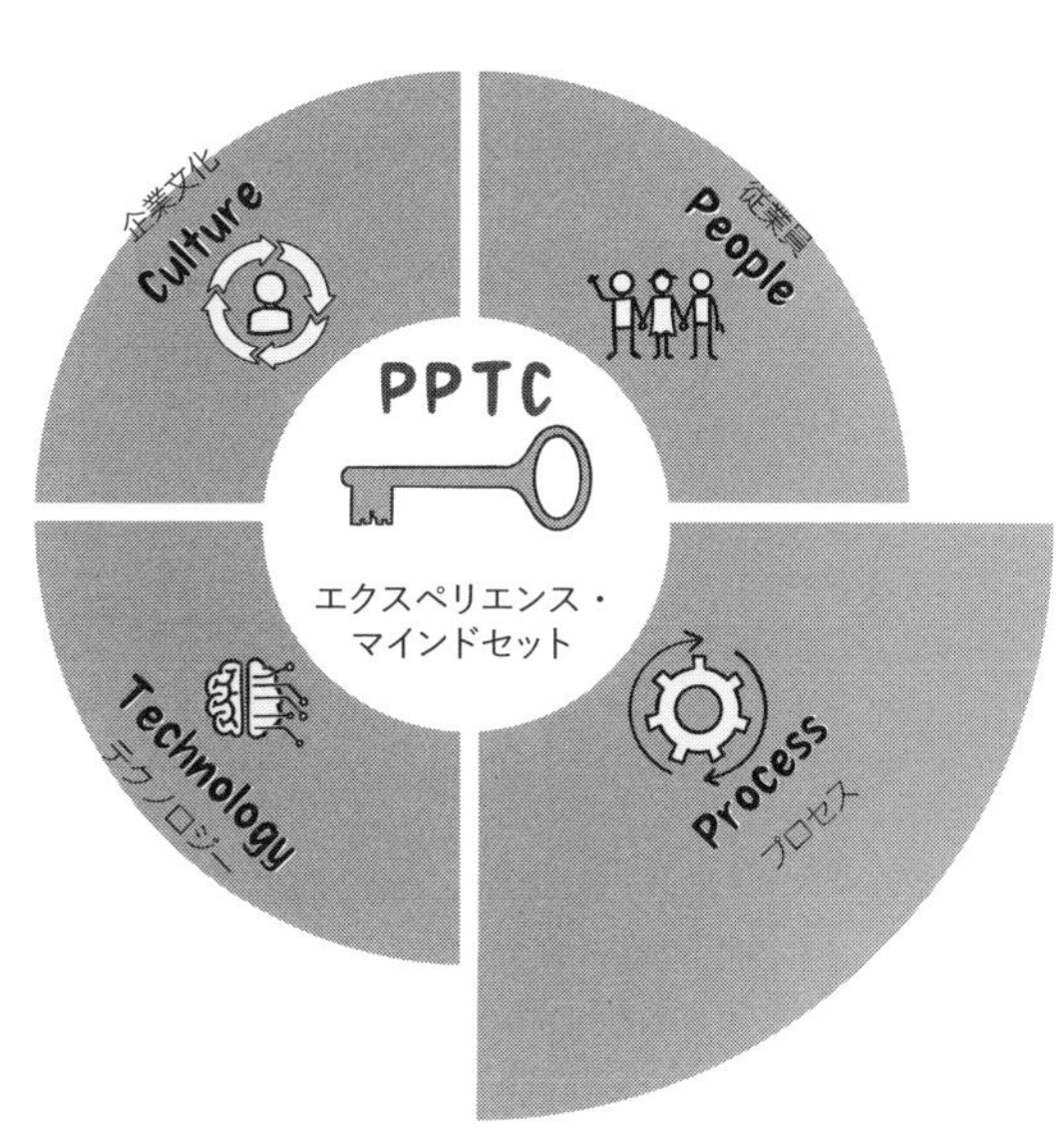

プロセス
繰り返し行われる手段や行動。それを用いれば、より効率的な形で同じ結果や目標を達成できる

の3つの要素に最も強い影響を及ぼす可能性がある。

　ビジネス環境において、プロセスは〝**望ましい結果をどうしたら達成できるか？　収益を最大にするために一貫したやり方を反復する中で、従業員とテクノロジーをどう活用できるか？**〟という質問への答えとなる。プロセスの目標は、**誰が業務にあたろうと**一貫して同じ結果を得られるようにするということだ。決まったプロセスに従うことで、企業は労力を減らしつつ、生産性と収益性を向上させ、ムラなく望ましい結果を繰り返すことができると信じている。少なくとも、それがプロセスの概念だ。

　しかし、プロセスはよく監視していないと官僚主義や複雑さを招くこともある。**ワークフローを止め、品質を落とし、従業員の満足を損ねるものがあるとすれば、それはプロセスの破綻と、その結果生じる時間の無駄である。**不要となったり、摩擦を生んだり、まったく機能しなくなったりしたプロセスは、企業がEXとCXの両方を改善する邪魔となる。ゆあなたの会社の収益増をはばむ最大の内部の問題は何だと思いますか？

最高責任者たちによるランク付け	
1	従業員の成長やキャリア開発の機会が不足している
	過剰な、もしくは余分なプロセス
2	データやテクノロジーのシステムが統合されていない
3	部門がサイロ化し、他部署との協力が不足している
4	従業員の離職が多い／最高の人材の雇用を維持できない
5	製品やサービスやイノベーションの不備
6	時代遅れのテクノロジー
7	正しい人材が不足している
8	劣ったリーダーシップ／ビジョンのなさ

図表6.1　企業の成長を阻むもの——最高責任者によるランク付け

えにすべてのプロセスは鉛筆で書かれるべきである。必要とあればすぐに変更できるように。

プロセスに圧倒される

企業の長期存続を阻む最大の脅威は、たいてい競合他社でも不況でもない。フォードのエピソードからわかるように、脅威は内部から、停滞、組織の複雑化、官僚主義という形で生じる。**図表6・1**のように、最高責任者たちは〝過剰な、もしくは余分なプロセス〟を、企業の成長をはばむ内部の一番の問題としている。

そしてそれには従業員も賛成している。**図表6・2**でわかるように、従業員たちは〝過剰な、もしくは余分なプロセ

あなたの会社の収益増をはばむ最大の内部の問題は何だと思いますか?
それぞれの言葉を最大の問題1位か2位にランク付けした人の割合

従業員によるランク付け

	全体	アメリカ	カナダ	イギリス/アイルランド	オーストラリア/ニュージーランド
従業員の離職が多い/最高の人材の雇用を維持できない	32%	31%	31%	32%	31%
時代遅れのテクノロジー	25%	24%	27%	28%	22%
劣ったリーダーシップ/ビジョンのなさ	24%	24%	24%	27%	22%
過剰な、もしくは余分なプロセス	24%	26%	23%	21%	20%
データやテクノロジーのシステムが統合されていない	22%	23%	18%	22%	25%
部門がサイロ化し、他部署との協力が不足している	21%	19%	19%	22%	27%
従業員の成長やキャリア開発の機会が不足している	21%	21%	23%	17%	23%
正しい人材が不足している	17%	18%	21%	12%	14%
製品やサービスやイノベーションの不備	12%	11%	9%	15%	13%

図表6.2　企業の成長を阻むもの——従業員によるランク付け

ス〟を企業の成長をはばむ内部の問題の第3位にランク付けしている。

さらに、調査によれば、経営陣がそうした不必要なステップを省くと、優れたCXを提供しようというモチベーションが上がったという従業員が20%増え、日々の業務によりやる気が出たという従業員が56%増えたそうだ。そうした相互関係はCXとEXが強くリンクしている事実を明示している。**EXを低下させる時代遅れのプロセスや内部組織の複雑さは、CXにも悪い影響を及ぼす。**

サマネージ社のワークプレース調査によれば、労働者は週に丸1日以上——**平均して年520時間**——簡単に自動化できる反復作業やサービスに従事しているそうだ。その時間を合計すると、「アメリカの企業全体で、従業員の反復作業に年間1兆8000億ドルも無駄にしていることになる」。よく言われるこの言葉は真実だ――時は金なり。

望ましくないプロセスはいくらでもあり、費用もかかる。プロセスが過剰というのはその1つの原因に過ぎない。まわりを見まわしてみるといい。望ましくないプロセスの兆候はすぐに見つかるだろう。たとえば――

- 不満や失望を抱える従業員
- 設定に不備があり、頻繁に修正する必要のある業務
- 横のつながりのない部署間での責任追及や非難
- 不要な業務に無駄に使われるエネルギー、時間、労力
- 長い待ち時間への顧客からの苦情

望ましくないプロセスの影響を見過ごすことを選べば――それは確かに選択ではあるが――企業は収益を上げる機会を失い、従業員は不満を抱き、顧客は腹を立てるだろう。企業は効率の悪さのせいで年間収益の20~30%を失っている。プロセスを外部から購入することは、議論の余地はあるが、収益を上げるために最も抜本的なこととされている。しかし、それもうまくいっていない。B2Bの購入側企業の77%が最新のものはとても複雑で難しいと述べている。

プロセス改善のためのテクノロジーの変革

　ビジネスのパフォーマンスを改善するためにテクノロジーが用いられるのは珍しくない一方で、利用可能なシステムやツールのあまりの多さに現場がパンクし、〝おそまつなプロセスの衛生状態〟が表面化することもある。とくに従業員体験に関して。現状を精査せずにテクノロジーを大量に投入すれば、プロセスが破綻していたり過剰だったりしないか確かめることもできない。さらに言えば、そこにプロセスがあるかどうかすらわからない。

デジタルトランスフォーメーションとは、変化するビジネスと市場の要求を満たすために、デジタル・テクノロジーを活用して、新たな――もしくは既存のものを改良した――ビジネスのプロセス、文化、顧客体験を創出することである。

セールスフォース

　しかし、プロセスをよどみなく進めるのに適した新たなテクノロジーを戦略的に導入すれば、企業はEXと、ひいてはCXを大幅に改善することができる。マッキンゼー社が2021年に数百人の経営に携わるエグゼクティブやテクノロジーの最高責任者調査を行ったところ、34%が過去2年間にテクノロジーの変革によって、従業員体験の改善に**大きな効果**があったと回答した。（**図表6・3参照**）

ほとんどの回答者が企業のテクノロジー変革により多少もしくは大きな効果があったと答えた

過去2年間のテクノロジー変革による効果（回答者の%、n=478）

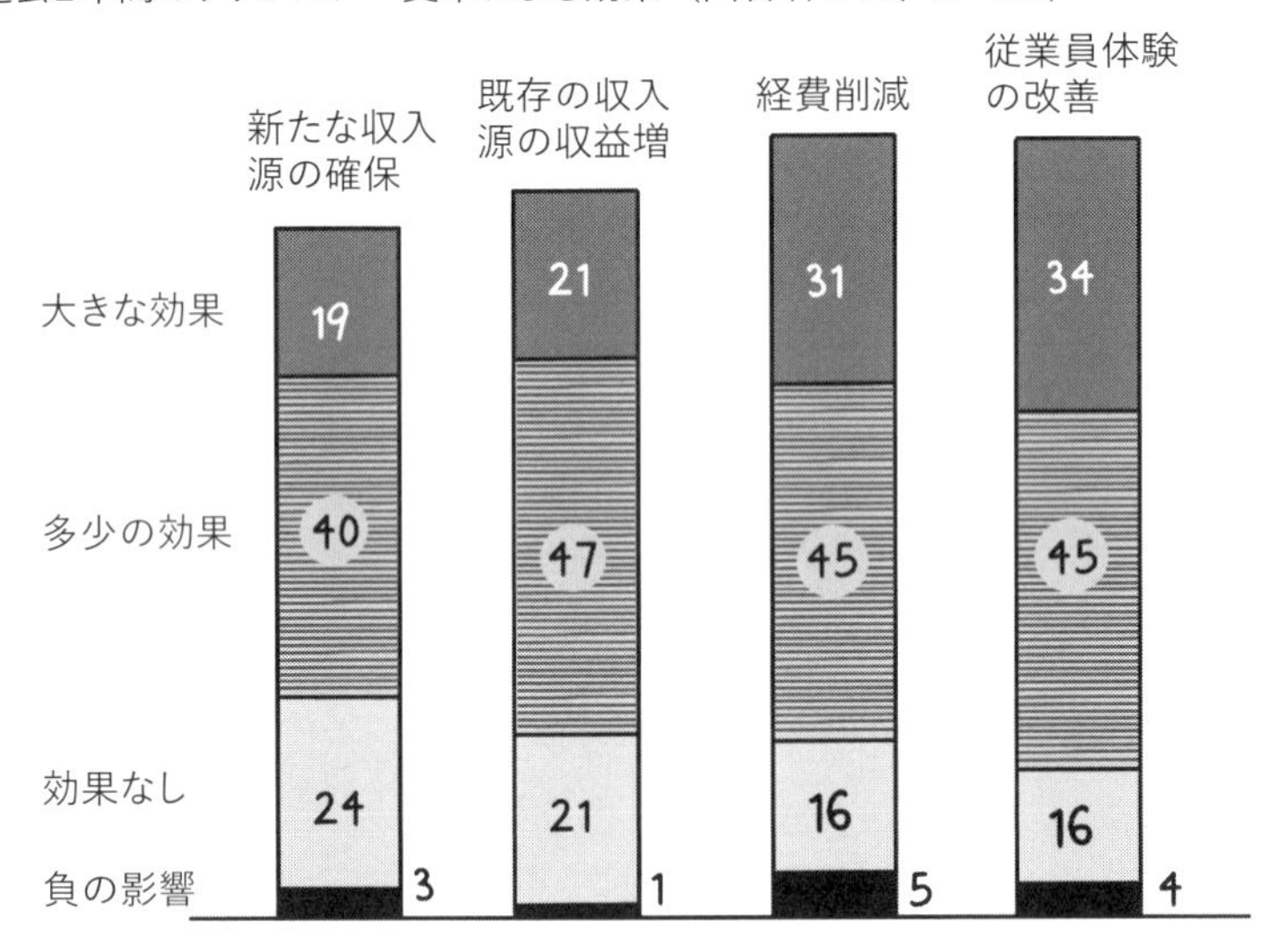

図表6.3　過去２年のテクノロジー変革の効果

実際のところ、テクノロジーの変革は、コスト削減や、新たな収入源の確保や、既存の収入源の収益増といった他の範疇の事柄に比べ、従業員体験の改善に最も大きな効果があった。将来的には、ＥＸをテクノロジーの変革の効果を測るカテゴリーの１つとみなすのがトレンドとなるだろう。これまでその支出はＣＸの改善や経費節減に結びつけられてきたのだからなおさらだ。

誤解してほしくないが、テクノロジーの変革が効果を発揮するのは、それによって企業、従業員、顧客にもたらされる利益や問題を考慮に入れた健全な戦略があってこそである。たとえば、アメリカの消費者の約80％は、迅速さ、利便性、知識豊富なサポート、愛想の良いサービスがポジティブな顧客体験にとって最も重要な要素だと述べている。あなたの会社のテクノロジー変革戦略がこうした顧客体験の改善を目指したものなら、その変革のせいで従業員にとってプロセスが複雑になり、迅速で愛想の良いサービスを妨げることにならないようにするのが必要不可欠だ。

それでも、数多くのテクノロジー変革プロジェクトが実施される場合、決められたタイムラインに合わせるために電光石火で変革を終えなければならないという大きなプレッシャーが生じ、それが他の部門に与える影響が顧みられないことがある。より**理想的なアプローチは、既存のシステムやプロセスがどんな影響を受けるか、時間をかけて理解し、うまく順応させることだ。**そういう戦略をとるほうが、従業員や顧客の不満を和らげられる可能性が明らかに高い。従業員が異なるシステムやプロセスを操ろうとして何時間も過ごさずに済み、実務に集中できれば、彼らはより高いＥＸを持つことができ、それが結局は――そう、より良いＣＸへとつながる。

――デジタルトランスフォーメーションに人間味を

２０１９年には、企業の３分の2が、競争力を維持するため、２０２０年までにデジタル化する必要があると認識していた。これは単なる無駄話ではない――そうした認識がデジタルトランスフォーメーションへの1兆３０００億ドルという気の遠くなるような投資へとつながったのだから。しかし、そのほとんどが、残念ながら無駄に終わった。投資額の70％、実に９０００億ドルが丸々、目標に達しなかったプロジェクトに使われたという。どうしてそんなことがあり得るのか？　ハーバード・ビジネス・レビュー誌によると、全従業員が「変化に対応できるだけのマインドセットに欠け、現在の企業の業務に欠陥がある場合、デジタル化は単にその欠陥を大きくするだけのことになる」そうだ。

テクノロジーやデジタルの変革を、現在社内で使っているテクノロジーシステムの近代化、もしくは革新化の1つの方法と語る組織は多い。組織全体にデジタルファーストのメンタリティを導入する企業すらある。しかし、**新たなデジタル技術を使用する場合に、従業員をサポートするプロセスを適宜導入したり、必要な訓練を施したりする組織はほとんどない。言い換えれば、従業員が効率的に仕事をするためには、提供されたツールにつき、ちゃんと訓練される必要があるのだ。**

デジタルトランスフォーメーション（デジタルの変革）には二面的な取り組みが必要だ。デジタルはテクノロジー及びシステムを基本としたもので、変革のほうは従業員やプロセスを基本としたものだ。その2つは緊密に連結しているため、両方の面を協調させるように取り組まなければならない。さもなければ、ビジネスへの効果は小さく、組織の複雑さや官僚主義が日々のプロセスにひそかにまた入り込んでくる。そして従業員は新たなデジタルツールを手つかずのまま放ってしまい、成果を上げる可能性を減らしてしまう。

そうした逆行を防ぐためには、強いガバナンスを生み出し、プロセスを見直して合理化し、部門間協力の考えを行きわたらせる上で、経営陣がやり方を変える必要がある。そのやり方は、新たなデジタル機能が各職場に導入されるにあたって、新たなプロセスや修正されたプロセスが望ましい結果を上げる助けとなるだろう。

サイロ効果

図表6・1と6・2を見直してもらえば、〝過剰なプロセス〟に加え、最高責任者たちも従業員も、部門が〝サイロ化し、他部署との協力が不足している〟を成長の障害に挙げている。残念ながら、サイロ化した部署と協力の欠如は非常にありふれた問題で、EXとCXに多大な負の影響を及ぼす。

大企業のほとんどは事業を営業、マーケティング、顧客サービス、ITなどの部門に分けている。それぞれの事業部が異なる責任者、予算、指標、データ、システム、ツール、プロセスを持っている。言い換えれば、複数のサイロが組織されているのだ。企業のプロセスのある一面が、企業全体のニーズではなく、一事業部内のニーズに見合うよう作られているとすれば、従業員体験にとっても顧客体験にとっても、あまり望ましくない結果がもたらされる可能性がある。たとえば、顧客サービスの担当が顧客に与信を供与するのに、財務部の要請に応じるためだけに上司の許可が必要だとすれば、その余分な手続きのせいで、担当者は迅速に問題を解決して顧客の望みをかなえることができなくなる。

こうした事業部別のサイロは、ほとんどのプロセスにズレを生じさせることになる。意図的ではないものの、長年にわたって部門ごとに意思決定を行ってきた結果である。それぞれの部門が、他の部門と組織を編成したり、調整したりすることなく、自分たちだけの目標に見合うようにプロセスを調節しているせいで、望ましくないプロセスのマイナスの影響が増幅する。さらには、**事業部がサイロのメンタリティを持っている場合、データや情報や資源を他のグループと共有することはまずない。**

カスタマーゲージ社の〝B2Bアカウント・エクスペリエンス調査〟によると、全社的に顧客データを共有しているのはB2B企業のたった39％で、事業部別のレベルでもデータ共有をしているのはたったの61％だそうだ。この連携の不足は全社的なコミュニケーションや協調、意思決定、生産性、CX、EXに多大な負の影響を及ぼす――とくに顧客と接する部門には。そうしたことも、良かれと思って設計されたプロセスが最悪の結果を招くことがある理由の1つである。

部門間の協力関係が破綻していれば、顧客もその影響を感じる（**図表6・4参照**）。たとえば、顧客がWebサイトで注文したあとでそれを変更する必要が生じ、顧客サービスに電話すると、コールセンターのスタッフは、〝Web・チーム〟の一員ではないため、変更に対応できない可能性がある。〝Web・チーム〟と〝顧客サービス・チーム〟は注文のプロセスが違うので、顧客はオンラインでしか変更ができないというわけだ。問題解決のために顧客サービスボット（AIまたはプログラムによる自動回答）とチャットを始めた顧客が、そのプロセスが顧客をオンラインのFAQのページに導くよう設定されているため、生身の人間とのチャットへ変更できないとしたら、それも同様に顧客に影響を及ぼすことになる。こうした破綻したプロセス、もしくはプロセスの欠如は、CX全体を損ねることになるが、とりわけ、失望し、不満を抱えた顧客を生み出すことになり、それが今度はEXを損ねてしまう。

CXはかなりの部分、1つの部門で完結できるが、顧客を複数のグループにつなげることについて

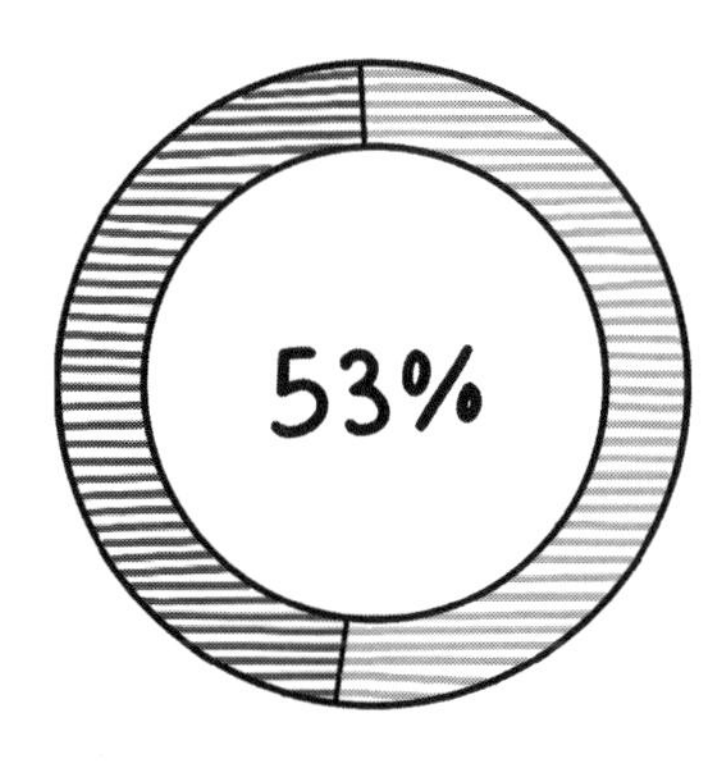

53%の顧客が、
1つの会社ではなく、**いくつもの分離した部門とやりとりしている**ような気がすると言っている。

図表6.4 顧客は部門間の断絶を感じている

は、企業もだいぶうまく対応できるようになった。CXがどこに属するものか考えてみるといい。ふつうはCMOが率いるマーケティング部で、CXにかかわるプロセスは、顧客のストレスを取り除き、契約の流れがスムーズになるよう設計されてきた。では、EXはどこに属するのだろう？ そう、それは少々散らばっている――ほぼ人事に属し、他には人材開発部門やIT部門や財務部門も関係してくる。企業のさまざまな部署のプロセスがリンクしていないことを明らかにせずに複数の部門がEXにかかわることで、各部門のサイロ化が一層進んでしまう。こうしたサイロ化は、従業員の業務や、雇用の管理をより複雑にする。

目標達成をはばむような経営システムのせいで、部門間のバリアを崩すのにいまだに苦労している組織が多すぎる。

ザ・デミング・インスティテュート

こうした状況のいずれにおいても、各部門の責任者が意図的により有効なプロセスやデザインを避け、役に立たないものを導入しているというわけではない。実際は、自分の部下にどんな影響があるかよく考えてみないだけなのだ。他の部署の従業員については言うまでもなく。フォード・モーター・カンパニーの事例を思い出してほしい。品質低下の大元の原因は従業員ではなく、経営陣によって作られた望ましくないプロセスだった。

各部門がサイロ化された状態で企業が経営を続ければ、それは効率の悪さ、資金の無駄、顧客と従業員を有意義な形でつなげる機会の喪失という結果に陥る。こうしたサイロを打ち崩し、プロセスを改善するために、積極的な取り組みが必要だ。

──セールス・オペレーションとレベニュー・オペレーションで橋をかける

部門間のサイロ化現象が成長の大きな障害になっていることから、それを完全に取り除いたほうが良いと思われるかもしれない。しかし、会社の戦略的目標に向かって足並みを揃えるのも重要だが、各部門が自己完結していて、それぞれに課された役割や期待を明確にすることにも価値がある。ゆえに、協力を必要とする多様なワークフローやプロセスをつなげるために、部門間に橋をかければいい。

そうした橋をかける1つの方法は、セールス・オペレーション（SalesOps）チームを創設することだ。このチームは営業担当のパフォーマンスや、収益予測可能性、予測精度を改善させるという目標に向かって、企業のプロセス向上の支援を行う。セールス・オペレーションチームは非常に有益ではあるものの、その対象は企業の中でノルマを負っている従業員、とくに営業担当に限られることがほとんどだ。しかし、このチームはより広い権限を持つように変化しはじめている。今日、セールス・オペレーションチームの48%が、以前よりも深く部門間のワークストリーム管理（作業効率化のための一連の流れの管理）にかかわっている。

さらに近年新たに開発され導入されるようになった組織であるレベニュー（収益）・オペレーション（RevOps）チームは、セールス・オペレーションチーム以上に幅広い役割を果たす。このチームの目標は、成長率を改善するために、インセンティブ、指標、従業員、データ、システム、プロセスについての認識を同一にすることで、（1）マーケティング、（2）営業、（3）顧客サービスを含む企業の端から端までを可視化することである。レベニュー・オペレーションチームを通して、顧客とじかに接するこの3つの部署の監督や調整を強めることは、企業の成長力を遅らせる要因である不必要なプロセスや、時代遅れのプロセスを排除する、すばらしい第一歩となる。

オペレーションチームが多くの点で企業に利益をもたらすのは間違いないが、チームの人間がプロセスの破綻や喪失の隠れた原因を改善しようとするのではなく、個々の問題の解決にばかり目を向けていたら、事態をいっそう複雑にしてしまう可能性もある。ゆえに、オペレーションチームには、積極的に他のチームと協力し合おうとする人間が必要だ。チームに部門間の問題のすべてを解決するノウハウがないとしたらとくに。つまり、こうしたOpsの機能を会社に導入するつもりなら、それに見合った人材や技術をそこに備えなければならないということだ。導入するかどうか決めかねているならば、将来、どんな成功が待っているか想像してみるといい。そして、個人として、またはより大きなチームの一員として、どうしたら最も良い方法でそこへたどりつけるかを。

――成功のための指標

すべての部門に共通する指標やインセンティブを生み出せば、部門間の協力や、データ共有、プロセスの統一に対する社内の抵抗を抑えることができる。インセンティブや指標はプロセスとは関係ないと思うかもしれないが、実はそれらには仕事のやり方など、従業員の行動様式を変える力がある。共通した指標を作れば、各部門は全社的な目標、個々の従業員のニーズ、顧客の期待など、複数の要素を優先できる。これらを優先しないようなプロセス戦略は、企業が成功する上での障害にしかならない。

どのインセンティブや指標を用いるかを決めるには、データを参照すること（それについては第9章で詳しく述べる）。**企業がEXとCXの両方にとって破綻して不要となったプロセスが何であるかを見極めるのに、データ収集は絶対必要だ。**企業が成長して進化するにつれ、新たなテクノロジーが導入され、新たな製品やサービスが登場し、時とともに、煩雑さと官僚主義がその醜い顔をもたげる。ビジネスは元々そうした性質を帯びているものだ。しかし、エクスペリエンス・マインドセットは、最初から顧客と従業員のためにより良いプロセスを設計すべきだと求める。いかなる不均衡も例外であり、それを標準とすべきではないからだ。

デザイン思考

デザイン思考はユーザーのニーズを反映して革新的な解決をもたらす方法論である（訳注：欧米のDXではデザイン思考は基本の考え方として用いられる）。本書の文脈におけるユーザーとは、顧客と従業員の両方となる。既存のプロセスが（良かれ悪しかれ）両方にどんな影響を及ぼしているかがわかっていれば、改善すべき部分を特定し、改善の進み具合を測ることができる。ただ、デザイン思考を用いるには、ＣＸのためのプロセスの改善をＥＸのためのプロセスの改善とどう結びつけられるかを考えなければならない。この結合こそが、異なる部門やプロセスやデータを融合することなしにはあり得ないやり方で、顧客と従業員の両方にとって同じように喜ばしい体験を生み出すのである。

たとえば、〝カスタマー・ジャーニー・マップ〟の開発のために何をすべきかを考えてみてほしい。このマップは、顧客が企業の製品やサービスを購入しようとしたときにたどる手順を描いたものだ。ネット・プロモーター・スコア（ＮＰＳ）やその他のＣＸ指標を改善するために、顧客がストレスなく、スムーズなプロセスで購入できるようにしようというのがその意図だ。それから、この数十年、そうした企業がどれほどの時間と資金を投じてそれらの手順を改善しようとしてきたかを考えてもらいたい。多くの企業がすばらしい成功をおさめていることも。

この同じ企業が、〝エンプロイー・ジャーニー・マップ〟も作ろうとしたらどうだろう？　顧客に奉仕し、業務を果たすのに必要な日々の手順やプロセスを明確にするマップになるはずだ。その目的も顧客に対するものと同様になるだろう。**従業員と顧客のやりとりの中で、効率の悪い破綻したプロセスが体験全体に影響を及ぼしている部分を探り、改善の余地のあるところを見つける。**それがＥＸを前進させ、より良いＣＸへとつながり、成長のサイクルをまわしはじめてくれるはずだ。

――ジャーニーをデザインする

前に進むのに最善の道を見つけるには、ときに一歩下がってみる必要がある。

２０１７年、私は2年にわたって顧客満足度とＮＰＳの低下に苦戦しているオーストラリアの顧客を訪ねた。政府の特別機関であるその組織は、建設計画や建築の問題で援助を必要としている市民（本書でいう顧客）を支援していた。前述のスコアを改善するために、その組織は従業員が顧客により良いサービスを提供できるよう、新たなテクノロジーと研修を取り入れていた。残念ながら、テクノロジーの導入も研修も、低下しているスコアに期待したほどの効果を及ぼさなかった。

さらに何度か改善を試みて失敗したその政府機関は、しまいに現在用いられているプロセスを調べ、どこが真に問題かを見極めようと決めた。というのも、テクノロジーも従業員も適材適所に配置していると信じていたからだ。従業員の協力を得て、その政府機関のエグゼクティブは、苦情が寄せられてから、それを解決するまでに、従業員と顧客の両方がとるべき1つひとつの手順を示した壁一面のジャーニー・マップを作った。その壁一面のジャーニー・マップは、数カ月に及んだプロジェクトが続く間ずっと、そこに掲示された。

エグゼクティブの1人が私にこんなことを言った。「壁のジャーニー・マップは顧客が組織との間で経験することをイラストにしているもので、非常に重要です。組織の他の部門が変革は不要で、顧客体験もそれほど悪くないと信じている場合に、とくに有効です。その壁を見れば、そうではないことがわかりますから」彼は続けた。「伝聞や個人的な意見ではなく、真実を教えてくれるんです。目に見える形で。それに異を唱えるのは誰にとっても非常に難しい。そう、真実を鼻先に突きつけられるような気も少ししますが、結局は組織を良い方向へ団結させてくれるんです」

改善すべき部分を特定するのも重要だが、解決策を見つけ、実際に解決するのも重要だ。従業員は1日を通して壁の前で足を止めては、ジャーニー・マップの内容を確認し、特定のプロセスや業務についての提案を付箋に書いてそこに貼りつけた。そうすると、4人からなるチームがその提案を検討し、実際に試してみることができた。2人のソフトウェア開発者と2人のチェンジマネジメントの専門家からなるこのチームは、ジャーニー・マップが貼られた壁のすぐ裏にある部屋に集まり、付箋で貼られた提案について議論し、早急に修正を計画して試してみるのだった。

そこでわかったことには目をみはるものがあった。従業員が業務を効率的に行うのを妨げるような破綻したプロセスやシステムの限界が数多くあった。顧客である市民にとって不必要なストレスを生み出すようなプロセスも多かった。1つの大きな問題はすぐさま明らかになった。平均的な顧客がカスタマー・ジャーニーに1年以上を費やしていたのだ。どう考えても、そこまで時間がかかるのは受け入れがたいことだった。

従業員と顧客に話を聞くことによってこのチームがプロセスのすべての段階についての調査を終えたときには、現在用いている指標では、その機関の盲点を明らかにすることができないとわかった。それが測れるのは従業員のデータのみで（たとえば、データ入力、通話時間、週当たりの問題解決の数）、従業員と顧客の両方が問題解決に要する労力や、互いとのやりとり全体において最終的にどんな経験になったかは測れなかった。

こうした盲点を明らかにするためにジャーニー・マップをアップデートしたチームは、現状のものを超えた、新たな機能を必要とする部分があることに気がついた。たとえば、顧客が苦情を申し立てようと思ったら、20ページ以上からなる書類をダウンロードして印刷し、それにサインしてファックスで提出しなければならない。そして、受け取った側はそれを――ファックスで届いた20ページ以上の書類を――読むことになる。苦情のフォームをオンラインにし、オンライン上でサインできるようにしてそのプロセスを省けば、関係する誰にとっても、時間と不満を大幅に削減できるはずだ。

最初の応急処置を終えると、チームは不必要に苦情の提出と解決のプロセスを遅くしていた体系的なプロセスの問題を明らかにした。現状のプロセスは――従業員にとっても顧客にとっても――その機関が導入した新たな技術力や各部門共通の新たな研修に見合わないほど、時代遅れであることがわかった。そこで、どこから改善すればいいかが問題となった。

コールセンターのスタッフは日々出勤してオフィスの自席へ向かう際、廊下の壁に貼られたジャーニー・マップの前を通った。そうしてすぐ目に入ることで、プロセスの最新の変更や、改善を待っている部分について、簡単に情報をアップデートできた。

幹部は自分たちのしていることについて透明性を保ち、目に見える愉快な方法で、従業員たちが業務の改善のために異なるやり方を提案できるようにしたいと思ったのだ。こういうアプローチをすることで、従業員がプロセスとテクノロジーの修正に加わることができ、それが結局は彼らの日々の業務に影響を及ぼすことになった。また、従業員の自尊心をかき立て、従業員満足度を上げることにもなった。そもそもそれはチームの目標ではなかったのだが。ウィンウィンの結果となったのだった。

完了まで6カ月かかったこのジャーニー・マップのプロジェクトが終わるころには、この政府機関

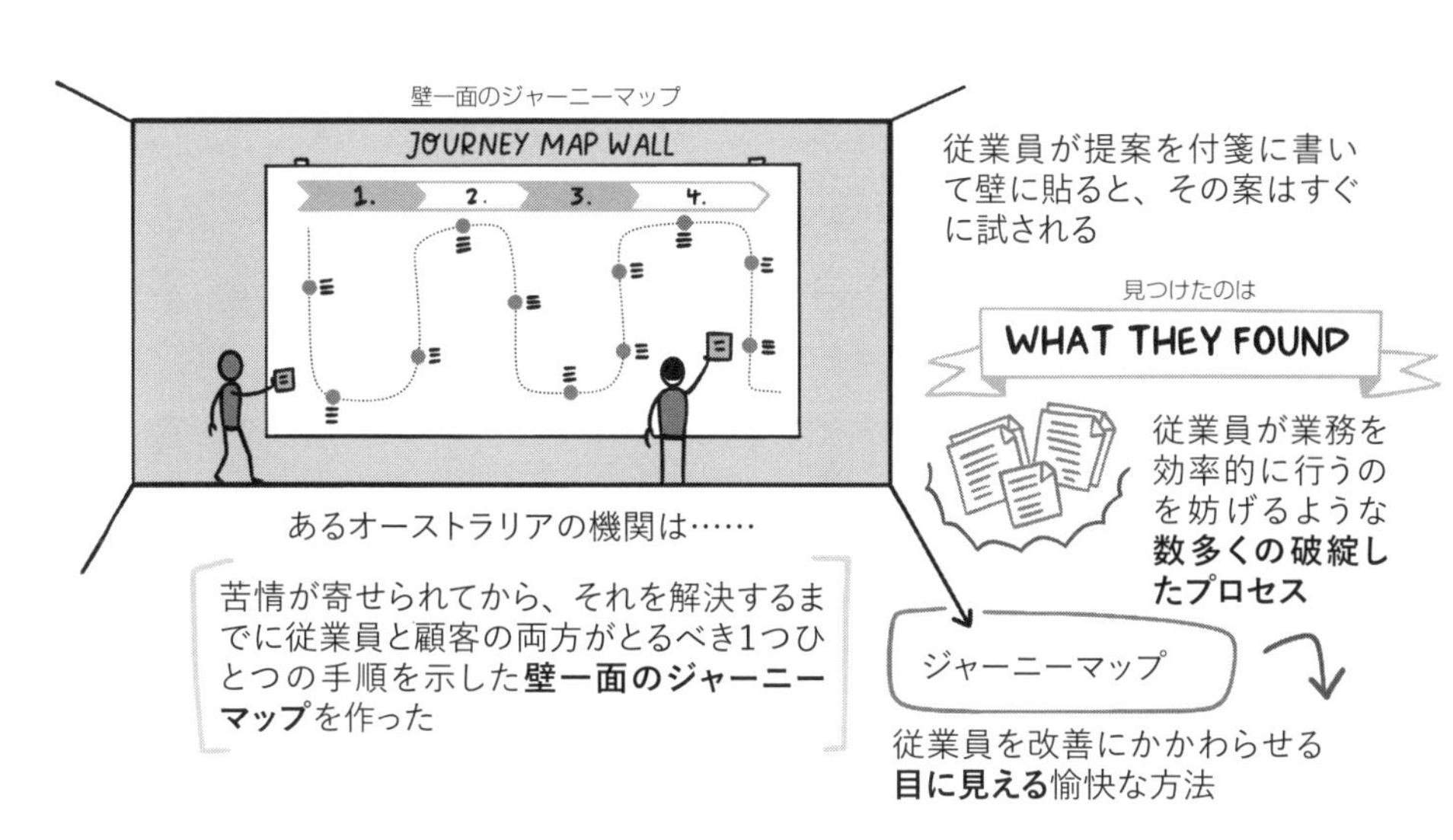

は関係する指標のすべてを改善しただけでなく、顧客から最初に連絡があってから解決までの時間を18カ月からたった3カ月に短縮した。顧客のジャーニー・マップと、ひいては従業員のジャーニー・マップを分析しなかったら、従業員からのフィードバックを求めてそれに対処しようとしなかったら、さらには現状のプロセスの多くをアップデートしなかったら、今日にいたるまで、その政府機関の機能は不全で、顧客の不満もそのままだったことだろう。

従業員の力を解き放つ

２０１９年、アメリカの製薬及びバイオテクノロジーの多国籍企業であるファイザー社は、数多くの〝思い切った一手〟を特色とする新たな企業目標を掲げた。その中に〝社員の力を解き放つ〟というものがあり、それを実現する方法の１つは簡略化だった。不必要に複雑な手順を排し、従業員が意義ある仕事に集中できるようにするということだ。言い換えれば、自動化によって仕事を迅速かつ容易にするということだ。

ファイザーの経営に携わるエグゼクティブたちのチーム全体がこの簡略化を支持し、全員が責任を負った。従業員の懸念についてはよくわかっていた。その最たるものは業務遂行に差し障りが出るほどの官僚主義と不要なプロセスだった。経営チーム全体が従業員の悩みの種の解決とプロセスやオペレーションの簡略化に乗り出し、トップダウンの改革が行われた。

ファイザーは大規模なデジタルの変革を推進しはじめた。まずは新たな働き方を設計するところから始めた。意志決定のプロセスを改善するために、メガプロセスと呼んでいるものを簡略化し、社内の人材の指導と人材開発のやり方を変え、データ基盤やインサイト機能を測定することで、俊敏なプロセスを用いてより賢明で迅速な働き方ができるようにした。

成功するためには、全従業員を改善への旅（ジャーニー）に参加させなければならないとエグゼクティブたちにはわかっていた。変化を嫌う人たちに向けては、将来のビジョンを共有し、製薬会社と患者と従業員にどんなメリットがあるかを示すことにフォーカスした小規模な説明会を行った。それから、変化を好む人向けには、ランチミーティングやアイデアセッションを催し、彼らが意見を述べるのはもちろん、改善のプロセスの一環となって結果に責任を持ってもらうようにした。この取り組みの重要な点は、焦点を活動そのものからそれがもたらす効果へと移し、その結果について従業員を評価したことにある。そうと認識することなく、ファイザーはＥＸにより注目する新たなマインドセットを創出したのである。

今日、ＥＸにより注目していることを象徴しているのは、ファイザーの人事部が今、「ピープルエ

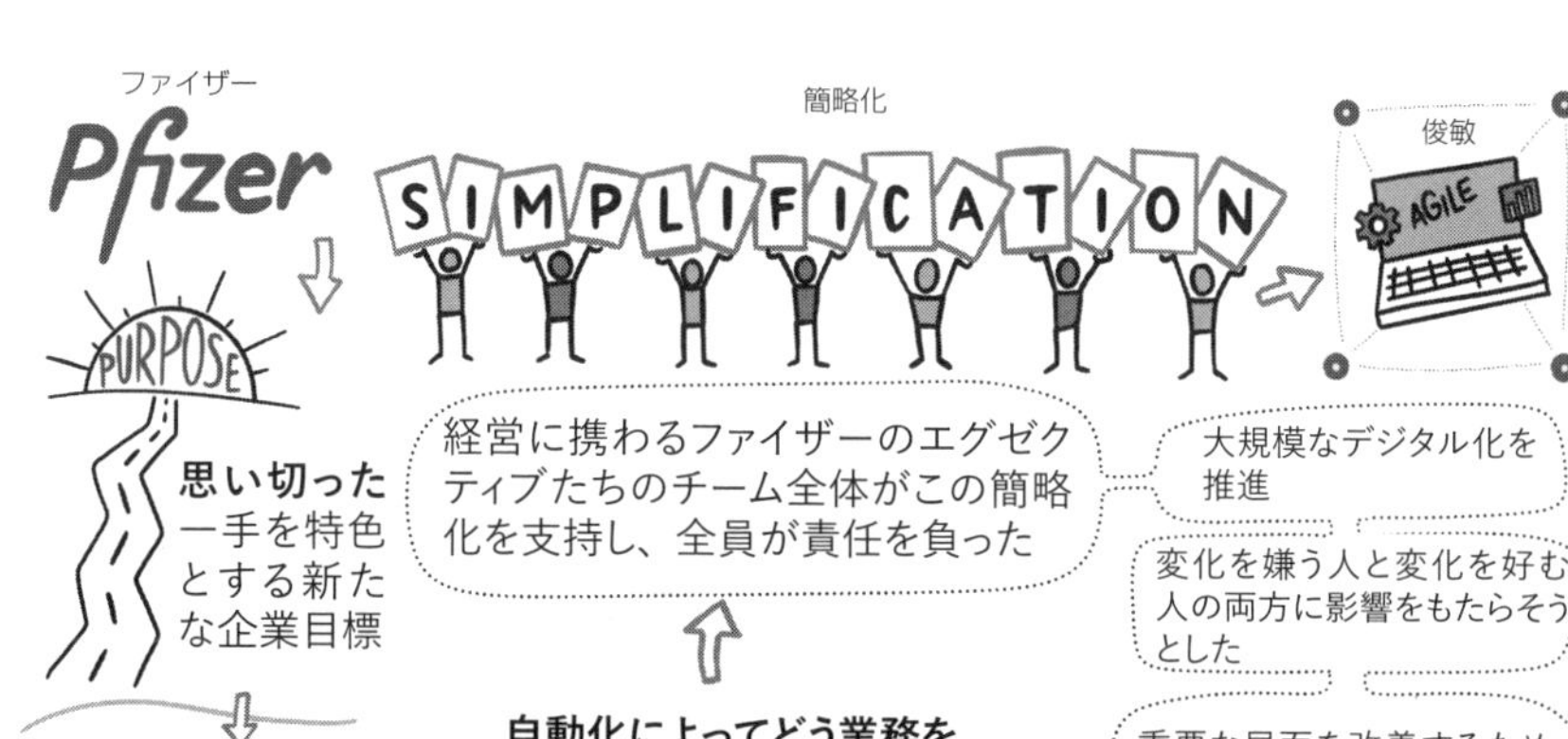

クスペリエンス部門」と呼ばれていることだ。２０２１年現在、ファイザーは誇りを持って次のように報告している。平均で「90％の従業員が会社や仕事に思い入れを持っている。それは、彼らがファイザーを働く場としてすばらしいと誇りを持って推奨でき、まったく離職するつもりはない事実からわかる。加えて、92％が、自分たちの日々の仕事がファイザーのパーパスに貢献していると感じている」。

ファイザーの例からもわかるように、本章を通して、**エクスペリエンス・マインドセットを実現するには、効果的なプロセスを設計し、サイロを崩し、橋をかけ、ワークフローとオペレーションを継ぎ目のないようにする必要がある**ことを述べた。さまざまな部門に意図的につながりを作ることは、企業が重要な局面を改善する役に立つ。そのつながりがより良いＥＸとＣＸへと結びつき、ステークホルダー全員によりポジティブな結果をもたらすことになる。

本章のまとめ

■データ収集は、企業がEXとCX両方にとって破綻した不要なプロセスを特定する役に立つ。重要な局面における従業員と顧客の両方の行動を分析することで、内的および外的なプロセスの間に橋をかける場所を見つけることができる。

■ほとんどの企業にとって、長く生き残るにあたっての最大の脅威は、停滞と、組織の複雑さと、官僚主義である。プロセスの改善から学んだことをCXの強化に結びつけ、EXの改善にも用いようとする企業は、両方の最も良い部分をつなげることができる。

議論の糸口となる質問集

▼従業員に不要な負担をかけないために、現在用いているプロセスを定期的に見直すチェンジマネジメントチームを設置していますか?

▼顧客と従業員の両方について〝重要な局面〟へとつながるものを分析する最新のジャーニー・マップがありますか?

▼あなたの会社のCXのデータは全社的に共有されていますか? それとも、部門ごとやグループのレベルでしか共有されていませんか?

第7章

テクノロジー：生産性と経験——コインの裏表を成すもの

30年後には、最高のCEOとしてロボットがタイム誌の表紙を飾るだろう。機械は人間ができないことをするようになる。人間の最大の敵になるよりもむしろ、人間にとってパートナーとなり、協力者となるのだ。

アリババ・グループの共同設立者、元会長　ジャック・マー

第1章でも述べたように、第四次産業革命はデジタル機能とその使用を、これまでとは異なる新たなレベルにまで押し上げはじめた。ソフトウェアのアプリケーションによってそうしたテクノロジーは今や日々の生活の隅々にまで行きわたっている。スマートフォン、ソーシャルメディア、ＡＩ、そして大量のユーザー・データが、ビジネスや従業員や顧客をまったく新しいダイナミクスへと駆り立

てる力の結びつきを生み出した。ビジネスの重要な部分——営業、マーケティング、顧客サービス、商取引など——をデジタル化することで、組織の成長やコラボレーション、エンゲージメントの向上につながる機会が無限に開けた。

一方で、一度のクリックで世界の隅から隅までの売り手と買い手をつなげるようなテクノロジーの大衆化もまた、大きな変革をもたらした。進歩した技術力はもはや大きな多国籍企業だけのものではない。調査によると、顧客とのやりとりの平均72％が今やデジタルになっているそうだ。スタートアップや中小企業がより費用対効果の高い、効率の良い方法でテクノロジーを購入して用いられるようになってきた。とくにサービスとしてのソフトウェア（SaaS）の登場によって。そうした企業はより大きなブランドと競合するために、日常業務を自動化して生産性を高め、デジタル・マーケティング技術を使って需要を増やし、地域外で自社の製品やサービスを販売する機会を得ている。そうしたすべてが、かつては資金的に手が届かず、内部的にも管理しきれないものだった。

テクノロジーには大いに期待できるが、最新の最もすばらしいテクノロジーでも、それ自体が目標になってはいけない——テクノロジーはあくまで目的を達するための手段なのだ。本章では、ＰＰＴＣの枠組みの一部であるテクノロジーの可能性と問題を詳述し、優れた従業員体験と顧客体験を可能にするテクノロジーの重要性を明らかにしていく。

●**テクノロジー（Technology）**は従業員が業務を遂行する助けとなり、効率を上げる。

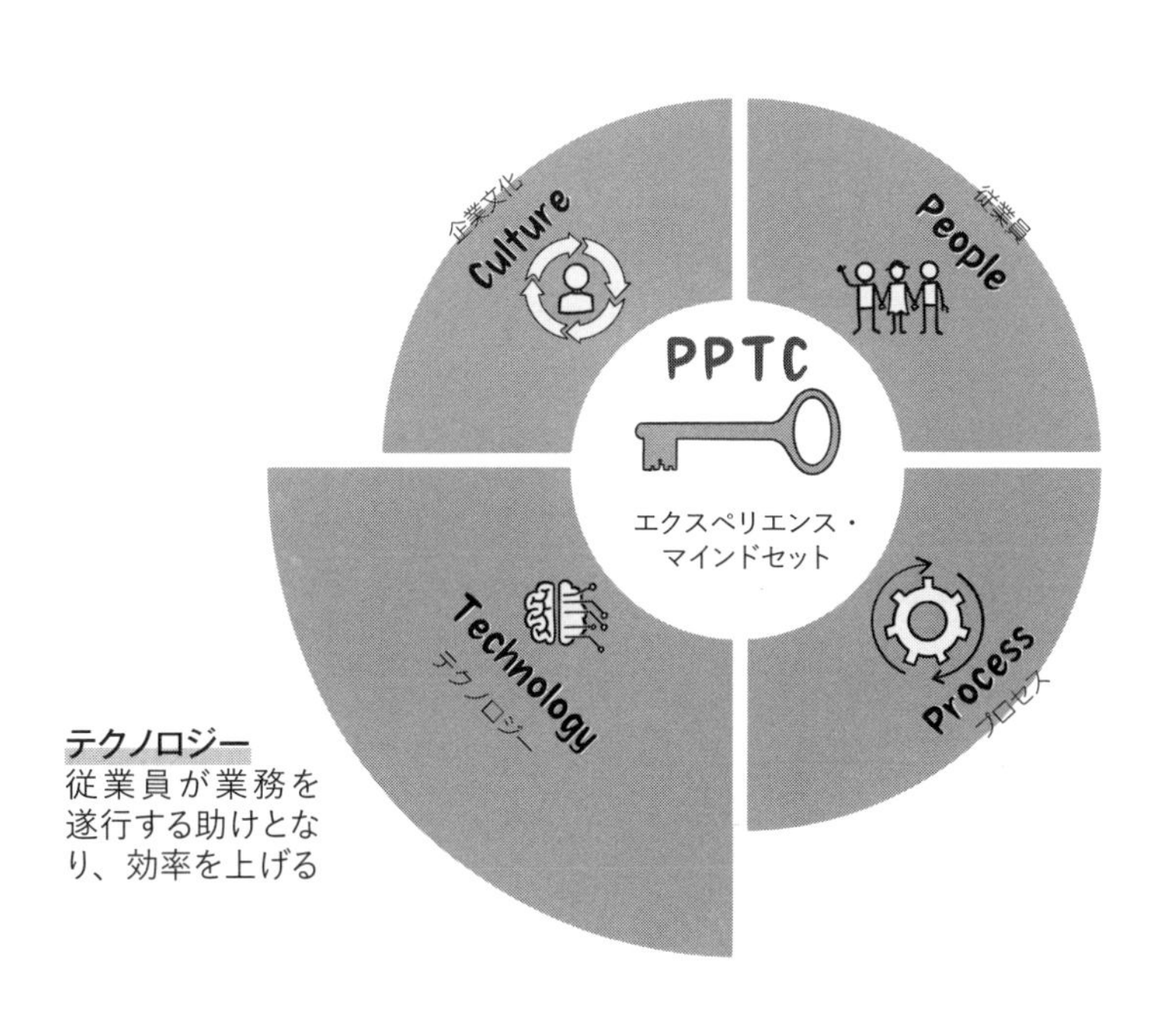

テクノロジーの目標は企業経営、従業員の能力アップ、顧客サービスの助けとなることで、その効果のほどは、テクノロジーによって可能になるプロセスと、業務でテクノロジーを用いる従業員次第である。テクノロジーがその目標に見合わなければ、用い方を再考するか、その戦略的価値そのものを考え直す必要がある。

いずれにしても、実際のところ、競争優位を求めて、もしくは時代遅れのインフラやシステムを近代化するために、費用対効果が低くなる可能性を考慮に入れることなく、テクノロジーに投資する企業はあまりに多い。それを考慮に入れないということはつまり、従業員とプロセス――PPTCの2つのP――のことを後から考えるということであり、多くの技術投資においてリターンも遅れることになる。

企業が導入するテクノロジーの最終目標は、スムーズに機能し、生産性を向上させ、基本的なタ

スクを完了させるのに従業員と顧客に必要とされる労力を減らすことでなければならない。それがかなわなければ、従業員やプロセスや企業文化にストレスを加えるものになってしまう。

私のタコスにテクノロジーをお願いできますか？

チポトレ・メキシカン・グリル社は倫理的に調達された原材料と高い企業価値で有名である。より良い世界を培うのを使命としている。アメリカで最初に地元の有機食材を使ったレストランチェーンの1つで、ホルモンや抗生物質を投与することなく、より思いやり深く育てた家畜の肉を使っているこの会社は、使用済みのビニール手袋をごみ袋にリサイクルしたり、ごみの50％を埋め立て場に送らずに他に利用したりして、環境への配慮を続けてきた。

ＥＸの重要性についてもよくわかっていて、従業員のことでもその価値を高めている。チポトレのＣＥＯであるブライアン・ニコルには「従業員体験が改善されれば、雇用維持率も向上し、お客様により良くサービスできる」ことがわかっている。２０１９年、チポトレは先行投資として、75の異なるビジネスとテクノロジーの学位について、１００％学費を負担すると宣言した。その後、エマージング・リーダー・アンド・メンタリング・プログラム（次世代リーダー育成プログラム）を創設し、ゲーミフィケーションや没入型の教育を通してスキルアップをはかる、新たな学習管理システムを「ザ・スパイス・ハブ」と命名して導入した。

２０２１年には、チポトレのレストランの管理職の90％が内部の昇進者で占められた。１つのレストラン当たり平均して6人が昇進し、昇進者の総数はほぼ1万9000人にのぼった。また、見習いマネジャー職とゼネラルマネジャー職への内部の昇進率は77％だった。「われわれにできる最善のことは、仕事で成果を上げられるようにスタッフを訓練し、彼らがチポトレで成長の機会を持てるように、文化と指導者をもって彼らを育成することです」とニコルは言った。

このように従業員と持続可能性への取り組みにおいて先駆けとなったことで、チポトレは数多くの賞を受賞した。いくつか例を挙げると、〝女性が働きやすい会社〟、〝優れた企業文化〟、〝福利厚生や手当に優れた会社〟、〝優れたキャリア形成の会社〟などがある。しかし、チポトレはそうした賞を受けて満足してはいない。テクノロジーへの投資によって評価をさらに高めようとしている。

2022年4月、チポトレは5000万ドルのベンチャーファンドであるカルティベート・ネクストを立ち上げた。チポトレの最高技術責任者で、この取り組みの主導者でもあるカート・ガーナーはこう説明する。「われわれのスタッフやお客様の経験を高め、レストラン業界を一新するような新たな技術革新への投資を探っているんです」言い換えれば、チポトレはEXとCXを同じように改善するための技術に投資を行っているということだ。

テクノロジーに関する意思決定は何もない状況では行えない。それを念頭に、2019年、チポトレは「カルティベート・センター」と呼ばれるイノベーション・ハブを作り、新メニューから新たなレストランの設計、AIやその他のテクノロジーを用いる試みまで、ありとあらゆることを試している。たとえば、チッピーというロボットのキッチン・アシスタントを用いた自動化の実験を行った。名前でわかるように、そのロボットはトルティーヤチップスを作り、レストランのピークタイムの

チポトレ

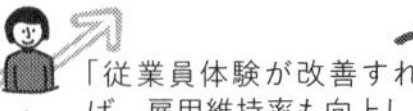

「従業員体験が改善すれば、雇用維持率も向上し、お客様により良くサービスできる」
CEO　ブライアン・ニコル

2019年、75の異なるビジネスとテクノロジーの学位について100%学費を負担すると宣言した

エマージング・リーダー・アンド・メンタリング・プログラム

ゲーミフィケーションや没入型の教育を通してスキルアップをはかる新たな学習管理システムを「**ザ・スパイス・ハブ**」と命名して導入

2022年4月
チポトレのカルティベート・ネクスト・ファンド
新たな技術革新への投資がスタッフや顧客の経験を高めている

EXとCXの両方の向上とテクノロジーを調和させる（一方を犠牲にして他方を向上させるのではなく）

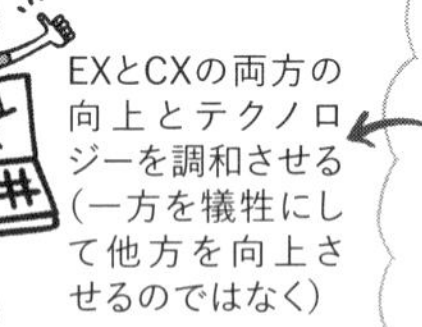

従業員への投資が新たな技術に支えられ、より多くの顧客によりすばらしいサービスを提供できるようになった

間、滞る業務を補う役目を果たす。元々はそういうＡＩ技術に、レストランのスタッフがチップスを切らすタイミングを予測させ、チップスをどんなタイミングでどう作ったらいいか探ろうとしたのだった。しかし、ガーナーがＣＮＢＣのインタビューに答えたところでは、チポトレは、ＡＩを使ってレストランスタッフの退屈な反復作業をどうすれば減らせるか、より広い視野で考えはじめた。

「それで――」ガーナーは続けた。「大勢の従業員とともに、自動化したり、ＡＩにまかせたりしてもいいと思える業務を特定しようとしたんです。レストランスタッフの業務がよりシンプルになればいいと考えて。それで、レストランの奥に自動化できる場所があると思いついたわけです。それがデジタルの製造ラインであれ、他の業務であれ」

この技術の投入は労働問題を解決しようとか、人間の労働者と置き換えようと思ってのことではなかった。チポトレは、従業員体験を〝より楽で、楽しく、やりがいのあるものにし、スタッフがやりたくないと思う業務をなくし、お客様にサービスするというような、彼らが好きな業務にいっそう集中する時間を与えたい〟と思ったのだ。

われわれが目指すべき北極星は、これまでも、これからも変わらず、お客様の体験に鋭い注意を向けることだ。デザイン思考のアプローチと組み合わせれば、お客様に特別なデジタル体験をお届けできるはずである。

チポトレ　デジタル戦略・プロダクト担当副社長　ニコル・ウェスト

過去5年の間に、チポトレの株価は924・35ドル（193・35％）上昇し、2022年の第1四半期の収益報告では、総売上高が16％増となった。また、チポトレの2022年の決算発表によると、レストランの売上高は33・1％増となった一方、デジタル・セールスの売上高は飲食品売上の41・9％を占めた。CEOのブライアン・ニコルはこう述べた。「スタッフへの投資が、デジタル・システムと〝誠実な食品〟の精神に基づく責任ある調理法と相まって、レストランのお客様へのすばらしいサービスに結実したんです」

チポトレの例からわかるのは、EXとCX両方の向上と――一方を犠牲にして他方を向上させるのではなく――**テクノロジーを調和させることの重要性**だ。ニコルが指摘するように、従業員への投資が、新たな技術に支えられ、より多くの顧客によりすばらしいサービスを提供できるようになったのだ。テクノロジーを用いて顧客の時間を短縮できても、従業員の労力を増すようでは、生産性は落ちる。逆も真なりである。顧客も従業員も目的を達するのに、不要な労力を強いられるべきではない。テクノロジーへの投資は必ずバランスをとって行われなければならない。

時代遅れの技術

〝デジタルトランスフォーメーション〟という言葉は、2011年後半に、MITと提携しているコンサルティング会社のキャップジェミニが生み出したものだが、そのちょうど9年後に、2020年から2030年にかけて、企業がデジタル技術とその導入に6兆8000億ドル――そうこの数字はタイプミスではない――を費やすと見積もられた。世界がデジタルファーストへと進むなか、EXとCXを妨げるのではなく、強化するテクノロジーは企業の成功にとっていっそう重要になるだろう。

これまで、数多くの分野で経営幹部と従業員の認識が分断していることを強調してきたが、**分断が最も深まるのは、時代遅れのテクノロジーがかかわるときである。**それらはWebベースでもなく、アプリも使えないシステムやツールで、まるで手作りのようにも、前世紀の遺物のようにも感じられるもの（多くの場合まさしくその通り）で、完成度も高くなければ、スムーズに使用することもできない。

顧客も従業員も、テクノロジーは必要なときに必要な場所で、個々のニーズに応えてそれほど労力を必要とせずに機能すると期待している。テクノロジーは人を圧倒するものではなく、あまりによく機能するので、そこにあるのを忘れるほどのものであるべきなのだ。

最新のスムーズな技術を従業員に支給すれば、優れたCXを提供する企業の能力に効果があるだけでなく、個々の従業員を成功に導くこともできる。デジタルのマインドセットを育んだ従業員は仕事で成果を上げ、仕事からより高い満足感を得て、昇進する可能性も高くなる。

とはいえ、現実には、従業員は必要なものを得られていない。会社から与えられたテクノロジーが効果的に機能していると述べている従業員は平均たった32％である。これはグローバルな問題で、どの地域も国も例外ではない。ただ、インドは他の国々に比べて際立って高い数字を示している（**図表7・1参照**）。

つまり、テクノロジーがＥＸを測る上で最も評価の低い要素であったとしても、意外ではない。従業員に言わせれば、時代遅れのテクノロジーは企業の成長にとって一番の課題と言ってもいいのだ。

さらに、**自分の会社が、スムーズで顧客対応を容易にするすばらしいテクノロジーを与えてくれているとはっきりと述べているのは、顧客とじかに接する従業員の10人中２人（20％）だけである**（**図表７・２参照**）。

従業員——とくに顧客とじかに接する従業員——が仕事をする上で助けとなるテクノロジーの大事な役割を、経営幹部が理解してい

従業員はスムーズなテクノロジーを与えられている

国・地域	割合
インド	70%
メキシコ	48%
ブラジル	44%
アルゼンチン	34%
フランス	30%
ドイツ	28%
シンガポール	26%
アメリカ	24%
カナダ	23%
北欧諸国	23%
イギリス／アイルランド	21%
オーストラリア／ニュージーランド	19%

図表7.1 スムーズなテクノロジーは平等に創出されていない

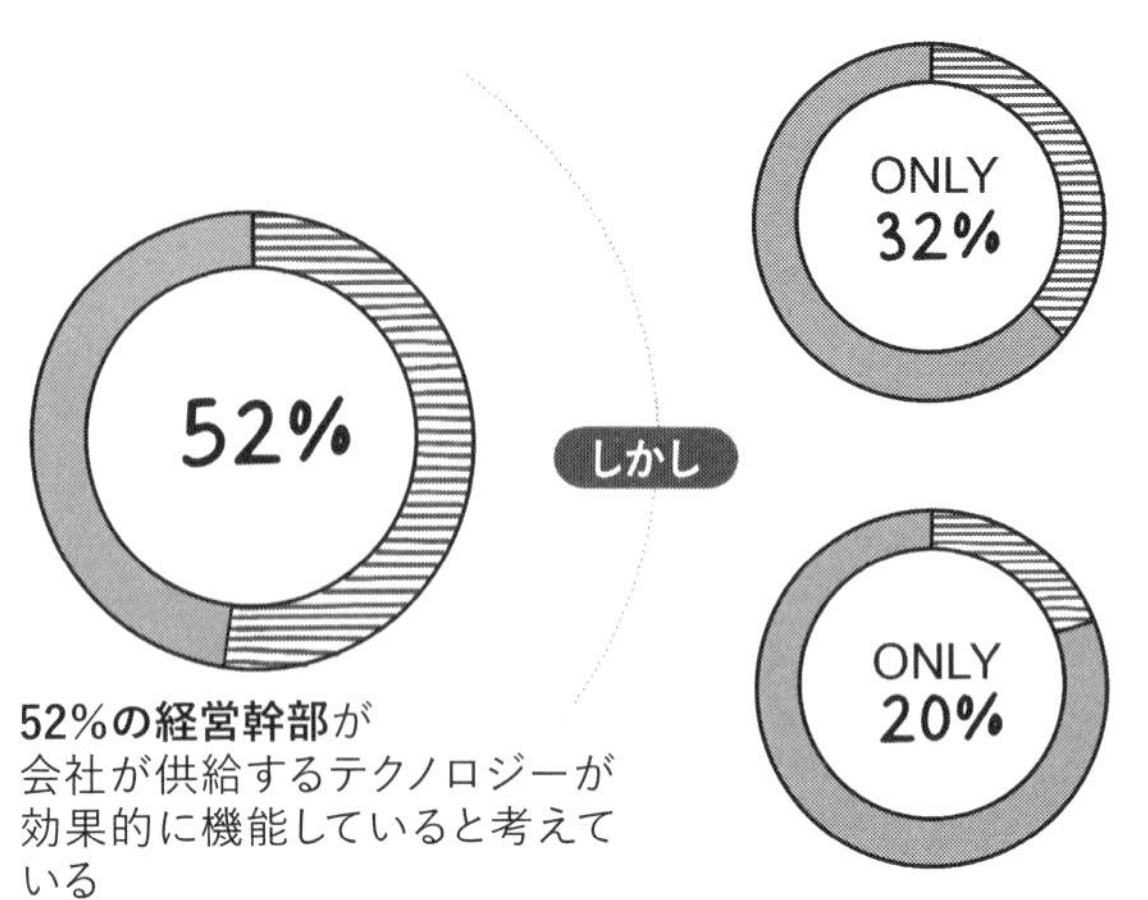

図表7.2　テクノロジーを巡る分断

ないのは明らかだ。それでもまだ注意を向けようと思わない人のために、44%の従業員が述べていることを載せておこう。「職場のテクノロジーは従業員が仕事に満足する役にはまるで立たないか、仕事を余計に大変にしている。従業員の3分の1が、会社のテクノロジーは内外問わず顧客に奉仕するにあたって、助けにならないか、そのせいでかえって仕事がやりにくくなるかだと言っている」

企業にとってテクノロジーがいかに重要かをはっきり示す数字を見てみよう。**図表7・3に示したように、従業員に優れたテクノロジーを与えている会社の報告によれば、自分たちの従業員は、会社から優れたテクノロジーを与えてもらっていないと感じている従業員に比べ、はるかにエンゲージメントが高く、仕事に満足し、幸せを感じているそうだ。**

テクノロジーの改善が個々の従業員の満足度やエンゲージメントや幸福度を高めるだけだと誤解してはいけない――それはチームとしてのパフォーマンスにも影響

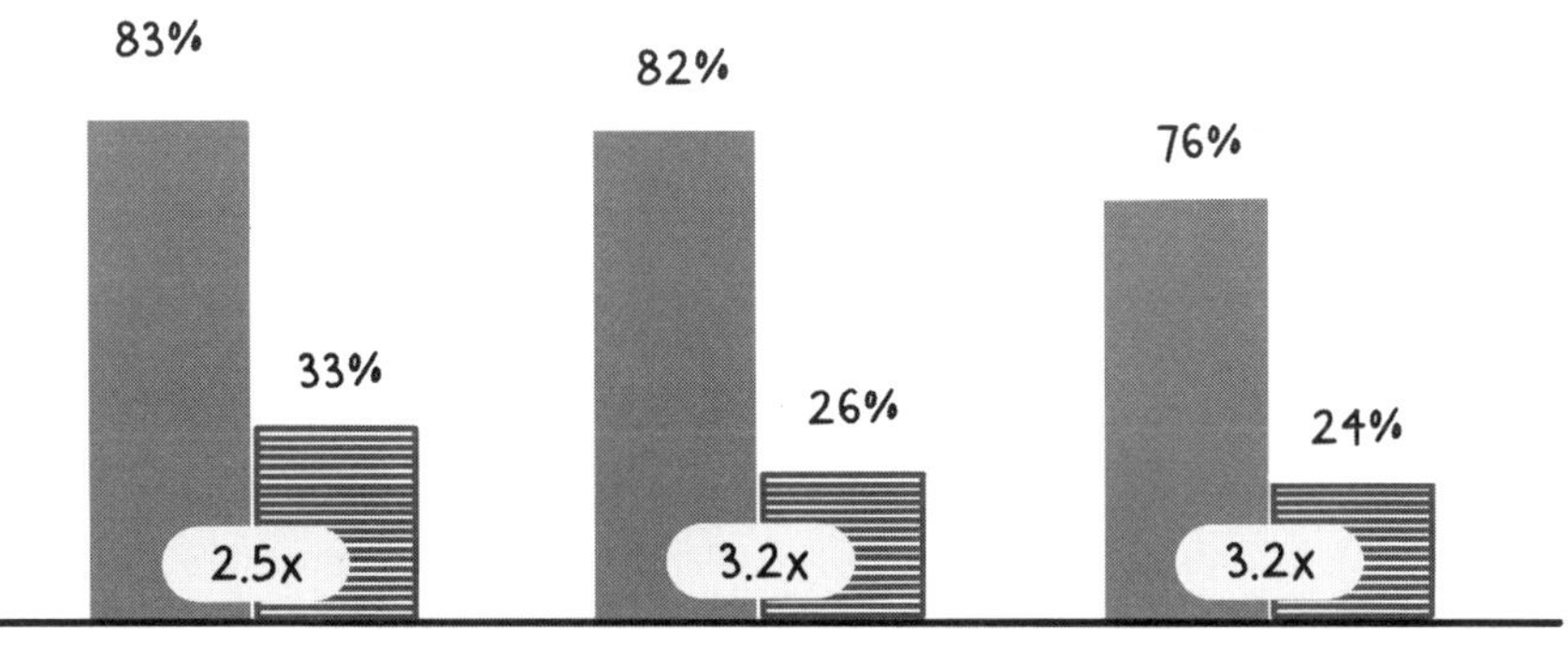

図表7.3　優れたテクノロジーがEXに及ぼす影響

を及ぼしている。**高いパフォーマンスのチームの場合、低いパフォーマンスのチームに比べ、優れたテクノロジーは、チームがよりスムーズに連携して働き、チーム内でも、他部門との間でも、より楽に協力し合える助けとなる。**また、自動化することによって、基本的な業務を減らし、従業員により影響力の高い仕事に集中する時間を与えられる（**図表7・4参照**）。

働き方がオフィス内に限らず、より柔軟なモデルへと移行しつづけ、顧客体験の期待度が上がりつづけるなか、テクノロジーの役割は増すばかりだろう。だからこそ、そうした現実を理解することで、企業はＥＸとＣＸとＩＴを結びつけることが重要だと主張できるようになる。しかし、企業のトップの多くは、いまだにそれがどれほど重要か気づいていないように思える。

従業員はスムーズなテクノロジーを与えられている

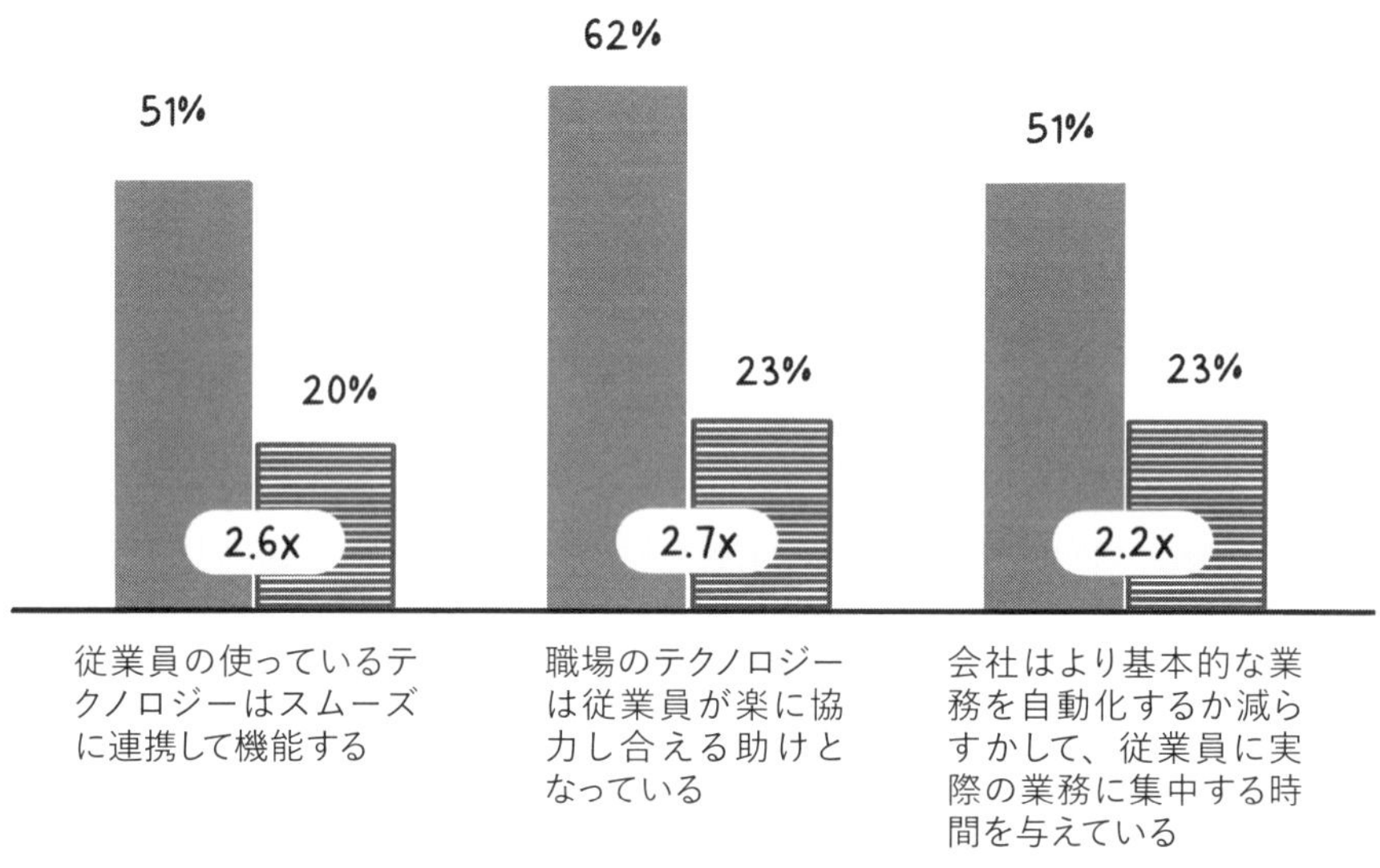

■高いパフォーマンスのチーム　▤低いパフォーマンスのチーム

図表7.4　テクノロジーの乗数

——深まる分断

図表7・2の通り、**経営に携わるエグゼクティブの52%が、テクノロジーが効果的に機能していると考えている。**ここで暗にほのめかされていることを見逃してはならない。この統計は次の事実を強調しているのだ。**会社が供給するテクノロジーが効果的に機能していないと考えるエグゼクティブはたった48%である。**

それは悪い状況というに留まらない。**もはや危機的状況である。**

企業のトップがそこまで現状を把握していない理由については、いくらでも説明できるかもしれないが、ITの最高責任者と深まる分断に関する次の事実について考えてもらいたい。

● ITの最高責任者の84%が従業員のテ

クノロジーを改善することは極めて重要と述べているが、現在使用しているテクノロジーが従業員のエンゲージメントを最大にしていると述べているのはたった21％で、生産性を最大にしていると述べているのは25％にすぎない。

● EXへの投資を増やしていると主張するITの最高責任者は50％にすぎない。

● 企業の半分以上（55％）がユーザー体験（UX）を完全なものにするのは難しいとしている。前年の48％からその割合は増えている。

● 企業の42％が絶えず変化するプロセス、ツール、システムに追いつけないことがエンドユーザー体験を完全なものにするのを難しくしていると述べている。

これらのことから、ITの責任者も、従業員のテクノロジー体験が最善ではないことに気がついていることがわかるが、それを改めようと努めている割合は小さい。

この問題は次の事実によってさらに深刻化している。**経営者の年齢が上がれば上がるほど、多くの従業員——とくに営業担当や顧客サービス担当のような前線の従業員——と同じテクノロジーを使っている割合は減る。**つまり、現状のテクノロジーについて従業員がどう考えているか見当もつかないだけでなく、その限界や可能性についても見当がつかないのだ。コールセンターで時間を過ごすか、顧客関係管理（CRM）や顧客サービスのシステムにログインするかしない限り、時代遅れで混乱したシステムが仕事の能率をいかに悪くし、会社の成長力にどんな影響を及ぼすか、完全に理解することはないいだろう。

つながりを持ち、補い合う従業員

2020年に新型コロナウイルスのパンデミックが起こったときには、多くの企業が、これまで何年もはっきりわかっていながら無視してきた問題に直面し、できるだけ急いで近代化を進めようともがいた。どう考えても、従業員のテクノロジーを真っ先に改善する必要があった。突如として、世界中で従業員たちが自宅のキッチンや居間から仕事をしなければならなくなったのに、自社のIT部門にリモートワークを支えるためのちゃんとしたツールや方針や手順があると答えたITの責任者や最高情報責任者はたった40%しかいなかった。場所に縛られない働き方や、ハイブリッドの働き方では、誰かのところへ出向いて話をしたり、助けを求めたりすることがずっと難しい。従業員は状況に適切に対応できるテクノロジーもないまま、顧客の要求に応じ、仕事で成果を上げつづけようと苦闘を強いられている。

皮肉なのは、今日、ちまたに出回っているテクノロジーの選択肢は想像を絶するほどに多いということだ。自宅で仕事をしようと、オフィスで仕事をしようと、仕事がクラウドベースであろうと、自社運用であろうと、そのハイブリッドであろうと。では、どうして企業は従業員に適切なテクノロジーを供給するのに苦労しているのだろうか？

新しいテクノロジーに投資していながら、従業員がそのテクノロジーに不満を抱えている企業は、テクノロジーそのものの問題ではなく、本質的な導入の問題を抱えているようだ。従業員は新たなテクノロジーについて訓練されないので、それを使わない。新たなプロセス、もしくはプロセスの欠如が生産性と効率の改善の妨げになっている。こうした現実にもかかわらず、新たなテクノロジー購入の勢いは弱まらない。世界的に見ても、2022年、ITへの支出は、2021年よりも4％多い総額4兆4000億ドルが計画されている。ソフトウェアへの支出だけでも、2022年には9・8％増えて6749億ドルが見込まれている。

> 2022年のCEOを対象としたEYの調査では、2000人のCEOの47％が、今後の経済で競争力を保つために、他のどんな戦略にも増してITを頼りにしていることがわかった。同様に、ほぼ半数のCEO（47％）が顧客のエンゲージメントと、企業の利益維持と改善には、テクノロジーが鍵になると考えていることがわかった。

ITが新たな顧客管理（CRM）や、メールや、財務や、経費計上のシステムを導入するにあたって、エグゼクティブがスライドを使ったプレゼンテーションでそれを紹介する際にはよく見えるかもしれないが、新たなシステムが導入されることに、従業員がどの程度の不安や抵抗を抱くものか、責任者たちが過小評価することはよくある。それが支障なく移行できるものでない場合はとくに。その上、経費削減の名目で、研修を減らしたり、新たなテクノロジーが既存のシステムに融合するのを待ったり、破綻したプロセスをそのままにしたりするならば、従業員体験が改善するとどうして期待できるだろう？

そうしたアプローチは先見の明がないだけでなく、実際にＥＸの低下を招きかねない。**これまでの欠点を修正し、従業員の職場での日々の生活を改善する1つの方法として、新たなテクノロジーの導入を熱心に推し進め、そしてそれがうまくいかないのだとしたら、あなたの会社の計画性とトップのリーダーシップについて、どういうことが言えるだろうか？**

> 会社の成長を妨げる要因として、〝劣ったリーダーシップとビジョンのなさ〟を、従業員は５番目に、最高責任者たちは８番目（８つのうちの最下位）に挙げている。

――システムの統合

有用で合理的なテクノロジーをスムーズに導入するためには、まず、平均的な企業がビジネスを行う上で９００以上もの独自のアプリケーションを用いていることを認識する必要がある。驚くべき数だが、真に驚くべきは、他のアプリケーションとうまく統合しているのが、そのうちの**29%**しかないということだ。その平均９００のアプリケーションのかなりの割合が企業運営のためにバックオフィスで使われていると仮定しても、それでも何百というアプリケーションが他と統合されることなく、孤立したシステムとデータのサイロを作っているのだ。

あなたの会社の従業員が顧客からサービスを求める通話を受けたときに、適宜サービスを行うにあたって、オンライン決済のシステムにログインし、顧客管理システムにログインし、それから、他の

6つものアプリケーションにログインしなければならないとしたら、それはどうしてだろう？　あなた自身がどこかの会社の顧客サービスの部門に連絡したときのことを思い出してほしい。正しい部署にたどりつくまで、何度か電話を転送されたこともあるはずだ。そして、相手が変わるたびに、嫌になるほど問題を繰り返し説明しなければならないか、まずもって、何の製品やサービスについて電話をかけているかを再度述べなければならない。何とも腹立たしい話だ！

どうしてそうなるのか？　**システムが継ぎ目なく統合されておらず、異なる部署の間でデータを共有するプロセスも確立されていないからだ。また、顧客体験や従業員体験のすべてがストレスに満ちているのに、経営幹部は時間や労力をかけてそれを修正しようとしないからだ。**少なくとも、データを見れば、それがわかる。そうでなければ、単にまったく気づいていないか、気にしていないということになる。

はっきり言えば、こうした状況は顧客サービス部門に限った話ではない。中堅クラスの企業の人と話をしたことがあるが、彼らの会社では、販売と配送と在庫のデータをまとめるのに必要な複数のシステムのせいで、四半期の帳簿を締めるのに、3週間かかったそうだ。そのプロセスに取り組むにはもっと効率的なやり方があるに違いないと思った彼らは、そのプロセスを1週間以内で終えられるよう、簡略化するプロジェクトを始めた。

経理部に提案やフィードバックを求め、異なるシステムを統合するのにIT部門の協力を得、プロセスに継ぎ目をなくすこともそのプロジェクトの一環だった。その結果は？　6カ月後、帳簿は3日で締めることができるようになった。その会社のCEOも投資家も満足だったが、もっと重要なことに、毎月帳簿を締め切る業務を担っている従業員も満足だった。彼らはそのプロジェクトに積極的にかかわっただけでなく、その結果として仕事が前よりも容易になったのだ。

エグゼクティブは顧客や従業員の生活を困難なものにしたいと思っているわけではない。ただ、なぜ不満があるのかを明確に理解できないときに困難が生じる。エクスペリエンス・マインドセットを生み出すには、チェンジマネジメントチームを設置しなければならない。たとえそのチームがたった1人から成るとしても、こうした状況が誰にとっても最悪の経験となり、会社が時間と資金を費やさなければならなくなる前に、それを把握する必要があるからだ。

自動化で、まるで魔法のように

プロセスの改善や従業員の業務の効率化について話し合う際には、自動化が話題にのぼることが多い。PPTC全体の枠組みにおいても、それは重要な要素である。企業の93％が自動化を、より良いCXを生み出すための手段とみなしている。高い自動化を実現している企業はふつう、EXや、新たな顧客の獲得や、商業実績や、問題解決の容易さにおいて、プラス10％の向上を享受している。

将来的には、顧客もその体験において効率を評価するだけでなく、その体験のためなら余分に支払ってもいいとまで思うようになるはずだ。その事実は投資収益率（ROI）についてのいかなる不安もつぶしてくれるだろう。顧客体験の改善も大事だが、**自動化は究極的には顧客と従業員の両方の体験を改善し、両方の労力を減らすものになるべきだ。**

〝より良いつながり〟を持つ従業員体験を生み出すための自動化の取り組み

30%	30%の組織がより良いつながりを持つ従業員体験を生み出すために、すでに自動化への取り組みを行った
44%	44%がより良いつながりを持つ従業員体験を生み出すために、現在自動化への取り組みを行っている
20%	20%がより良いつながりを持つ従業員体験を生み出すために、自動化への取り組みを計画している

図表7.5　自動化は味方である

調査によれば、自分の会社が基本的な業務を自動化してくれたおかげで、実際の業務に集中できていると答えたのは、従業員のたった33%だそうだ。一方の経営陣は52%がそう答えている。ここで約20%の差があることも問題だが、もっと大きな問題は、自動化することで容易にできるはずの業務に従業員が時間を無駄にしているのを経営陣が容認しているということだ。

自動化を用いれば、人間が行う際の予測できないムラを省き、プロセスを毎度一定したものにできる。それによって従業員も、独自の人間的特徴——想像力や、即興性や、斬新さや、人との関係や、共感など——をありふれた日常業務ではなく、〝特別な〟課題や1回限りの出来事、重要な瞬間の複雑な人間同士のやりとりへと向けられる。自動化を用いることで、そのような〝より良いつながり〟を持つ従業員体験を生み出せるのだ（**図表7・5参照**）。

つまり、**従業員と顧客が体験を犠牲にすることなく、労力を最小限にし、効率を最大限にできるところでは、自動化したほうがいい。**

テクノロジーはチームスポーツである

企業のテクノロジーのロードマップを作成し、発展させ、支えることは、昔からＣＩＯかＩＴの最高責任者の任務だった。しかし、各事業部が独自のテクノロジーを導入し、それぞれのサイロ化がいっそう進むにつれ、会社全体を通して継ぎ目のないテクノロジー体験を生み出すには、新たなアプローチが必要となっている。ＣＥＯは会社のさまざまな事業部の責任者全員を、より包括的な形でテクノロジー関係の企画会議に加わらせなければならない。今こそ、部門間に橋を築き、新たなマインドセットを展開するときだ。

どのテクノロジーが会社にとって最善かを決める責任をＩＴ部門のみに担わせてはならない。もちろん、かかわらせる必要はあるが、ＩＴ部門はふつう、ハードウェアやソフトウェアの維持や技術的なサポート以外は、前線の従業員が抱える問題について日々目を配っているわけではない。たとえば、コンピューターがダウンしたり、システムが不調だったりした場合、従業員の力になることはあるだろう。しかし、使っているシステムをどうしたらより効果的にできるか、どのアプリケーションを統合する必要があるか、勤務時間の大半をどのシステムに費やしているかなどについて、従業員と会話を交わすことは、たとえあったとしても、稀なはずだ。

部門間で協力して事にあたることの重要性に気づきはじめている企業もある。調査対象のＩＴ専門職員の57％が、今は人事部とより緊密に協力し合っているそうだ。ほぼ3分の2（64％）のＣＩＯが

ＣＨＲＯとより密に仕事をしていると答えている。この数字を念頭に、ご自分の会社について考えてみてもらいたい。ＣＩＯはテクノロジー評価のプロセスに定期的に人事部を加わらせているだろうか？　ＩＴ部門は営業、顧客サービス、マーケティングの責任者に、提案依頼書（ＲＦＰ）の議論に加わってもらっているだろうか？　ＩＴ部門の人間は従業員の満足度やテクノロジーの用い方について状況を探るために、他の部門の人間とミーティングを持っているだろうか？

これらの質問のいずれか、またはすべてにノーと答えるとしたら、導入されたテクノロジーやシステムに対し、あなたが思っているほど従業員は満足していないかもしれない。ＣＸとＥＸのテクノロジー・ニーズ評価（アセスメント）（ＴＮＡ）を組み合わせることで、誰にとっても共通してメリットのある結果がもたらされるだろう。時間をかけてステークホルダーについて調べ、ニーズの優先順位を決め、共通の特徴や機能性を特定し、それらの要件を明文化してみるといい。そうすることで、新たなシステムやツールが従業員や顧客の手に渡る前に、プロセスの統合やアプリケーションが統合される可能性は大きくなる。結局、テクノロジーに関する議論には、必ずＩＴ部門が同席すべきである。テクノロジーによって問題を解決し、サイロ化された１つの部門ではなく、すべてのステークホルダーの利益を確かなものにするのはＩＴ部門――とくにＣＩＯ――なのだから。

――平等に投資する

ＩＴ部門がＥＸとＣＸへの技術投資のバランスを意識しなければ、どんな選択をしようと、結局はその会社のエクスペリエンス・マインドセットの均衡を崩すことになってしまう。ここで言いたいのは、投資金額のバランスをとれということではない。体験と労力の改善のバランスをとれということだ。たとえば、顧客が支払いをしたり、サポートを求めたり、受けているサービスの内容を変更したりするための新たな窓口をＩＴ部門が開いたとする。その場合は同時に、従業員がそれらのリクエストに対応して処理できるようにする技術も提供しなければならない。顧客側の技術と同じぐらい使いやすく、ストレスのないものを。あなたの会社のＩＴ部門がそういうバランスをとっていると断言できるだろうか？

ＣＸばかりが優先されることのないよう、自動的に作動する〝フェールセーフ〟スイッチはない。そういうバランスや調和を常に保ってくれる自動システムはないのだ。顧客と従業員のために為される技術投資のバランスを保つ唯一の方法は、積極的に人を通じて状況を絶えずチェックし、エクスペリエンス・マインドセットに沿ってテクノロジーを活用するための戦略や方針を話し合うようにすることだ。

本章のまとめ

■エグゼクティブや管理職や従業員担当の責任者は、現状のテクノロジーを用いた従業員体験をじかに評価できるよう、コールセンターで時間を過ごしたり、営業担当に同行したり、ＣＲＭや顧客サービスのシステムにログインしたりする時間を持つこと。

■現在使っているすべてのテクノロジーを確認し、過剰で減らせる部分を判断する。基本的に同じ目的のために2つ以上のアプリケーションを使っている場合、これらは全部必要か、と自問すること。そうして、最良のものを残すこと。

■そこで終わってはならない。残すと決めたアプリケーションとシステムを統合すること。改善する部分が特定できたら、自動化やＡＰＩ（Application Program Interface：異なるソフトウェアやアプリ間で機能を共有するための仕組み）、データ統合など、それに適応できそうなテクノロジーによる解決法を考える。何を使うことに決めても、同時にプロセスもアップデートしなければならない。

議論の糸口となる質問集

ＩＴ部門の責任者として、チポトレのカルティベート・センターのようなイノベーション・ハブを持っていなくても、あなたの会社のテクノロジーの現状を分析することはできる。聞き取り調査に出向き、全部門の従業員に会って次の質問を行う。

▼自動化されれば楽になる仕事は何ですか？

▼顧客にサービスするにあたって、障害となっていることは何ですか？

▼どのプロセスが業務のスピードを遅らせますか？

▼仕事をするために、どんなシステムにアクセスしなければなりませんか？

▼統合すべきアプリケーションは何ですか？

▼どんなデータにアクセスしなければなりませんか？

第8章 企業文化：体験の時代

信頼といった根本的なものの上に築かれ、社会を良くするという目標を掲げた真の企業文化は非常に結構だが、それも、収益や成長率や利益を上げるという、昔ながらの企業の目標に勝っていればこそだ。

セールスフォース創立者、CEO　マーク・ベニオフ

古い言い回しにあるように、〝企業文化は戦略に勝る〟。ドラッカーの言葉と間違われることも多いこの言い回しからはっきりわかるのは、すばらしい長期戦略計画を立てても、そうした変革を支える企業文化がなければ、ＥＸとＣＸへのアプローチが変わることはないという事実だ。エクスペリエンス・マインドセットを志向する企業とその企業文化は、従業員に対して内部で行う取り組みが、重要な局面で顧客の体験に反映されるという本質的なつながりを理解している。ゆえに意思決定の際には、従業員、プロセス、テクノロジーがいっそう強く連携するよう、体験重視のアプローチを用いる。

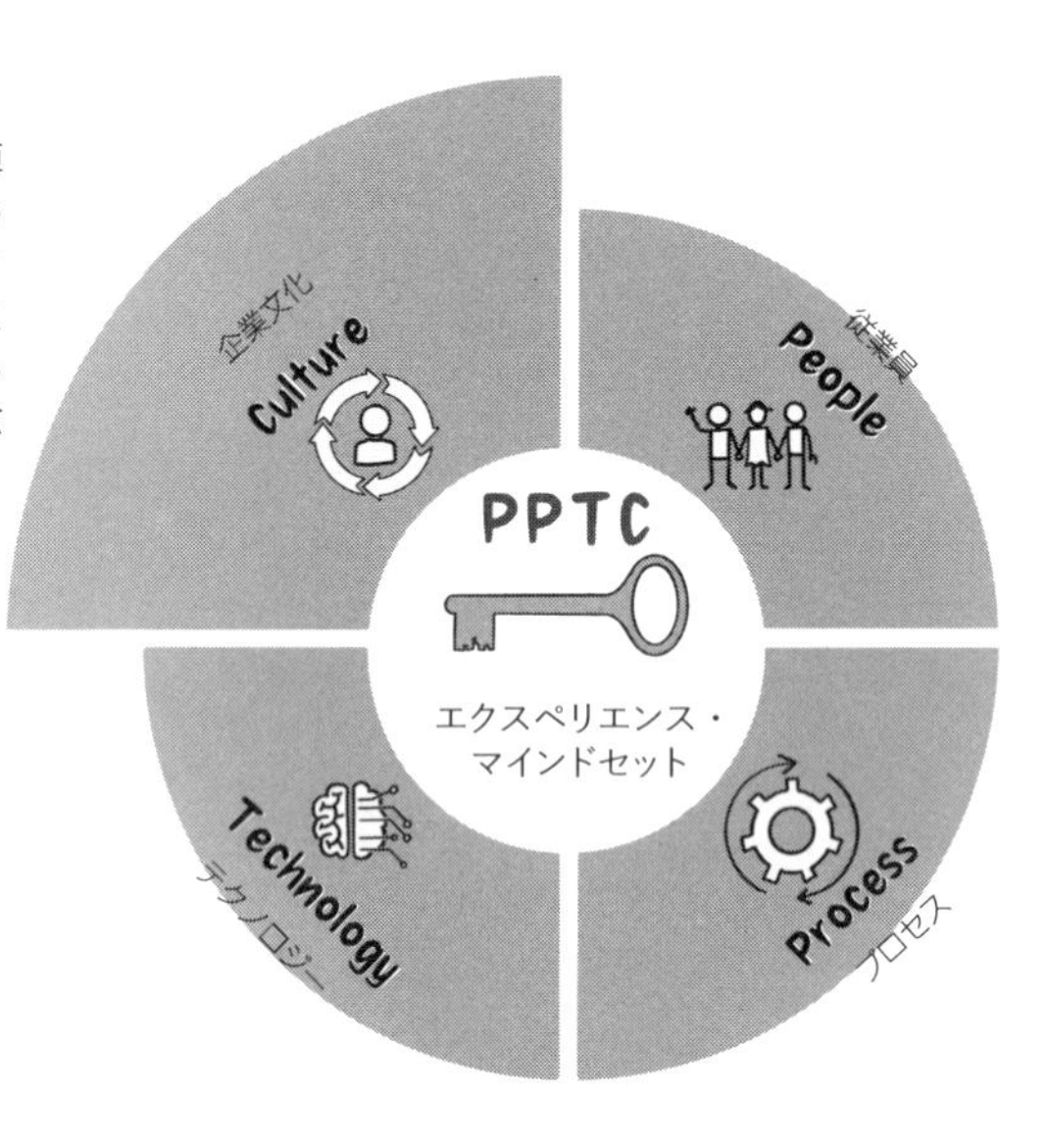

だからこそ、私はPPTに企業文化を加えて「PPTC」としたのだ。

●**企業文化（Culture）** は従業員と経営陣が、内外を問わず、他のステークホルダーとどのようにやりとりするかを決める信念や態度を示す。

企業が競合他社の製品やサービスを真似るというのは、よくあることだ。商品市場ではとくに。**しかし、他社の企業文化を真似ることは絶対に不可能だ。** それは競合他社が同一価値労働同一賃金や、ダイバーシティ&インクルージョンをどう扱っているかなどについて、最善の事例を真似るということではない。そうではなく、競合他社と同じ従業員、同じマインドセットを持つことはないので、絶対に無理という話だ。

企業文化はCEOなど、企業のトップから始まるが、社内の全員に受け入れられている必要がある——個々の従業員、中堅の管理職、経営幹部にいたるまで。すべての関係者が自分の会社の使命を信じ、仕事の仕方はもちろん、同僚や顧客やその他のステークホルダーをどう扱うかにもそのバリューを反映させるということだ。ここで重要なのは、指導力と経営スタイルである。とくに会社の戦略的方向を従業員に伝え、ともにそれを目指して進んでくれるよう、彼らを鼓舞するときには。

企業文化には重要な面があまりに多く、1章ではカバーしきれない。ここでは、EXとCXと成長にかかわる部分のみに的を絞ることにする。本章を読めば、優れたEXとCXを生み出すのに、企業文化が**何よりも重要な要素**であることをおわかりいただけるだろう。そして、健全な企業文化のもとでは、どのように成長が始まって終わるのかということについても。すばらしい企業文化がパフォーマンスの改善へとつながるポジティブな行動や特徴を強める一方で、**機能不全の文化は最も成功している組織の成長をも妨げるような特性を育ててしまう。**

企業文化に問題があるのかもしれない

企業文化を変えようとしても、とてつもない抵抗を招く可能性がある。しかし、エグゼクティブが「それはうちの会社のやり方じゃない」とか、「過去にやってみたけど、うまくいかなかった。どうして今またそれを?」とか、「うちの従業員は賛成しないだろう」というような発言をするなら、彼らは会社を失敗へと導いている。こうした先見の明のない発言は社内の空気をよどませ、変化への期待をぷっつりと途絶えさせてしまう。

企業のトップが新しいビジネスのやり方を受け入れるのをためらうことはある。個人でも、チームでも、従業員が組織の文化の変化を心から受け入れられないこともある。効果的に変革を実行するには、社内の全員が予測のつかないことを受け入れ、来たるべき変化にポジティブな見解を持ちつづける必要がある。われわれが行った調査では、EX重視のエグゼクティブの43%が、企業文化の変化に対する従業員の抵抗が、従業員体験と顧客体験の両方を改善するにあたって最大の障害になると述べている。それに対し、CX重視のエグゼクティブで同じことを述べたのは31%だった。

企業文化を変えるには、最終収益に直結するやり方で従業員の考えや行動を変える一連のプロセス——ソーシャル・オペレーティング・メカニズムが必要だ。

経営コンサルタント　ラム・チャラン

エクスペリエンス・マインドセットを育むためには、関係者全員が、企業がしようとしていることを信頼しなければならない。全員が共通の目標のもとに集結しなければならないのだ。そこからはぐれる人は必ずいるだろうが、組織の大多数が賛成しない場合、深刻な文化の問題を解決しなければならなくなる。今日成し遂げられるかもしれないことや、今後待ちかまえている可能性について、必ずやわくわくする思いがかき立てられるべきなのだ。迷走している企業文化を元に戻さなければならない場合は、企業全体の取り組みを通して、文化を変えるための積極的な努力が必要だ。

まずは企業文化から

1993年、企業のトップの座を三度後継者に引き渡したのち、RJRナビスコのCEOだったルイス・ガースナーは低迷するIBMの舵取りを引き受けることに同意した。IBMは30万人の従業員を抱え、6百億ドルの売り上げを誇る世界最大のコンピューター製造会社で〝ビッグブルー〟の愛称を持つ。そんなアメリカ最大手の企業の1社でありながら、その時〝ビッグブルー〟は前年50億ドルの損失を出して経営がぐらついていた。株価は1987年には43ドルだったものが、1990年代にはいって、13ドルに下がっていた。IBMは倒産の危機に瀕していたのだ。

ガースナーはコンピューターの知識のまったくないCEOで、この業界では素人だったため、IBMのトップとしてはあり得ない人選だった。とくにIBMの従業員の目から見ると（その多くが〝コンピューターに一生を捧げた人〟だった）。ガースナーには、影響を及ぼすには経営幹部だけでなく、

ＩＢＭの従業員と顧客とも、信頼関係を築く必要があるとわかっていた。そのため、ＣＥＯになってすぐのころに、その両方のステークホルダーと過ごす時間を持ち、何がＩＢＭを苦境に陥れたと彼らが感じているかをもっとよく理解しようとした。

ガースナーが知ることになったのは、従業員たちはみなＩＢＭへの思い入れが強く、何十年も業界を主導する製品を作ってきたものの、リスクを冒すことを嫌がるようになったという事実だった。みな顧客や提携先や外部の競合他社に向けるべき注意を、内部の競争やプロセスや縄張りにばかり向けていた。一方で顧客は、ＩＢＭは現状にしがみつくばかりで、もはやニーズを満たしてくれないため、別の解決策を考えざるを得ないと感じていた。

ガースナーも最初は企業文化の改革にまで取り組むつもりはなかったものの、コンピューターに生涯を捧げている従業員と話してからは、文化をがらりと変える戦略が必要だと気がついた。「ある組織に行けば、早ければほんの数時間ですぐにわかるものだ。そこの企業文化が何を促し、何をやめさせようとするものか。また、その文化がどんなことを評価し、どんなことを罰するものかが。個人の業績やチームプレイを評価するのか？　それはリスクを冒すことを重視するのか、合意を重視するのか？」ガースナーの考えでは、「文化は経営の一面にすぎないのではなく――経営そのものである」。ガースナーが問題の多い企業文化の改革から始めていなければ、ＩＢＭの運命はまるで違ったものになっていたかもしれない。

１９１１年の創立当初から、ＩＢＭは製品主導の企業だった。そのアプローチは大きな成功をもたらした。１９９０年代になっても、多くの領域で製品開発においては優位に立っていたが、深く根付いた官僚主義と変化への抵抗のせいでイノベーションが妨げられ、会社の将来が危機にさらされるようになっていた。「価値観や行動様式をめぐるこうした不文律は死後硬直と言っていいもので、成功した企業に特有の問題であり、深刻な影響をもたらすことも多い」とガースナーは自著に書いている。

改革に成功しようと思ったら、80年前に創立者によって確立された基本理念のもとに全従業員を集結させる必要があった。その理念とは、個人の尊重、すばらしい顧客サービス、優秀さの追求、管理職の指導力の向上といったものだった。ガースナーによると、以前の経営幹部たちはチームワークが重要とリップサービスをしながらも、「誰もが個々の部門のパフォーマンスを基準に報酬を得ていた」そうだ。従業員の報酬を、個々の部門ではなく、全社的なパフォーマンスに結びつけることで、ガースナーは全社員のインセンティブを同等にした。しかし、それではまだ足りなかった。「誰もが期待に応えようとするのではなく、監査に備えようとする」とガースナーは書いている。そうとわかって、彼は会社のパフォーマンスの評価基準を変え、サイロ化されたそれぞれの部門が壁を崩し、他の部門と協力せざるを得ないようにした。ガースナーがＣＥＯに着任したときには、従業員のパフォーマンスは製品の品質とそれぞれのカテゴリーにおけるマーケットシェアによって評価されていた。部門間の協力と顧客の満足度に力点を置くようになれば、従業員も他部門と協力しようと思うはずだった。

また、ＩＢＭは他の何にも増して顧客に尽くす会社と公言していたが、「財務部の承認なしには、現場で値段を決めることもできなかった」。まさに言うはやすしである。ガースナーは企業文化には必ず実際のインセンティブが反映されると理解していた。「競合他社に実績で勝とうと思ったら――」とガースナーは書いた。「戦略と価値をはっきりさせ、企業活動のありとあらゆる面でその価値を強

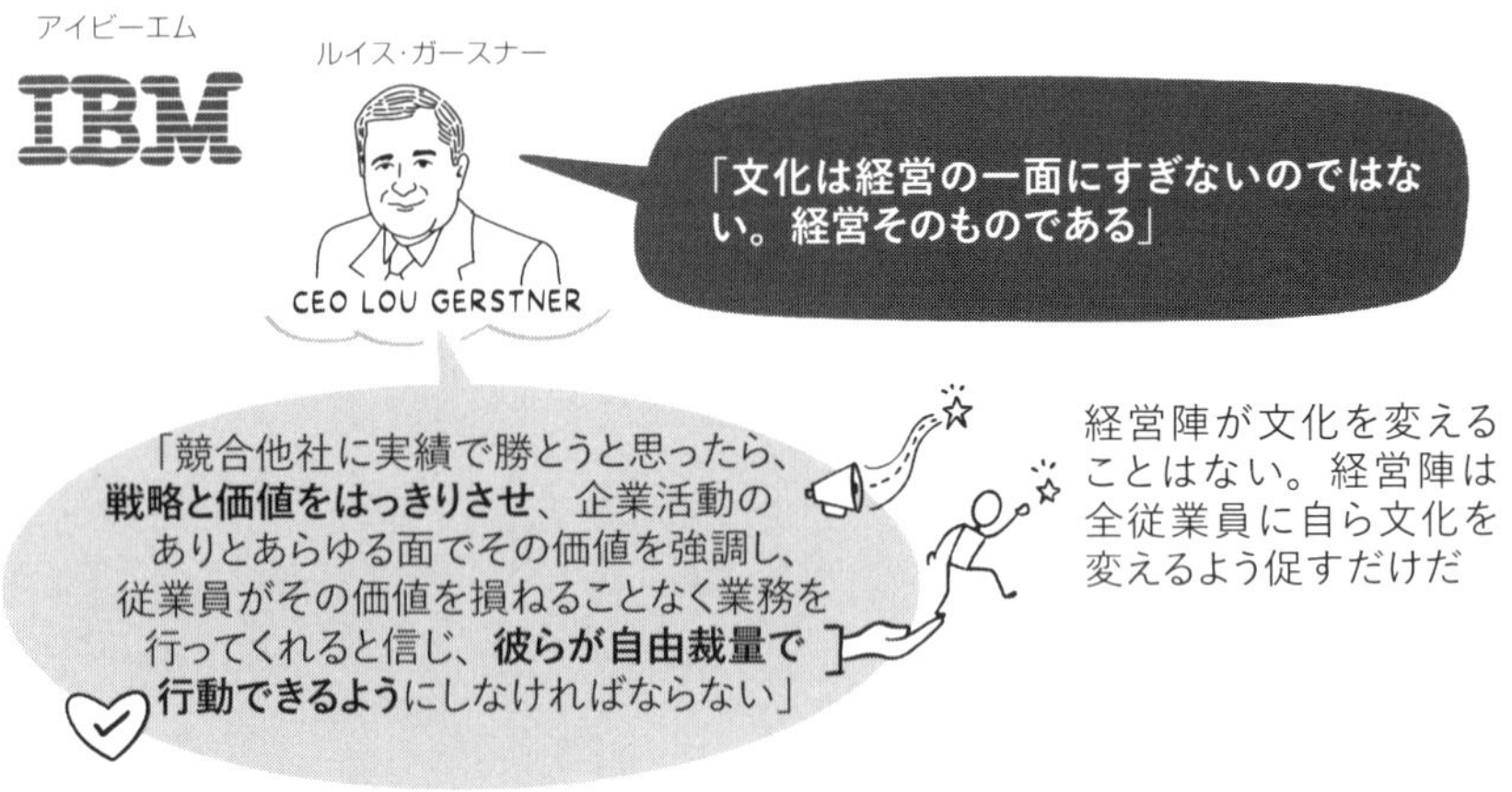

アイビーエム
IBM

ルイス・ガースナー
CEO LOU GERSTNER

「文化は経営の一面にすぎないのではない。経営そのものである」

「競合他社に実績で勝とうと思ったら、**戦略と価値をはっきりさせ**、企業活動のありとあらゆる面でその価値を強調し、従業員がその価値を損ねることなく業務を行ってくれると信じ、**彼らが自由裁量で行動できるよう**にしなければならない」

経営陣が文化を変えることはない。経営陣は全従業員に自ら文化を変えるよう促すだけだ

調し、従業員がその価値を損ねることなく業務を行ってくれると信じ、彼らが自由裁量で行動できるようにしなければならない」

ＩＢＭの従業員たちは、本当の競争は社内ではなく、外部にあるという事実を見失っていた。それは明々白々な事実に思えるかもしれないが、同様のやり方で社内に競争を生み出してあおっている企業は多い。新たな企業経営のマインドセットを築くには、全社的な目標に向け、従業員と経営陣が一致団結する必要があった。

上司に仕事を命じられてうなずくことはあるだろうが、命じられたことをどう果たすかを真剣に考えるのはそれとはまったく違う。ガースナーの下で、従業員はみな、会社の目標を達成するために、それぞれ3つの責務を果たすことを求められた。それから、それらの行動について真に責任を持たされ、責務に対するパフォーマンスが直接評価と報酬に結びつけられた。この新たなアプローチによって、従業員一人ひとりが、自分が何を期待されているか理解するだけでなく、会社へのエンゲージメントをより強めることになった。従業

員たちは、自分たちのパフォーマンスがどう評価されるかに発言の権利を認められた気がし、期待に応えようと本気になった。

今ではより一般的だが、1900年代初頭には、企業がダイバーシティと平等を公言するのは珍しいことだった。しかし、IBMの創立者で会長だったトーマス・ワトソン・シニアは違った。IBMは1914年の障害者雇用に始まって、1935年の専門分野での女性雇用や同一価値労働同一賃金にいたるまで、他に類を見ないような革新的な職場環境のプログラムと企業方針を定めた。

1953年にIBMがノース・カロライナ州とケンタッキー州に製造工場を建てようとしたときには、2つの州はまだ人種分離政策をとっていた。当時IBMの社長だったトーマス・ワトソン・ジュニアは各部門の責任者たちに手紙を送り、こう述べた。「当該の仕事を果たすための個性や才能や経歴を持つ人材は、人種や肌の色や宗派にかかわらず、雇うというのがわが社の方針です」

その創立当時の価値観と再びつながることが重要と理解していたガースナーは、役員たちをよく観察した。そして、役員たちは人材市場の多様性やIBMの顧客や従業員の多様性を反映していないと判断した。その不均衡を是正するために、ガースナーは、それぞれ異なる集団を代表し、その集団に特有の問題の解決にあたる、中堅と経営幹部レベルのエグゼクティブたちから成る8つの多様性特別班を組織した。多様性を市場に基づく問題としたのだ。それはつまり、多様で多文化な市場を理解するということだからである。

IBMがこれら内部の問題の解決に向かいはじめてからも、ガースナーはこれまでサイロ化した部署が対処してきたせいで表面化し出した顧客の問題に取り組みたいと思った。IBMの創立時にトーマス・ワトソン・シニアが掲げた原則の1つに、〝すばらしい顧客サービス〟というものがあった。その点を公に強調するために、IBMはアメリカの新聞各紙に一面広告を載せたほどだ。トーマス・ワトソン・ジュニアによると、そこには〝IBMとはサービスである〟と書かれていた。ワトソン・ジュニアはさらに続けた。「願わくは最先端の装置でありたい、先駆的努力でありたい、ノーベル賞をもらいたい。でも、サービスはほとんどの企業が忘れているものです」

時とともにIBMは巨大企業となり、こうした原則に従うのが難しくなったのだった。それが果たされることはめったになくなった。IBMはもはや顧客が将来何を求めるかを予測しなくなった。顧客の現状にばかり注意を向けていたからだ。ガースナーは、社内で企業文化が変われば、IBMも外の世界の状況により敏感になり、顧客のニーズにより近づけるのではないかと期待した。

「経営陣が文化を変えることはない」とガースナーは書いた。「経営陣は全従業員に自ら文化を変えるよう促すだけだ」従業員の足並みを揃えるには、ビジネスのやり方をどう変えるか、トップから示す必要がある。ガースナーがIBMの会長兼CEOの任を終えるころ（2002年）には、IBMは6万5000人を新たに雇用し、ガースナーが就任する前の2年間に被った130億ドル以上の損失を穴埋めするほどの大きな利益を上げるようになっていた。

健全な企業文化を支えるEXの5つの要素

1993年、IBMは存続の危機に瀕していた。収益は下がり、株価は低迷し、社内の問題がイノベーションと社内協力を阻み、従業員は真に重要なことに注意を向けておらず、顧客は離れていっていた。何かを変える必要があった。ガースナーはその〝何か〟が企業文化だと判断した。そしてその判断は正しかったのだ。

２０２２年に話を戻すと、企業文化は昨今の新たなビジネス・トピックとなっている。アクセンチュアの分析によると、企業文化とパンデミックが文化に及ぼした影響が、２０２０年1月から２０２２年4月までの間、企業による収支報告の53％でトピックとして取り上げられている。文化については、人材を惹きつけ、その雇用を維持し、高度な技術を再教育（リスキリング）することについてが議論の中心になることが多い。とくに、〝世界中で5人に1人の従業員が翌年には現在の職場を去るつもりでいる〟事実を踏まえて。世界がパンデミックから回復し、顧客と従業員の期待が急速に変わってきている今、エグゼクティブは最適な人材を見つけたり、トップの人材を失ったりといったことに伴うリスクに、すばやく対応しなければならなくなった。

ボストン・コンサルティング・グループ（ＢＣＧ）が40のデジタルトランスフォーメーションについて行った調査によると、「企業文化に注目してきた会社は、それを無視してきた会社に比べ、5倍画期的なパフォーマンスを見せる」そうだ。一方、アクセンチュアの調査によると、「ＣＥＯの２人に1人は、ビジネストランスフォーメーションを促進するための能力開発に投資している」そうだ。ここで疑問が湧き起こる。企業が自分たちの文化の健全さを測るには、どこから始めるべきなのか？

調査の一環として、私たちは**従業員体験のどの部分が顧客体験、ひいては企業文化に影響を及ぼすか**理解するために、回帰分析を行った。分析の結果、ＣＸを大きく向上させるものとして、ＥＸの5

5つの重要な要素

信頼：企業文化は、包括的で、多様性を推奨し、従業員が声を聞いてもらえ、権限を与えられていると感じられる場を提供する。

経営幹部の責任：最も重要な企業のビジョンを決める会議には、人事の責任者も参加する。経営幹部は従業員のフィードバックに基づいて行動し、EXが最優先事項の1つとなるよう尽力する。

連携：従業員の価値観と企業のビジョンが連携する。

評価：内部の資源は従業員の成長を促進するために分配する。従業員は価値を認められたと感じ、会社の成功に不可欠な存在となる。

スムーズなテクノロジー：企業が提供するテクノロジーは、ハードウェアもソフトウェアもスムーズに機能し、生産性を上げ、基本業務を完了するのに必要な労力を減らす。

図表8.1

つの重要な要素を統計的にはっきりと特定できた。それは、「信頼」、「経営幹部が責任を持つこと」、「連携」、「評価」、「スムーズなテクノロジー」である（**図表8・1参照**）。これらの要素だけでは健全な企業文化は創出できないが、その育成に直接寄与するものではある。

スムーズなテクノロジーについては、第7章で深く掘り下げたので、本章では、文化に影響を及ぼす5つの要素の最初の4つに的を絞ろう。これらの要素それぞれについては、本書の随所で触れているが、深く掘り下げてみれば、5つすべてが撚り合わさっているのがわかるだろう――それぞれがそれぞれの上に築き上げられ、優れたEXを生み出している。全部合わせれば、従業員が会社に思い入れのある**健全な企業文化を支えるのに重要な役割を果たし、優れた従業員体験をさらに盤石のものにする。**それによってCXも強化されることになる。

――信頼

企業文化は、包括的で、多様性を推奨し、従業員が意見を聞いてもらえて、権限を与えられていると感じられる場を提供する。

セールスフォース社のために働くことは、強い企業文化の力についての特別クラスを受けているようなものだ。セールスフォースは世界中で一貫して〝働きがいのある会社〟と言われつづけている。それはセールスフォースが自らのバリューや、態度や、自らがもたらす経験を強く意識することによって、信頼の文化を築き上げてきたからだ。企業文化へのフォーカスは、創立者でCEOのマーク・ベニオフとともにトップダウンで始まっている。ベニオフは信頼こそ、顧客の成功、イノベーション、機会均等、サステナビリティと並んで、われわれの一番のバリューであるとした。

信頼は企業文化にとって重要な要素だ。なぜなら、信頼があれば、コミュニケーションや、チームワークや、コミットメントや、生産性を改善できるからだ。2つのタイプの信頼が鍵となる。従業員が組織に寄せる信頼と、組織が従業員に寄せる信頼である。2021年のエデルマンの特別調査〝ビリーフ・ドリブンな従業員〟によると、同僚を信頼している従業員は78％ほどで、直属の上司（77％）、最高責任者（71％）、人事部長（70％）と続く。その調査で網羅された市場や部門のすべてにおいて、信頼され、権限を与えられていると感じている従業員は、自分が社内でもトップのCXのサポーターだと言う人が1・5倍多い。

信頼され、権限を委譲されている従業員は、個人やチームとして成し遂げられることへの自信を深め、経営陣が自分たちの能力に信頼を置いていることを身をもって示す。そうして権限を与えられていることで、従業員の経営陣や同僚への信頼も深まり、モチベーションも上がり、創造性や協調性も養われる。それが雇用の維持を改善し、リスクへの抵抗を減らし、ひいては純利益の増加へとつながる。

> 心理的エンパワーメントがプラスに作用すると、働きがいや、会社への強い思い入れ、業務やそれにかかわるパフォーマンスなど、従業員の幅広い成果となって現れる。マイナスに作用すると、ストレスや離職の引き金になる。

信頼は包括的(インクルーシブ)な職場文化にとっても重要な要素である。従業員が成長すると企業も成長する。インクルーシブであることは、多様な人材を企業に取り入れる以上に重要だ。インクルーシブな企業では、その一員となれば、誰もが声を持ち、その声に耳を傾けてもらっていると感じることができる。マッキンゼーの調査によると、インクルーシブな企業文化は企業の競走優位を向上させるそうだ。それは企業が最高の人材の雇用を維持する可能性を増やし、従業員同士が支え合うように促し、パフォーマンスのレベルを跳ね上げる助けにもなる(**図表8・2参照**)。

就職希望者は、インクルーシブで、多様性を推奨し、従業員が意見を聞いてもらい、権限を与えら

包括的な企業文化の競争優位

優れた組織は、インクルーシブであることによって「大量離職」を「応募殺到」に変えている

47%	90%	7x
企業がインクルーシブであれば、離職しない従業員の割合が47%増える	インクルーシブな企業で働いていれば、無理してでも同僚の助けになる従業員の割合は90%増える	企業がインクルーシブであれば、高いパフォーマンスを上げるだろうという従業員は7倍増える

図表8.2

れていると感じられる場を提供する企業文化を探す。企業文化のこうした特徴は従業員のエンゲージメントと満足度に他にはあり得ないほどの影響を及ぼす。従業員は自分が重要な仕事をしていると思いたいものであり、信頼に基づいて従業員を支えるような企業文化は、そう感じさせる最善の方法である。

――経営幹部が責任を持つこと

最も重要な企業のビジョンを決める会議には、人事の責任者も参加する。経営幹部は従業員のフィードバックに基づいて行動し、EXが最優先事項の1つとなるよう尽力する。

EXに対する経営幹部の責任感や主体性のなさが、経営幹部と従業員の分断を深めている。企業のトップが責任を持つには、会社と従業員に深い思い入れを持つ必要がある。他者を導くということは軽く考えていいことではない。よく言うように、人が会社を辞めるのは、仕事が悪いからではなく、上司が悪いからだ。また、仕事も会社も悪くないのに、リーダーシップの欠如のせいで離職することもある。企業がどうマネージされ、導かれているかには、その企業文化がじかに反

EXの優先順位についての見解
従業員対経営陣

従業員
経営陣

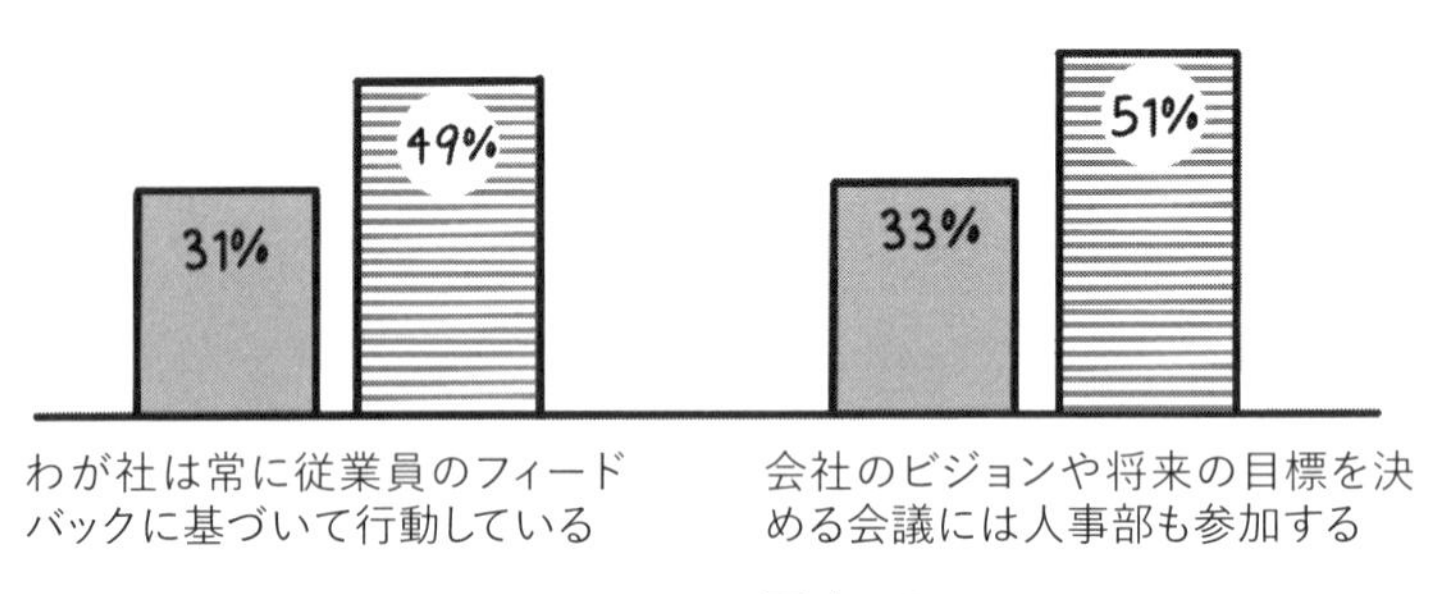

図表8.3

映されている。

あなたが経営者ならば、責任を持つことは業務の一環である。責任を持つとは、進んで質問をし、提案に耳を傾け、フィードバックに基づいて行動を起こすということだ。従業員体験に関してはとくにこれらが重要になる。経営に携わるエグゼクティブのほぼ半数（49％）が自分たちの会社は従業員のフィードバックによく対応していると考えているが、対照的に、従業員のほうでそう考えているのはたった31％である（**図表8・3参照**）。

企業文化は、容認されている最悪の行動によって決まる。

組織心理学者　**アダム・グラント**

第3章で詳しく説明したように、経営者たちはEXを誰が主体的に担うかという問題については無策である。誰も担わないとすれば、従業員のフィードバックに誰が対応するのだろう？　従業員から得られる教えを誰が共有するのか？　EXに必要な変革を誰が提唱するのか？　直接責任を持つ人間が必要で、そうでなければ、何事も為されないだろう。そういう責任者を設けるには総合的な取り組みが必要だ。企業の中には、次のうち、1つ以上を創設しているところもある。

●**体験諮問委員会（エクスペリエンス・アドバイザリー・ボード）（EAB）**：第5章でもわずかに触れたが、EABは社内の異なる部門から人を集めた委員会である。できれば、顧客とじかに接する従業員対経営幹部やバックオフィスの人々といった図式で集めるのが望ましい。委員会のメンバーには、EABに提出されたアイデア、提案、問題点などをスムーズに受け取って、委員会以外の場所での協力関係の強化に役立ててもらえるよう、既存のものとは異なるコミュニケーション方法（スラックなどの情報共有ツール）が与えられる。EAB設立の目的は、長年サイロ化していた各部門の壁や指揮命令系統システムを崩し、アイデアを自由に出し合ってまとめ、直接経営幹部に提案することである。

●**センター・オブ・エクセレンス（CoE）**：CoEは経営陣、事業部門（LOB）、ITの代表者からなるチームである。CoEは特定の分野について知識不足や技術の差がある場合、最善策を提案する。たとえば、新たなCRMシステムの受け入れと統合を管理するために新たなCoEが設置されたとすると、CoEは定期的に会議を開いてニーズの評価を行い、システムを使用する従業員に話を聞き、グループ同士がコミュニケーションをとれるようにする。CoEの重要な目的は非効率なものを排除し、企業のエクセレンスを達成する助けとなることである。

●**従業員リソース・グループ（ERG）**：ERGは共通する性格や人生経験に基づいて職場で従業員が集まってできたグループである。一般的には、同僚同士がサポートし合う手助けをし、キャリア開発を推進し、職場環境での個人的な成長に寄与する。ERGのメンバーはふつう自分たちの部門でビジネスがどう行われているかに敏感で、CEOに現場の見解を伝えることができる。

●**従業員の声（ボイス・オブ・ザ・エンプロイー）（VoE）**：VoEは与えられたシステムやテクノロジーやプロセスについての従業員のニーズや、要望や、期待や、業務経験を、会社が直接収集できるよう構築されたプロセスである。従業員の声は、じかに観察することや、調査、インタビュー、フォーカスグループ、データから、また、前述のEAB、CoE、ERGのような社内のグループによっても集められる。

従業員の要望やニーズを明らかにすることは、気の遠くなるような作業に思えるかもしれないが、必ずしもそうではない。従業員をサポートする企業文化を育成するには必要不可欠なことだ。前述のグループやプロセスは、経営陣と従業員の間により強い信頼関係を築くための明確で確実な方法となってくれる。少なくともどれか1つが存在するか、類似のグループや取り組みが存在するかしない限り、経営陣は従業員とのつながりを失うリスクを冒すことになる。従業員と経営陣のつながりが失われると、信頼関係も損なわれる。

――連携
従業員の価値観と企業のビジョンが連携する。

会社に思い入れのある従業員は会社のバリュー（価値観）やビジョンと連携する。そんな従業員は自分の仕事に熱意を持っており、日々の仕事に目的や意味を見出す。企業の将来のことも考え、CXのような、企業にとって非常に重要な指標においてより良い結果を見せることが多い。

従業員は会社のバリューと連携したいと思っている。しかし、それを実現するには、企業のほうが経営の核としている信念をはっきりさせる必要がある。なお重要なのは、経営陣が目に見える形でそうしたバリューに沿った態度を示さなければならないということだ。さもなければ、バリューについてどれほどすばらしいことを言っても、御託を並べることにしかならない。

従業員の70％が会社の戦略を達成する上で連携（アラインメント）が最も大きな課題だと述べている。経営陣が中間目標地点のマイルストーンと明確な目標を定め、誰もが連携できるような成功の指針を定めなければ、従業員には何をなぜ優先させればいいかがわからない。目標は従業員を会社の使命やビジョンに結びつけ、有意義な目標へと進むことが従業員にとって何よりのモチベーションとなる。

ここでこそ、経営幹部はより良いコミュニケーションの手腕を見せなければならない。経営幹部が直属の人間だけでなく、組織のすべての従業員と長期的な目標に向けて連携している企業は、より高いＥＸを実現し、より良い業績を上げている。

――評価

内部の資源は従業員の成長を促進するために分配する。従業員は価値を認められたと感じ、会社の成功に不可欠な存在となる。

従業員は永遠に同じ役割、肩書き、給与水準で居続けるために入社するわけではない。みな業績を上げ、それを認められ、報いられる環境を求めている。成果を上げるために自分が何を期待されているかを理解し、そのためのツールを与えられていると感じる場所を見つけた従業員にとって、それは〝単なる仕事場〟ではない。キャリアを形成し、新たな技術を学び、生涯の友を得る場所となる。

従業員の業績を認めることは、やる気を起こさせるための低コストでインパクトの強い方法であり、それによってエンゲージメントも大いに強まる。業績を認められた従業員は会社に留まって業務に励もうと心底やる気になる。マネジメント・コンサルティング会社のコーン・フェリーによると、そうした評価が従業員に〝最も意味のある報いの1つ〟とみなされているため、生産性を伸ばしながら、従業員の離職を減らすことができるそうだ。そしてそれがポジティブな職場環境を創出するのである。人材を維持し、従業員に自分が価値ある存在だと思わせることは非常に重要なのだ。

あなたが評価することこそ価値あることだ。

『人類最大の秘密の扉を開くソウル・オブ・マネー』の著者　リン・トゥイスト

企業文化は生きて呼吸する有機体で、日々手入れをし、栄養を与えなければならない——当たり前のものと考えてはいけないのだ。企業の成長を促す文化を育てるには、これらの5つの要素に絶えず目を配らなければならない。どれか1つでもなおざりにされれば、従業員体験が損なわれてしまう。すべてが長期間無視されれば、システムそのものが崩れてしまう。

企業文化が誤った方向へ進むと：フォルクスワーゲンの場合

2007年にフォルクスワーゲン社のCEOとなったマルティン・ヴィンターコルンは〝年間1000万台以上の自動車を販売して、フォルクスワーゲンを世界最大の自動車製造会社に変える〟ことを計画した。掲げた目標はヴィンターコルンがCEOになったときのフォルクスワーゲンの売上高の3倍に相当する。野心的な高い成長率を目標にするのは悪いことではないが、そういった目標を達成するには、倫理に反する行動をとるしかないと従業員が感じるような企業文化であったとしたら、それは明らかに問題だ。そして、そう、たしかに問題はあった。

2015年、当時世界第3位の巨大企業だったフォルクスワーゲンは、「世界中で販売しているディーゼル車の約1100万台について、検査時に不正なソフトウェアを用いて政府の排ガス規制を逃れようとした」と認めた。そう認めたことで、伝説的な自動車製造会社のフォルクスワーゲンは、同社にとって史上最大のスキャンダルを引き起こし、最終的に自動車の再整備、罰金、法的費用に370億ドル以上も支払うことになった。その影響はすさまじく、同社への捜査はドイツの経済史において初めてと言っていいほど深部にメスを入れるものになった。

世界中の燃料調整器が捜査対象となった。フォルクスワーゲンは2015年モデルの販売を取りやめた。CEOは罪に問われ、辞職した。他にも5人の役員が詐欺の共謀罪に問われた。何百人という従業員が巻き込まれて罪を問われ、フォルクスワーゲンの株価は大幅に下落した。

ここでスキャンダルの一部始終を網羅するのは無理な話だが、フォルクスワーゲンのエンジニアたちが解雇などの報復措置を恐れ、経営陣におおっぴらに反抗したり、失敗を認めたりできなかったことが捜査によって明らかになった。エンジニアたちは、正しい手順に従わず、システムをごまかすことでしか、会社の強引な成長目標を達成できないと考え、愚かな意思決定をしたのだった。

フォルクスワーゲンの過酷な経営スタイルのせいで、自社の自動車が排ガス基準に満たないとなったときに、責任者たちはそのことを正直に告白する代わりに、排ガス不正について嘘をつくことになった。2015年に不正が発覚すると、新たに会長となったハンス・ディーター・ペッチュと新たなCEOのマティアス・ミュラーが記者会見を開き、その席でペッチュがこう説明した。「今回のことは1つの過ちということではありません。過ちが連なって断ち切られずにきてしまったのです」さらに彼は言った。「わが社のプロセスに弱点があったということです」

不正の根底には、「個々の従業員の不品行や弱さ、そういった不正を見抜くのに不適切な社内プロセス、一部の部門における、ルールを破ることを許容するマインドセットがあった」とペッチュは言った。ミュラーの答えはそれとは違った。「この危機は、フォルクスワーゲンにとって、長らく必要としてきた構造改革をする良い機会でした。今年の初めから、フォルクスワーゲン・グループの役員会

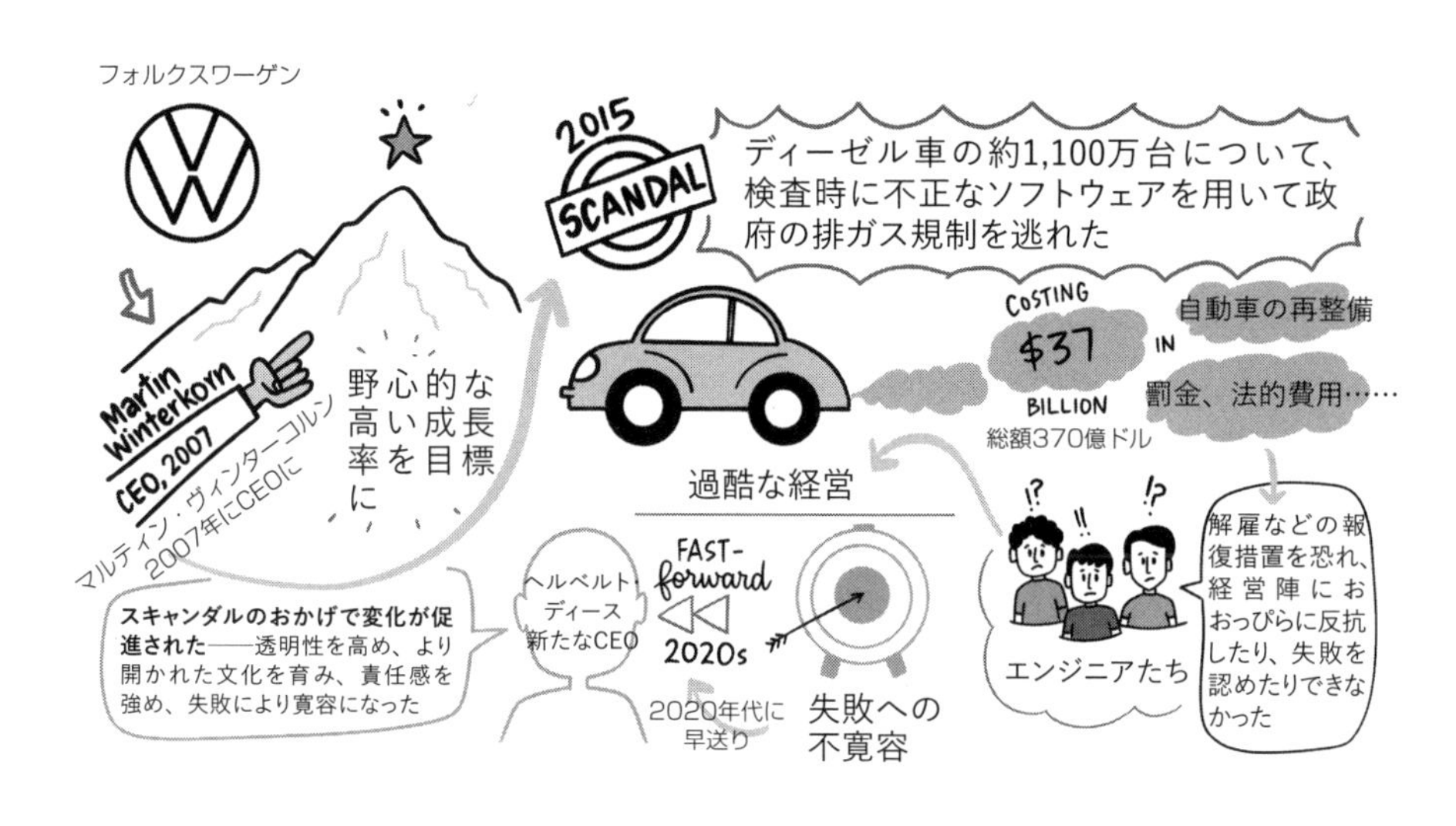

は6名の新たな役員を迎え、フォルクスワーゲンの12のブランドのうち、7つにおいて最高責任者が交代しました」と彼は言った。こうした文化復興なしには、この企業に未来はなかった。

2020年代に時間を早送りしよう。この65万人の従業員を抱える大規模な企業の文化改革がどういう結果に終わったかを語るには時期尚早だが、進歩はあった。2020年9月にバーチャルで開催された株主総会で、フォルクスワーゲンのCEOヘルベルト・ディースはスキャンダルのおかげで変化が促進されたと述べた。「われわれの目標は、透明性を高め、より自由な議論を行える文化を育み、責任感を強め、失敗により寛容になることです」

新たな経営陣による経営がスタートし、アメリカの規制当局の要請で規制監視委員会が長年にわたり、経済連携協定(EPA)及び大気浄化法の規制を遵守するよう、フォルクスワーゲンの監視を行ってきた。委員会は組織と文化の改善に向けて数多くの提言を行った。また、働く場の文化を改善するために、リスクに基づくコンプライアンス・プログラムやトレーニング・プログラムを創出した。

フォルクスワーゲンはマーケティング部や営業部など、さまざまな部門にコンプライアンス専門の責任者を配置した。コンプライアンスや、人事や、法的な問題についての助言を必要とする従業員のためのシステムも立ち上げた。それから、それらの部門から寄せられた質問集を、従業員のための今後の研修プログラム作成に役立てた。

ウォール・ストリート・ジャーナル紙によると、フォルクスワーゲンは〝グループ・コンプライアンス委員会と人的資源運営委員会を立ち上げた。また、社内の誠実性とコンプライアンス・プログラムを監視するグローバルな枠組みを作り、グループ各社に行動規範を導入した。また、倫理とコンプライアンスについての従業員調査の結果を発表した〟。

法的な問題に加え、スキャンダルの影響で、フォルクスワーゲンというブランドは大きな打撃を受けた。排ガスのスキャンダルが表沙汰になったときには、〝クリーンなエンジン〟に関する広告をすべて取り下げた。ほんの7日のうちに、フォルクスワーゲンというブランドは、32の自動車製造会社のリストの中で、第3位から第31位へと転落した。CEOが辞職し、謝罪を繰り返したものの、フォルクスワーゲンは〝地球上で最も嫌われているブランドの1つ〟と刻印された。

コンシューマー・レポート誌の見積もりによると、イギリスにある1100万台の自動車と少なくとも120万台のディーゼル車が、世界中で行われていた排ガス検査不正の対象製品だという。つまり、フォルクスワーゲンは一晩で何百万人もの顧客の信頼を失うきっかけを作ってしまったわけだ——それを取り戻すには何年もかかるだろう。それでも、フォルクスワーゲンは顧客の信頼を取り戻そうと決意を固めた。そしてまずは、必要なサービスの手段を整え、企業イメージを回復するために、65億ユーロほどの準備金を用意した。

スキャンダル勃発後、初の広告キャンペーンで、フォルクスワーゲンはこう述べている。「私たちは、私たちの自動車において最も重要な部分(パーツ)を失ってしまいました。お客様の信頼を……。今、私たちにとって最優先なのは、その信頼を取り戻すことです」。広告ではさらに、スキャンダルによって影響を被った顧客との信頼回復と関係再構築の方法として、そうした顧客に個別にコンタクトをとると約束した。

いかなる犠牲を払ってでも、競争優位を確立しようとするあまり、フォルクスワーゲンは不正がはびこるのにぴったりの環境を生み出してしまった。従業員は、自分たちは声を上げても仕方ないと感じていた。中間管理職は経営陣からの非現実的な期待をはねのけることができなかった。有害な文化を生み出してしまったのはフォルクスワーゲンの経営陣だが、代償は会社全体で払うことになった。

企業文化の外部への影響

従業員――〝内なる顧客〟――への企業文化の影響を語るときには、文化の範囲を狭めてしまう傾向がある。その文化が会社の外部の人間にどんな影響を及ぼすかを考慮に入れないのだ。しかし、顧客やその他の外部のステークホルダーがあなたの会社の企業文化をどう思うかは、まさしく重要である。顧客がその会社の製品やサービスを購入するかどうかに、わずかながら企業の次のような行動が

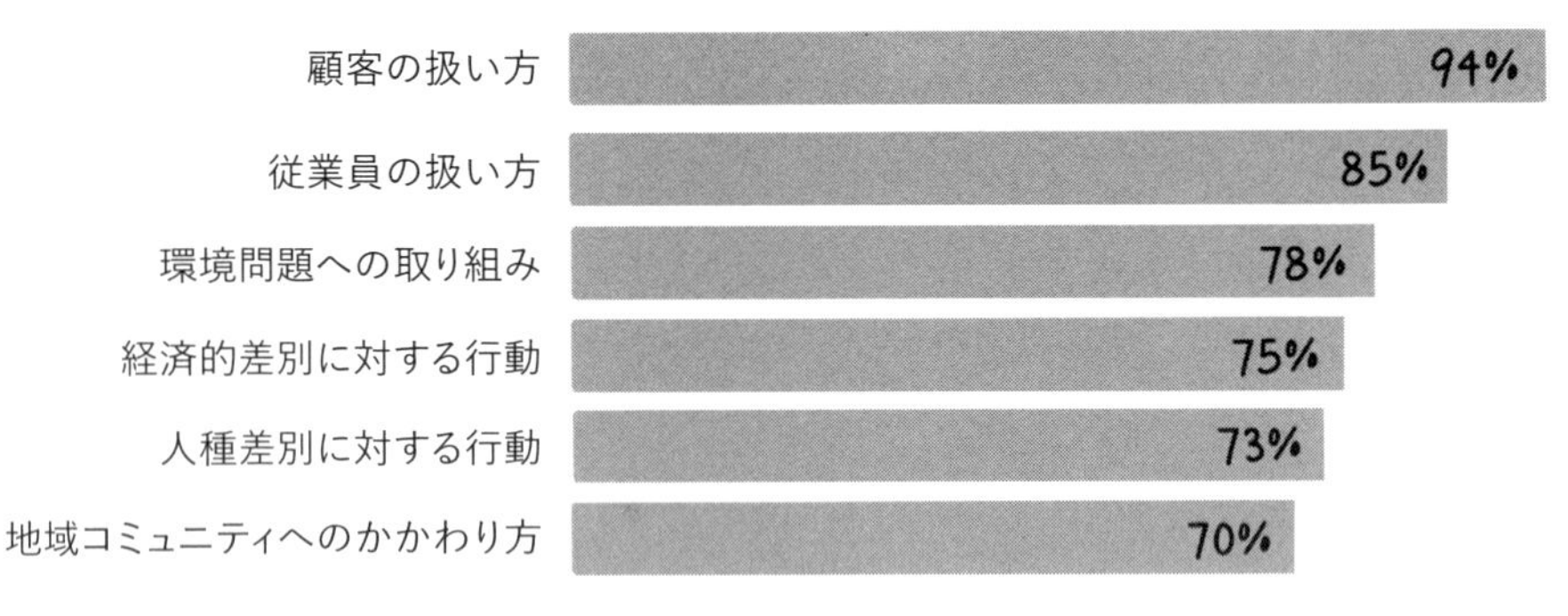

図表8.4

影響を及ぼしていることは調査からわかっている（**図表8・4参照**）。

- 顧客と従業員の扱い方
- 環境問題への取り組み
- 経済的、人種的差別に対する行動
- 地域コミュニティへのかかわり方

製品やサービスを購入するかどうか、顧客はこれらの企業の行動だけを見て決めるわけではないが、こうした事実は顧客が企業文化に注意を払っていることを示している。**図表8・4で、企業による従業員の扱い方を、自分たちに対する扱い方と同じぐらい重要だと顧客が考えていることに注目してもらいたい。**

企業文化は経営の一面というだけに留まらない。経営の真髄なのである。正しくアプローチすれば、企業文化は従業員が、誰の目もないところでも、正しい決断をするよう影響を及ぼすことができる。従業員は命令されたから正しいことをするのではなく、**何を期待されているかを企業文化から学んで正しいことをするよ**

うになる。その場合——明確なマインドセットに基づく企業文化を育めたなら——何世紀にも及ぶ変化の時代にも、組織を保ち、導くことができる。こうしてエクスペリエンス・マインドセットへと企業文化を変化させることは、一晩でできることでも、たやすいことでもないのは明らかだ。抜かりのないリーダーシップと、コミットメントと、忍耐力が必要だ。それでも、調査によって明らかなように、変化は可能で、その努力はきっと報われる。

なぜ今セールスフォースで従業員体験を？

セールスフォース社は世界で最もすばらしい職場の1つで、**フォーチュン誌の働きがいのある会社トップ100**に14年連続で選ばれ、働きがいのある会社研究所からは2017年からずっと**世界で最も働きがいのある職場**に選ばれている。それは創業当初から、創業者たちが独自のビジョンを持っていたからに他ならない——バリューを追い求め、世界をより良い場所にするために尽力する、これまでとは異なるテクノロジー企業を創出しようというビジョンを。バリューや企業文化にフォーカスし、従業員を大事にするという態度はいつまでも変わらないだろう。

しかし、世界で最も働きがいのある職場で居続けるには、従業員体験を進化させる必要があることは認識していた。私たちをここまでに押し上げてくれたものも、将来会社がいるべき場所、いたい場所へは連れていってくれない。とくに絶えず職場のダイナミクスが変わることを思えば（たとえば、雇用契約の内容や競争の激しい労働市場など）。並外れた体験を生み出すには、たゆまぬ改善と繰り返しが必要だ。より様式化され、個別化された構造的で革新的なやり方で従業員体験を創出するよう取り組む必要がある。

セールスフォースで新たに創設された従業員体験（ＥＸ）チームをご紹介しよう。

このチームの使命は、継続的に従業員のニーズを特定し、それをもとに従業員にもたらす体験を改善し、均一化することだ。それがどうしてそれほど重要なのだろう？　なぜなら、従業員はわれわれが顧客や提携先に有意義な体験をもたらすための最も重要な方法だからだ。まずは従業員のニーズを満たさなければ、彼らが顧客のニーズを満たしてくれることはないだろう。

そこで、人員を集めてＥＸチームを形成する前に、私たちは社内の、顧客を最も良く知る人々に目を向けることから始めた。顧客サクセスグループ（ＣＳＧ）だ。顧客に対してどんなアプローチをとればいいかを学ぶために彼らを観察したのである。ＣＳＧチームが容易でスムーズな顧客体験を生み出そうとしているのと同様に、われわれＥＸチームは、セールスフォースに独特のシンプルで個々に合わせた従業員体験を創出して従業員にもたらすために存在している――すべてビジネスにおけるより良い結果を求めてのことだ。

このシンプルで個々に合わせた経験は従業員が成果を上げるには非常に重要だ。従業員は仕事場以外では個人としてニーズに合うテクノロジーやアプリケーションを使っているが、職場では、その体験がまるで違うものとなり得る。私生活と職場でのデジタル環境の違いは、企業の成長に向けてイノベーションを推し進め、顧客に成功をもたらそうとする従業員の能力、――そして望み――をはばむものとなってしまう。

それに対処するため、われわれＥＸチームは、「サービスデザイン」を専門とする人間で構成されている。サービスデザインとは、共感を出発点として、顧客と従業員の体験をより良く調和させるために、人間中心のサービスの設計を行うことだ。実際、サービスデザインはマインドセットであり、方法論であるとみなすことができる。そして、顧客と従業員というサービスの利用者だけでなく、企業という〝生態系〟にかかわるすべての人々、システム、やりとりを考慮に入れたサービスを形作るためのツールでもある。

そしてここ、セールスフォースの生態系は巨大である。われわれＥＸチームはエンプロイーサクセス（ＥＳ）チーム内に属し、ＥＳの組織の中でサービスデザインのマインドセットと能力を創出するため、積極的に活動している。加えて、このチームは、すべての部門を見渡すグローバルな視野を持ち、サービスデザインの手法を用いて、まったく新しい、もしくは再想定された体験を生み出すために、各部門の責任者と連携している。この包括的なアプローチによって、チームはより幅広く手を伸ばすことができ、有用で効率的で望ましい結果が生み出されるよう、さまざまな角度からサービスを考え、正しいやり方で仕事が為されるようにしている。

セールスフォースは、従業員には働く場所について選択肢があるとわかっている。そして、従業員の雇用を維持し、最高の人材を自社に惹きつけようと思ったら、最もすばらしい従業員体験を創出・進化させつづけなければならないということもわかっている。

本章のまとめ

■企業文化はすべての意思決定、すべての戦略の土台となるメカニズムである。

■ポジティブな文化を育てるためには、ステークホルダー全員が企業のしようとしていることを信頼しなければならない。全員が共通の目標のもとに集結しなければならないのだ。そこからはぐれる人は必ずいるだろうが、組織の大多数が賛成しない場合、深刻な企業文化の問題を解決しなければならなくなる。

■就職希望者は、インクルーシブで、多様性を推奨し、従業員が意見を聞いてもらい、権限を与えられていると感じられる場を提供する企業文化を探す。従業員は自分が重要な仕事をしていると思いたいもので、従業員を支えるような企業文化は、そう感じさせる最良の方法である。

議論の糸口となる質問集

▼あなたの会社が公言している使命とビジョンは何ですか？

▼あなたの会社の現在の目標と従業員が連携しているかどうか、最後に調べたのはいつですか？

▼経営陣と個々の従業員の両方に対し、会社は責任を果たしていると思いますか？

▼あなたの会社の従業員は、経営陣と個々の従業員の両方に対し、会社が責任を果たしていると感じていますか？

第9章 CXとEXを理解し改善するための指標

測ることはすばらしいことだ。重要なものではなく、測るのが容易なものを測るのでなければ。

マーケティング戦略家　セス・ゴーディン

よく言われることだが、繰り返し言う価値のある言葉がある——測れないものは改善できない。多くの状況において、CXは測るのが比較的容易だ。ネット・プロモーター・スコア（NPS）のような市場調査指標がCXを測るための尺度として受け入れられている。第3章で取り上げた調査によれば、規定の重要業績評価指標（KPI）によってCXをうまく測っている会社は多い。しかし、顧客のデータを集めて分析することについてはかなりうまくやっている企業も、従業員のデータを集めて分析する能力には欠けている。従業員エンゲージメントや満足度を測ることには長けてきたものの、企業のトップたちはEXというパズルの重要なピースをまだ見つけていない。データに基づき、定期的に従業員の意見を――客観的に、誠実に――考慮に入れる必要があるのに（ただし、それによってわかる事実は経営者たちにとって心穏やかならぬものだろうが）。

どちらかと言えば様式化されたＫＰＩの年次調査以外に、従業員ネット・プロモーター・スコア（ｅＮＰＳ）や、グラスドアの企業評価、労働力低下や雇用維持の調査、従業員の健康指標まで含め、全体としてのＥＸを測っている企業は非常に少ない。点と点を結んでＣＸとＥＸを調和させるメリットを手に入れている企業はさらに少ない。

経営陣は重要な局面における従業員と顧客の労力をどう測ったらいいか、よくわかっておらず、改善された従業員エンゲージメントと顧客満足度と企業の成長率の直接のつながりを証明するのに苦労している。残念なことに、ほとんどの企業は従業員と顧客の重要なやりとりの質を管理するのはもちろん、測ることすらできずにいる。

この効率的なサイクルを調べられるよう定義された唯一の指標はないものの、ＥＸとＣＸの両方を測ることは不可能ではない。しかし、あなたの会社の現在の報告機能にとってどれが最適か決めるには多少の作業が必要だ。本章で取り上げる指標がその出発点となるだろう。すでに用いている指標があるなら、そのうちのいくつかを選ぶといい。そうでなければ、評価を行って基準となる数値を集め、ＣＸとＥＸの間のレバレッジ・ポイントについて仮説を立てはじめればいい。簡単に始めるならば、すばやくデータを分析して検証できるように、全体ではなく、限られた分野におけるＰＰＴＣの効果を測る指標を見つければいい。それから、必要とあればそれを調整する方法も見つけることができる。

指標によって問題を解決する

優れた従業員体験や顧客体験を実現できていないと気づくと、企業は同じ間違いを犯しがちだ。そもそもどうしてそうなったかわからないまま、問題を〝解決〟しようとする。データがなければ、原因を特定することはできない。それでも、そこで立ち止まらず、重要な戦略的意思決定へと突き進んでしまう企業は多い。原因を突き止める前に兆候にばかり目を向けるせいで、はっきりわかる形か、なお悪いことには、隠れた形で、問題を引き起こしつづけている真の原因を見過ごしてしまう。

残念ながら、経営に携わるエグゼクティブのほとんどがインプット型の指標ではなく、ＫＰＩのようなアウトプット型の指標にフォーカスしている。インプット型の指標は結果として現れるアウトプット型の指標に先駆けたもので、そのほうがシステムの問題をより明確にできる。アウトプット型の指標はこう質問する――

- わが社の商品の中で一番売れ筋のものは？
- コールセンターは１日に何件の通話を扱っているか？
- 通話のうち、何％が最初の通話で解決するか？
- 平均販売成立率は？
- マーケティングが日に／週に／月にどのぐらい見込み顧客を得ているか？
- 四半期に獲得／喪失する顧客の数は？

こうした結果型の指標は進歩を測り、予算を決め、資源を分配する際の基準を作るのには重要だ。しかし、潜在的なパフォーマンスのばらつき（地域、チーム、チャンネルごとの）や、根底にある問題を隠してしまい、後ろ向きのレンズでビジネスを評価することになる。そうなると、さらなるデータや分析なしには、解決策の全体像が見えてこない。

たとえば、コールセンターが1日に何件の通話を受けているかを訊く代わりに、こう訊いてみたらどうだろう？「顧客が連絡してくる理由のトップ3は？」そうすれば、エグゼクティブたちは、顧客が電話をかけたり、チャットを始めたり、メールを送ったりするのに先駆けて、事前に問題を解決する方法を見つけることができる。結果として、顧客からの連絡の全体数が減り、顧客と従業員の労力も減らせる。

同じ質問に何度も答えずに済むので、コールセンターのスタッフのEXは改善される。問題を解決するのに、長く保留にされたり、スタッフからスタッフへたらいまわしにされたりせずに済むので、CXもより良いものになる。インプット型とアウトプット型の指標をバランスをとって参考にしなければ、長期戦略の成功を維持するのは難しいだろう。

――正しい指標を用いる

アウトプット型の指標は、**図表9・1**にあるように、経営幹部によって企業の長期目標に向けての進歩を測るために数多く用いられているが、それらは経営幹部個人のボーナスや長期のインセンティブプランに結びつくものではない。

ESG（環境、社会、ガバナンス）への関心は高まったものの、いまだに戦略は主にビジネス指標に左右される

質問：次のような財政に関係のない指標はa)やb)に含まれますか？
a)　企業の長期戦略
b)　個人の年間ボーナスや長期のインセンティブプラン

■ 企業の長期戦略　■ 個人の年間ボーナスや長期のインセンティブプラン

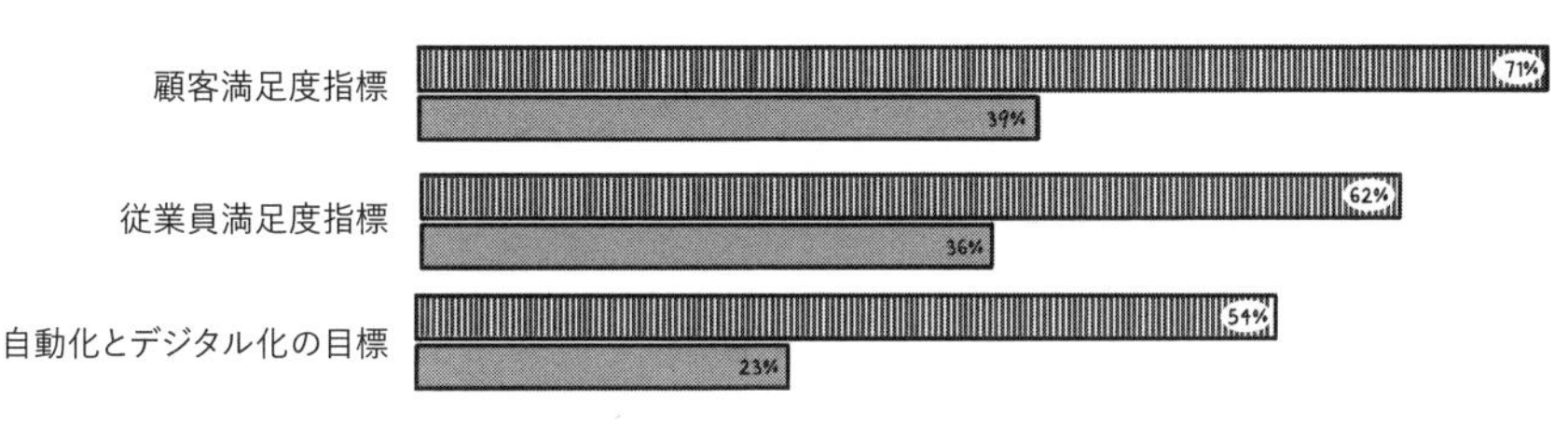

図表9.1　長期戦略の鍵となる顧客と従業員の指標

言い換えれば、エグゼクティブは優れた従業員体験をもたらすことこそ、全社的な最優先事項と述べ、ＣＸとＥＸの重要性は理解しているものの、従業員と顧客に関する指標が自らの報酬に結びつくものだとは思っていない。

ＫＰＩが経営幹部を含む従業員の報酬に結びつくものでなければ、ＥＸとＣＸのつながりを改善するメリットは引き続き見過ごされることだろう。たとえば、顧客サービス担当が顧客との通話を早く終えることで報酬を得られるとしたら、顧客にとって最善となるよう尽力しようとは思わないはずだ。そういう担当者は個人的なＫＰＩを上げるような行動にフォーカスするだろう。たとえ用いているすべての指標がすばらしい数値を示していたとしても、それが劣ったＣＸをもたらすことになる。同時に、その手のインセンティブのせいで、従業員は毎度急いで通話を終えるたびに、不満を抱く顧客とネガティブな体験をすることになってしまう。ＥＸも劣ったものになってしまうのだ。

目標に適さない指標を用いると、両方に間違った態度や劣った経験といった予期せぬ結果をもたらす。**目的に適し**

た指標は、従業員はもちろん、顧客にとっても望ましく、全体として企業にとって望ましくなるように、バランスのとれるものでなければならない。しかし、正しい指標を用いても、EXとCXを正確にとらえられない可能性はある。従業員が顧客体験を良くするために、〝優れた〟KPIから外れなければならないこともあるからだ。たとえば、従業員が顧客のために正しいと思ったことをして罰せられることがあってはならない。たとえそれが〝通話処理時間〟を増やすことであったとしても。そうして余裕を持たせることで、従業員は顧客により良い体験をもたらすための力を得て、従業員自身、より良い体験を得ることができる。第1章のザッポスの例で示したように、生産性の指標にどんな影響があるかと頭を悩ますことなく、適切に業務を果たすことができるというわけだ。いかなる指標であれ、重要な局面では、従業員の自主性を容認しなければならない。

もちろん、KPIはどんな企業にとっても重要で必要な指標だが、何をなぜ求めるためにそれを参照しているのか意識する必要がある。PPTCのフレームワークで示したように、良きも悪しきもプロセスが企業の長期的な成功には大きな影響を及ぼす。ゆえに、長期的成功と経営の変革を目指すならば、現在使用している指標に加え、プロセスの有効性を測る指標の導入を検討するのが重要だ。

――プロセスの有効性を測る指標の重要性

プロセスの指標は、特定のビジネスプロセスの各段階における有効性について、貴重な情報をもたらしてくれる。それを分析することで、プロセス全体をだめにする欠陥がすぐにわかるはずだ。これらの指標が大いに効果を発揮するのは、時間（プロセスにかかる時間は？）、コスト（プロセスを完了するのにかかる費用と労働力は?)、品質(製品不良の発生率は?)などの分野である。

プロセスの指標が決まったら、顧客満足度(CSAT)、NPS、従業員エンゲージメント、生産性など、重要なKPIを新たに選び、それと結びつけなければならない。そうして選んだKPIは、企業全体としてのパフォーマンスや健全性を理解する助けとなり、真の企業価値をもたらすものである必要がある。そうした情報を得ることで、経営陣はエグゼクティブ・ダッシュボード(会社のデータを整理し、図式化するカスタマイズされたコンピューターインターフェイス)に数字を打ち込むだけでなく、目標を達成するのに必要不可欠な調整を行うことができる。

たとえば、コールセンターのスタッフの訓練に大きな投資を行ったとしよう。新たなシステムとツールをどんどん使いこなせるようになった気がして、スタッフの満足度は改善されるが、顧客満足度のスコアはわずかに下がってしまった。そこでさらに分析すると、プロセスの指標から、最初のサポートから技術サポートへの移行の時間が、最近の人員変更のせいで顧客の期待の2倍の長さになっていることがわかる。コールセンターの担当は今やよく訓練され、システムやツールも良くなっているのだが、別の問題(人員変更)が顧客体験を改善する妨げとなっているというわけだ。

人員の変更はシステムに反映されておらず、既存のプロセスでは、通話の多さに対応できなかった。コールセンターの2つの部分の断絶が通話による解決を遅らせ、顧客満足度を下げる結果になったのだ。このように**従業員ベースの指標と顧客ベースの指標とプロセスの指標を同時に参照しなければ、顧客満足度スコアの低下の原因を判断することはできない。だからこそ、PPTCから始めることをお勧めする——もうおわかりのように、潜在的に破綻したプロセスが、別の部分での改善を失敗に終**

わらせることもあり得るのだ。

重要なＣＸの指標

ジャーニー・マップ（ユーザーが目的を達成するためにたどるプロセスを可視化したもの）、顧客フィードバックツール、Ｗｅｂトラッキング（サイトを訪れたユーザーのネット上での行動を記録・追跡すること）、Ａ／Ｂテスト（複数のパターンを比較して成果が出ているほうを採用するインターネット・マーケティングの手法）などのテクノロジーは、ＣＸ改善の取り組みを計画し、モニターし、管理するのに役立つが、よく考えずに用いると、顧客体験を改善するプロセスを必要以上に複雑にしてしまう。データに対する需要は明らかで、アメリカのＣＸ管理市場は２０２１年に29億ドルに達し、２０２２年から２０３０年の間、年間15・３％ずつ成長が見込まれている。しかし、すべての指標を単純に参照するだけでは、時間と労力を無駄にし、データの中に隠された影響力の大きな問題から経営者の気をそらし、不必要な詳細で意志決定を鈍らせてしまう。ＣＸについて情報を与えてくれるＫＰＩや指標は50以上あるが、とくに重要なのは４つで、これからその概要をご紹介しよう。どれもＣＸの異なる部分についての情報をもたらしてくれて、どこに改善の余地があるかを特定するのに役立ってくれるものだ。

――ネット・プロモーター・スコア（NPS）

２００３年、ベイン＆カンパニーの共同経営者であるフレッド・ライクヘルドは、顧客体験の効果を直接測る方法を創出した――ネット・プロモーター・スコア（NPS）である。NPSは企業がどのぐらいうまく顧客ロイヤルティを引き出しているかを測り、企業が顧客との約束を果たしているかどうかを単純な数字で示す指標である。言い換えれば、NPSは新規のビジネスやリピートの可能性を測るものだ。

そのために顧客は、その企業を友人や家族や仕事仲間にどの程度勧めるかを、1から10の段階で示すよう依頼される。6以下をつけた顧客は「批判者」と呼ばれ、7か8は「中立者」、9、10は「推奨者」と呼ばれる。NPSを計算するには、推奨者の割合から批判者の割合を引くことになる。

中立者の割合は数値の計算には含まれない。スコアはマイナス１００からプラス１００の間の数字（%ではなく）で表示される。たとえば、１００人の回答者がいて、そのうち50%が推奨者で20%が批判者だとすると、NPSスコアは30（推奨者50－批判者20＝30）となる。

CXは顧客ロイヤルティの3分の2以上を引き出す。ブランドや価格を合わせてもそれには及ばない。NPSの推奨者は批判者より６００から１４００%高い顧客生涯価値（ライフタイムバリュー）を持っている。ゆえにNPSが重要な指標であるのは間違いない。ゼロより上のNPSは〝良い〟とされる。プラスの数字はつまり、顧客ロイヤルティがより高いということだからだ。一方、20を超えるスコアは〝好ましい〟、50を超えるスコアは〝優秀〟、80を超えるスコアは〝トップクラス〟だ。単純にブランドの健全さを確かめ、全体的な顧客満足度を測る以上に、NPSは企業の成長、売上、キャッシュフローを予測す

B2BのNPSスコアではデザインサービス会社がトップ

	平均	推奨者	中立者	批判者	ネット・プロモーター・スコア
建築	8.21	50%	36%	14%	36
B2Bソフトウェア	8.38	56%	33%	11%	45
銀行	8.36	54%	34%	12%	43
設備	8.18	54%	34%	12%	35
商業建設	8.16	47%	38%	15%	33
商業印刷	7.83	39%	46%	15%	23
商業不動産	8.09	47%	36%	17%	30
デザインサービス	8.71	67%	27%	7%	60
エンジニアリング（テクノロジー関係を除く）	8.44	57%	31%	12%	46
人事サービス	8.22	49%	38%	13%	37
保険	8.31	53%	36%	11%	42
ITサービス	8.32	57%	30%	13%	44
経営コンサルティング	8.24	48%	41%	11%	37
製造	8.49	58%	31%	11%	47
マーケティング／クリエイティブ・エージェンシー	8.39	51%	40%	9%	42
その他のB2Bサービス	8.30	52%	36%	12%	40
ソフトウェア開発	8.39	56%	33%	11%	46

図表9.2　B2Bサービス企業のNPS（2022年）

るのに有益である。

NPS＝推奨者の％－批判者の％

――業界別の良いNPSスコア

NPSが話題にのぼると、よく訊かれる質問がある。NPSで強いのはどの業界か？（B2BとB2Cで）〝私の〟業界で平均的なスコアはいくつか？

クリアリーレイテッドの2022年度年間業界ベンチマーク調査からわかるように（**図表9・2参照**）、B2Bのサービス企業が、提供したサービスへの総体的な顧客満足度に基づいたNPSのスコアを発表している（ここではアメリカとカナダの企業で働く顧客を対象としている）。この表からもNPSの計算式が用いられていることがわかる

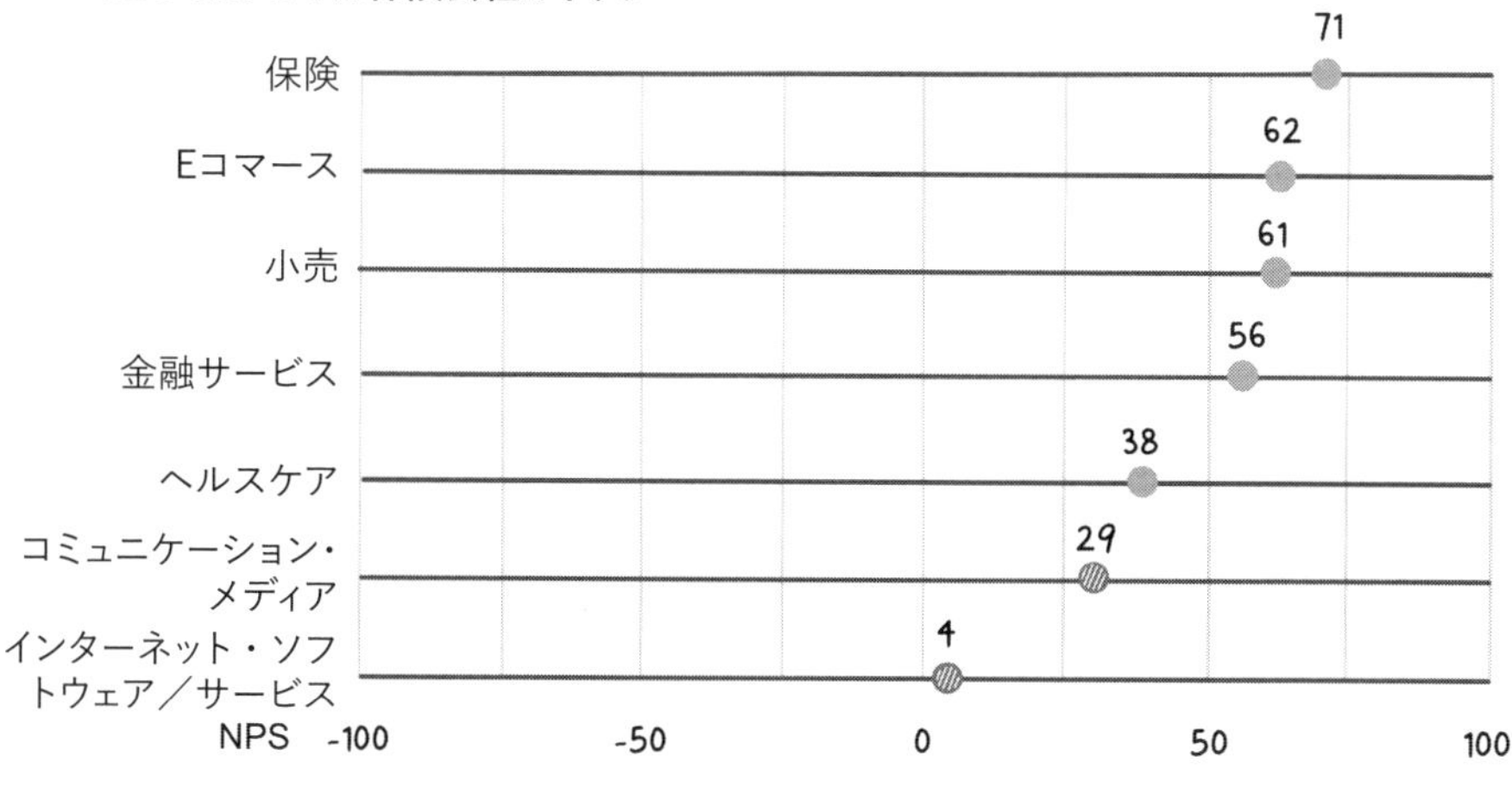

図表9.3　2022年B2C企業のNPSベンチマーク

だろう。業界ごとにNPSのスコアもさまざまだ。商業印刷業界は23と低く、デザインサービス業界の顧客については60と高い。

〝優秀〟とされるサービスの最低限のグローバルスタンダードである、50NPSを超えているのは、1つの業界しかないことも注目に値する（そう、80は先述の通り〝トップクラス〟に分類される）。こうした業界ベンチマークは、B2Bの企業によるサービスの質が、いまだに〝優秀〟はおろか、顧客が満足と考える最低水準にも達していないことを示している。

今度はB2C企業のNPSの平均を見てみよう（**図表9・3参照**）。この業界はNPSの標準が50を超えることが可能であることを証明している。

たった一度のネガティブな経験が推奨者となるはずの顧客を批判者に変えてしまうので、企業は一人ひとりの顧客とのやりとりに注意を向け、すみやかに変化を受け入れることを学んできた。

——顧客満足度スコア（CSAT）

1つの企業との経験は顧客の心に3カ月は残る。その経験で満足した顧客は繰り返し戻ってくる。**ゆえに、ある製品やサービスについてのやりとりの顧客満足度を測るのが目標なら、CSATが最も良い指標になるかもしれない。**まず、満足度を判断するために顧客を調査しなければならない。次に、ポジティブな回答——満足した顧客（5点満点で4点か5点）——を回答の総数で割ることでCSATを計算する。それから、その結果に100をかける。たとえば、50の回答を得て、30がポジティブな回答だとすると、CSATは60%になる。

CSAT＝（ポジティブな回答÷回答総数）×100

CSATは、顧客がコールセンターのスタッフと話をしたり、セルフサービスポータルやWebサイトを通してオンラインで企業とやりとりして製品やサービスを購入したりするときなどの顧客との相互関係の状況を把握するためによく使われる。顧客サービスやマーケティングの最高責任者たちは、CXに加えた変化の効果を検証したり、予算や人員を増やすための根拠としたりするのにこの指標をよく使う。

——顧客努力スコア（CES）

顧客努力スコア（Customer Effort Score：CES）は、顧客がニーズを満たすために企業とのやりとりにどの程度の労力を必要とするかを明らかにする指標である。今は、コネチカット州に本部を置くテクノロジー・リサーチ及びコンサルティング会社のガートナーの子会社となっているコーポレート・エグゼクティブ・ボード（CEB）社が、2010年にCESを発表した。その発想はシンプルだが影響力は大きい。1から7までの段階で（1が最も合致しない場合を示す）、顧客は次のような質問に答えることになる。「今日、問題を解決するのはどのぐらい容易でしたか？」「要望をかなえるのに、個人的にどれほどの労力を要しましたか？」。これは「労力の有無が顧客ロイヤルティを引き出す最大の要因」という考えに基づいている。

そこから、CESは、少なくとも〝企業が問題解決を容易にしてくれたと多少は思う（5以上のポイントをつけた）〟顧客の割合から計算される。CESは顧客によるスコアの合計割る回答数で計算される。つまり、50の回答があり、1から7でつけられたスコアの合計が150だとすると、CESは150割る50で、3となる。CESの5は良いスコアとみなされる。

CES＝スコアの合計÷回答数

顧客努力スコアを用いれば、顧客満足度に比べ、顧客ロイヤルティの予測がプラス40%正確になる。

ガートナー

CESは定期的に測定されると、とくに効果的な指標である。たとえば、顧客サービス企業は、顧客が大きな労力を必要とするやりとりにおける問題点を明らかにするために、繰り返しの入電、転送、窓口の変更といった運用上の指標に加えてCESを用いる。

――顧客努力指標（CEI）

顧客が企業とのやりとりにどれほどの労力を注いでいるか、もっと深く掘り下げたいと思うなら、独自の顧客努力指標（CEI）を創出することを考えてみるといい。顧客にはこのように質問する。

- 目的を達するためにわが社と何度やりとりしなければなりませんでしたか？
- わが社のいくつの窓口とやりとりしましたか？
- 単純な問題解決にコールセンターの人間と何度話をしなければなりませんでしたか？

これらの質問を加えることで、独自のCEIを生み出すことができる。それから、そのスコアを顧客とやりとりした顧客サービス担当に結びつければ、その従業員の個人的なパフォーマンスをより正確に測ることもできる。アウトプット型の指標をあれこれ混ぜて用いても、現状は隠されてしまうかもしれないので、このほうがより明確な全体像がわかるはずだ。そうした情報があれば、必要とあれば研修を行うこともでき、有効な改善が為された場合は報いることもできる。CESとCEIを関係づければ、より価値ある見識を得ることができるかもしれない。

B2B業界別　体験指標の採用状況

	NPS	CSAT	CES
テレコミュニケーション	48	28%	13%
金融サービス	37	32%	14%
ITサービス	46	32%	9%
ロジスティクス	41	32%	12%
製造	43	27%	16%
産業サービス	48	28%	10%
コンピューター・ソフトウェア	42	32%	11%
専門サービス	44	25%	13%
卸売業	33	22%	22%
エネルギー／公益企業	44	41%	11%
日用消費財	36	28%	18%

図表9.4

――最適な指標とは？

ＣＸを測る数多くの指標の中で、顧客満足度の全体像を示してくれるＮＰＳはやはり最適の指標である。たった１つの質問に基づいた結果とはいえ、その単純さのおかげで、ＮＰＳは調査対象の顧客にあまり立ち入った質問をしない調査となっている。

Ｂ２Ｂ企業では、41％がＮＰＳを好み、続いて26％がＣＳＡＴ、11％がＣＥＳを好む。とはいえ、金融サービス、卸売業、エネルギー／公益事業、日用消費財企業は顧客満足度スコアをＮＰＳとほぼ同じだけ頻繁に利用している（**図表９・４参照**）。

10億ドル以上の収益を上げる大企業のほとんどは、50以上のＣＸ指標を有しているが――２００もの指標を有している企業もあるが――そのすべてが組織内の異なる部門の異なる人々によって所有・管理されている。

ガートナー

重要なＥＸの指標

２００1年にダグ・コナントがキャンベル・スープのＣＥＯになったときには、すでに会社は市場価値が半分になっていた。ハーバード・ビジネス・レビュー誌がこう記している。「売上が落ち込み、レイオフに続くレイオフで会社はぐらついていた」。この落ち込みの原因を探ろうとしていたコナントは、キャンベルの従業員エンゲージメントのレベルがフォーチュン５００の中で最悪であることを示すギャラップ社の調査結果を見つけた。コナントは、会社を救おうとするならば、この現実に真正面から向き合い、それを正す方法を見つけなければならないと気づいた。

まずすべきことは、経営に携わるエグゼクティブたちの間で、新たに期待するものをはっきりさせることだった。コナントはそのために、「キャンベルは社員を尊重します。そして、社員はキャンベルを尊重します」という〝キャンベルの約束〟を基本とする文化構築のプログラムを作った。自分は従業員を最優先させるつもりなので、エグゼクティブたちにもそれに従ってほしいと知らせたわけだ。

キャンベルの職場文化の改善に力を入れた結果、従業員エンゲージメントは劇的に向上した。コナントがＣＥＯになってから10年後のギャラップ社の調査では、「キャンベル・スープの従業員エンゲージメントのスコアは、調査対象の他企業をはるかに凌駕し、エンゲージメントが高い社員と低い社員の割合が17対1という華々しい結果となった（2001年にはその割合は1・67対1という惨憺たるものだったのだが）」。この劇的な進歩により、キャンベルは4年連続でギャラップの〝働きがいのある職場〟賞を受賞するなど、数多くの栄誉に輝いた。

市場で勝つためには……まず職場で勝たなければならない。従業員エンゲージメントを全面に押し出し、中心に据えることしか私は考えていない。

キャンベル・スープ・カンパニー　社長・CEO　ダグ・コナント

コナントがEXを改善しようと取り組んだことは、会社の最終収益にも大きな影響を及ぼした。彼の在職中、株主総利回りはマイナスから業界でもトップクラスに跳ね上がり、株価は何倍にもなった。過去10年、S&P500の株価指数が10％下落するなか、2009年までにキャンベルの株価は30％上昇した。「従業員エンゲージメントを全面に押し出し、中心に据えることで、エンゲージメントと利益がつながるきっかけとなり、キャンベルがすばらしい収益を生む助けとなった」とコナントは言った。

従業員がその業務体験に大方満足している企業は、顧客満足度の目標を達成する可能性が48％、イノベーションの目標に達する可能性が89％、評判を落とさずにいる可能性が56％増える。しかし、残念な事実もある。真に満足し、労働意欲をかき立てられている従業員はたった19％しかいない。従業員の満足度と労働意欲を上げるには、まず、自分の組織の現状を把握しなければならない。それから、部門ごとに独自の従業員満足度や生産性のデータを収集していることはよくあることなので、部門を超えた包括的なデータ収集、統合、分析の戦略を展開するのが必須だ。おわかりの通り、エンゲージメントが高く、やる気があり、会社に忠実である従業員のＥＸは、生産性と最終収益を改善することによって組織の重要な目的に影響を及ぼし、その支えとなる。

ＫＰＩを選ぶことが、ＥＸ改善の度合いを測る最初の一歩となる。次なる課題は、企業の目標達成に見合ったＫＰＩをどう選べばいいのかということだ。基本的なレベルでＥＸを測るために一般的に使われている指標は数多くあるが、どれも従業員エンゲージメントと満足度を超えるものではない。それはこの概念がやっと経営陣に浸透しはじめたばかりだからかもしれない。前にも述べたが、ＣＸを測る指標はなんらかの形や方法で50以上使われているが、ＥＸに関しては、指標はまだ〝タレントマネジメント〟から実際の従業員体験へと拡大しつつあるところだ。目的、規模、活動、プロセスにおいて企業はそれぞれ異なるが、その企業がどう運営され、どの業界に身を置いているかにかかわらず、ＫＰＩを決める際にまず考慮に入れるべき指標はいくつかある。

――従業員ネット・プロモーター・スコア（eＮＰＳ）

ＣＸを測るのにすでにＮＰＳを用いているならば、従業員ネット・プロモーター・スコア（eＮＰＳ）の導入に頭を使う必要はない。エグゼクティブ・ダッシュボードに簡単に付け加えればいい。ＮＰＳのＷｅｂサイトで説明されているように、企業は顧客からのフィードバックを集めて行動するのと同じアプローチを、従業員からのフィードバックにも用いるべきだ。つまり、〝ネット・プロモーター・スコアと従業員ＮＰＳ（eＮＰＳ）を測ることで、顧客についてのシステムと従業員のネット・プロモーター・システムを明確に結びつけるということだ〟。

NPS同様、eNPSもたった1つの質問で測られる。「0から10の段階で、仕事場としてこの会社をどの程度推奨しますか?」それに対する答えはただちに従業員の考えを明らかにし、他の調査の結果をもっともらしく思わせる。単純な指標を使って定期的に測るほうが、現在行われているように、年に一度、従業員調査を行うよりもずっと価値がある(そして行動を起こしやすい)。そのせいもあって、eNPSはEXの潜在的な問題が表に出て労働力の低下や最終収益に影響しはじめる前に、それを見つけるための素晴らしい先導的な指標となっている。

eNPSの従業員に対する質問が、企業の製品やサービスを推奨するかというものでないことに注目してもらいたい。それは単純に、その会社が働く場所としてすばらしいと従業員が思っているかどうかを測るものとなっている。NPS同様、eNPSの結果も同じ3つの範疇に分けられる。「推奨者」(9か10)、「中立者」(7か8)、「批判者」(6以下)である。中立者の割合はスコアの計算には含まれない。

eNPS=推奨者の%-批判者の%

たとえば、100の回答があったとして、そのうち50%が推奨者で20%が批判者だったとすると、eNPSのスコアは30(推奨者50-批判者20=30)となる。

重要なのは、**この数字が働く場所として自分の会社を推奨する従業員の数とは等しくない、という**

ことだ。この例でそれは回答者の50％（50推奨者）となる。eNPSでは、ネガティブな経験を持つ従業員の数を引くことで、企業における従業員体験の全体像により近いものを示してくれる。つまり、焦点を当てられているのは、**満足していない従業員と中立の従業員で、彼らは会社の文化全体に破壊的な影響を及ぼす可能性を秘めている。**中立者は計算式に含まれていないが、彼らが仕事に無関心だとしたら、企業側が先んじて手を打ち、ポジティブなほうに気持ちを変えないと、批判者に変わってしまう恐れはある。彼らがそうなるまで手をこまねいているわけにはいかないのだ。

eNPSがマイナスだったら、会社に推奨者よりも批判者が多いということだ。つまり、従業員の大多数が会社や仕事への思い入れがないか、無関心で、離職を考えている可能性がある。その場合、会社は深刻な問題を抱えることになる。ある調査によると、従業員の半分以上は、あまり幸せでないか、満足していないか、長期にわたって在職するに適した会社と思っていないかで、5人に1人は翌年には離職を計画しているという。

NPSと同様に、eNPSのデータも定期的に収集しなければならない。最低でも四半期に一度、月に一度ならば理想的だ。データの収集にあたっては、さまざまな区分における外れ値をすみやかに特定する方法として、異なる部門、地域、オフィスを調査してもいい。そうすることで、満足している従業員のグループもあれば、そうでないグループもあることを確かめることができるだろう。満足していないグループは平均値を示す全社的な調査では数字に表れないかもしれない。

経時的に調査結果を考察すれば、予期せぬ問題や盲点が明らかになるだろう。たとえば、短期間で下降傾向に気づけば、長期間気づかずにいた場合よりも、すぐさまそれを理解して対処できる可能性が高くなる。もしかしたら、とくにスコアの悪い地域があって、リーダーシップに問題がある場合、状況が手に負えなくなる前に対処することができる。

もちろん、予期せぬ調査結果が悪いものとは限らない。それどころか、予期せぬポジティブな結果も役に立つ。たとえば、ある事業部の従業員が極めて満足しているとしよう。その場合、その理由を調べ、わかったことを社内全体に適用することができる。

ｅＮＰＳはまた、より包括的な調査でフォローアップすれば、何が批判者を生んでいるのか、どうして推奨者はそれほどに満足しているのか、そして最終的には、中立者はどうしてそれほどに無関心なのかを特定できる。データ収集の目的は、従業員調査は済んだとリストにチェックを入れるためではない。改善の機会に的を絞り、実際に改善を行うためだ。しかし、ｅＮＰＳには限界があることを忘れてはならない。スコアは極めて広い意味の質問を基本としているため、それに従って行動を起こせるだけの考察を得られるものではないのだ。とはいえ、現在の従業員の考えについてエグゼクティブレベルで会話する際の糸口として、数多くある中の１つのデータとして利用はできる。

――離職率・定着率

もう１つ考慮に入れるべき指標は離職率・定着率だ。会社が人材を維持できるかどうかを明らかにする指標である。この指標は企業における一般的な従業員の在職期間を測るものだ。人材を喪失したときに発生するコストは、代替の人材を雇う金銭的コストなど、かなりのものになる。調査によると、個々の従業員の代替の人材を雇うコストは、その従業員の年収の１・５倍から２倍になるという。多くの企業の最終収益にとって大きな痛手となる金額だ。どのぐらいの痛手だろう？　アメリカの企業は従業員の依願退職によって毎年1兆ドルも喪失している。

しかし、人材の定着にかかるコストは代替の人材雇用にかかるコストを超えている。市場においても、業界においても、企業の成長にとって一番の課題と言える。「従業員の離職が多すぎる。人材の雇用維持ができない」ということが企業にとって一番の課題と従業員は考え、経営陣は（8つの選択肢のうちの）4番目と考えている。

競争力を保ちたい企業にとって、人材の定着は重要であるため、バケツに穴が開いた原因を見極められるかどうか、従業員の離職理由を判断するのにこのデータを使うといい。たとえば、新たに採用した人材が入社して3カ月という、ふつうより短い期間で離職しようとしているならば、入社時のオンボーディング・プロセスに改善が必要かもしれない。

リアルタイムの従業員調査ができるeNPSと違い、離職率・定着率調査は遅行指標である。誰かが離職するとなれば、それを止める機会は文字通り失われてしまっている。有効な指標ではあるが、離職率・定着率を測っても、離職前に従業員が満足していたかどうか、雇用を維持するために何か手を打てたかどうか、わかっていなかった責任から逃れることはできない。

離職率＝（離職者数÷年度初めに在籍していた全従業員数）×100

CESと同様に、高い定着率は必ずしも理想的とは言えない。低い離職率は優れたEXを示す一方で、パフォーマンス評価のプロセスが手ぬるいと警告しているのかもしれないからだ。最高の人材の雇用の維持と将来性のある人材の開発をバランスさせると同時に、期待されるパフォーマンスをしていない人間には去ってもらう必要がある。確かな経験則から言えば、業界の競合他社を基準にして、依願退職・解雇による離職率及び定着率を評価するといい。

——従業員満足度指数（ESI）

やはりCXと同様に、満足度が優れたEXを測る主な指標である。だからこそ、次に考察するのは**従業員満足度指数（ESI）**である。そこには熱意だけでなく、期待も含まれるため、従業員の満足度をeNPSよりも幅広く示すものとなる。eNPSと同様に、ESIを用いる主な目的は、経時的に異なる部門間で比較できる数字を入手することだ。eNPSとESIの違いは、eNPSがロイヤルティを測り、1つの質問への答えを基本とする点だ。それに比べ、ESIは次の3つの質問から引き出される。

1. 今の職場にどの程度満足していますか？
2. 今の職場はあなたの期待にどの程度合っていますか？
3. 今の職場は理想にどの程度近いですか？

従業員は1から10の段階でこれらの質問に答える。1が最も低いスコアで、10は最も高いスコアだ。

ESIのスコアは1から100までの数値で表される。スコアが高ければ高いほど、従業員満足度も高いということになる。

ESI＝（質問への答えの数値÷3）×100

ESIはたった3つの質問で計算されるので、企業はふつうそれを、もっとずっと多くの質問をし、より幅広く従業員の満足度を理解するための大規模な従業員調査の一部として用いている。**ESIなどの指標の目的は、従業員の現状を測るだけでなく、そこでわかったことを、経営陣と従業員がより広い対話を始めるきっかけとすることであるのを忘れてはならない。**

そのためには、この3つの主な質問を掘り下げるような追加の質問をし、従業員がそのスコアをつけた理由をよりはっきりさせることだ。たとえば、最初の質問――「今の職場にどの程度満足していますか？」へのフォローアップとして、「週の労働時間がフレックスのほうがより満足ですか？」とか、「業務を行うのに必要な研修は受けていますか？」という追加の質問が考えられる。これら2つの質問は、自宅でのリモートワークや、従業員が存在を知らないかもしれない研修について、責任者がチームのスタッフと交わす会話のすばらしい糸口となる。

――グラスドア評価

従業員が匿名で自分の会社を評価できるサイトの「グラスドア」は、CEO支持率、年収調査、福利厚生評価などの調査も行っている。企業におけるＥＸを浮き彫りにするオンラインの評価システムは数多くあるが、グラスドアは雇い主にとってとくに役に立つ。従業員満足度のレベルがわかるような正直な感想を読むことができ、自分が従業員にポジティブな体験をもたらしているかどうかを知ることができるからだ。

評価はレイティングのアルゴリズムを用いて示され、企業には1つから5つまでの星が与えられる。もちろん、星5つが最高値である。大企業にとっては、この独特の評価を参照することで、在職中の従業員の感想だけでなく、離職した元従業員の在職時の感想も知ることができる。それらは驚くほど率直であることが多い（われわれはグラスドア評価をフォーブズ・インサイツ――第3章で取り上げたセールスフォースの調査――のデータソースの1つとして活用した）。グラスドアはこう説明している。「こうしたアプローチによって、就職希望者と雇い主に彼らが求めるものを提供できるのです――その会社で働くことが実際どんな感じなのか、従業員による最新の見解を」。

――企業文化を測る指標

残念ながら、フォレスター・リサーチ社によると、企業文化の強さを測る指標は、ＥＸの向上を分析するためにはめったに参照されないＫＰＩに留まっている（参照される割合はたった17％）。従業員満足度のレベルにおいてこのズレがはっきりしているのは驚くことでもない。職場の文化に従業員がどの程度満足しているかのスコアと職場の文化がどの程度重要だと感じているかのスコアにはほぼ20ポイントの差がある（もちろん、これまで見てきた通り、従業員がとくに重要だと評価している取り組みのほとんどが同様の結果になっている）。

ひとこと警告しておくが、指標は良きも悪しきも反応を引き起こす。まずは評価と報酬の基準を調整すること。そうすることなしに、企業文化に影響を及ぼす事柄に変化を加えるような失敗をしてはならない（ＩＢＭの例を思い出してほしい）。従業員が業績に対し、古い評価基準で報酬を受けているのだとしたら、どれだけ新たなアプローチをとる理由やそのメリットを説明しても、何も変わらないだろう。

これで終わりではない

これらすべての指標を参照すべきだと言うつもりはない。とくに、全部いっぺんには。これらは隠されたチャンスを見つけるために、考慮に入れたり、チームと議論したりするための選択肢なのである。**肝心なのは、CXとEX両方の指標を、両者の間のつながりをより良く理解するために、それぞれ別々ではなく、見比べながら同時に用いることだ。**ＣＸとＥＸ向上のための取り組みを測って管理するのにどの指標を選ぶかにかかわらず、そこで止まってしまわないこと。重要なのは、そうした指標が実際に何を語っているかを理解し、その理解に基づいてビジネスのやり方を改善すべく行動を起こすことだ。企業の優秀さは、従業員がその企業でどんな体験をしているかを明確に把握することと、会社の目標に沿うＫＰＩを使うことによって決まる。従業員のことについては、これらの調査結果を全社で共有し、調査の過程で明らかになった問題を改善するために何が為されているかを明確にしなければならない。さもなければ、時間をとって調査に協力してくれた従業員の善意を無にすることになる。結果については透明性を保ち、それに従って行動を起こす必要がある。

データをただ集めるだけでなく、それを真に理解することができるようになれば、経営陣と従業員が成果ではなく、評価に向けて仕事をするようになるリスクを減らせるはずだ。**改善は目的地ではなく、旅の途中なのである。**参照する指標は会社の目標に合わせて、必要とする結果を得る目的で選ぶべきである——ただその指標だと安心できるからとか、現在使っているからという理由ではなく。

これは一晩で完成できるプロセスではない。これらの指標を長期にわたって参照し、情報を集め、分析し、それに基づいて行動しなければならない。データが予想外のものであった場合、企業のトップがそれは正しくないとか、自分たちが想定している現状と合わないので外れ値に違いないとか思い込んでしまうことはよくある。集めたデータが予想していたものと違うときに、それを信じたくないと思い、それに基づいて行動を起こさないとしたら、そもそもなぜわざわざ現状を測ろうとするのだろう？　指標など切り捨て、時間と資金と頭痛を無駄にしないほうがいい。ただし、その過程でＥＸとＣＸを改善する能力も切り捨てていることは胸に刻んでおくべきだ。

これらの指標は、あなたが自分のエクスペリエンス・マインドセットを育むだけでなく、会社全体にそれを行きわたらせる助けとなってくれる。それはもちろん、現在進行中のプロセスだ——指標は〝目的〟ではないが、会社がどれだけ進歩しているか、もしくはしていないかを測ることは、関係する全員が、定めた目標へ向けて努力を続けることを可能にしてくれる。しかし、指標が役に立つのは、ＣＥＯや最高責任者たちを含む経営幹部全体が、従業員と顧客両方の経験の向上を考えるエクスペリエンス・マインドセットを共有する場合のみだ。次の章では、そういう経営者のために働くとはどういうものか、そして、その真逆の経営者の場合はどうなのかを見ていこう。

本章のまとめ

■優れた従業員体験と顧客体験を実現できていないと気づくと、企業は同じ間違いを犯しがちだ。そもそもどうしてそうなったかわからないまま、問題を〝解決〟しようとする。

■目的に適さない指標を用いると、顧客と従業員の両方の側に間違った行為や経験といった予期せぬ結果をもたらす。**目的に適した指標は、従業員はもちろん、顧客にとっても望ましく、全体として企業にとって望ましくなるように、バランスのとれるものでなければならない。**

■部門ごとに独自の従業員満足度や生産性のデータを収集していることはよくあることなので、ＥＸの指標を深く掘り下げる前に、まずは部門を超えた包括的なデータ収集、統合、分析の戦略を展開するのが必須だ。

議論の糸口となる質問集

▼インプット型とアウトプット型の両方の指標を参照していますか？

▼従業員と顧客の間で共有され、部門を超えて使用している指標はありますか？

▼指標は会社の目標とエグゼクティブの報酬に見合っていますか？

▼現在、どんな従業員のデータを収集していますか？　定期的にそのデータを分析していますか？

第10章 事例：メディアをにぎわせた1件

これから紹介する話は実話に基づいている。匿名性を保つために名前や場所や出来事は多少脚色してあるが、誤解しないでいただきたい――このようなことは日常茶飯事である。

ウィリアム・ウォーターブリッジは一般に、同世代における最も偉大なエグゼクティブであるとみなされていた。それも理由のないことではない。何十年にもわたり、彼の会社は他に類を見ない、業界をリードするような株主利益率を実現してきたからだ。

彼は1970年代に小さな中西部の部品メーカーの営業担当としてキャリアをスタートさせた。その会社はユニバーサル・ディストリビューション・コーポレーション（UDC）という大仰な名前だった。彼の担当区域は売り上げが伸びないことで有名で、数少ない顧客も不愛想で要求ばかりする人たちだった。それでも、純然たる意志の力で――すばらしい人格が物を言ったのは言うまでもなく――ウォーターブリッジは担当区域を全国で最も利益の上がる場所の1つに変えた。

当然ながら、その若者はUDCで出世の階段を駆け上がっていった。最初は営業の責任者になり、次にマーケティングと顧客サービスの責任者になり、最後は役員にまでのぼりつめた。8年という短い間に、彼は50年の歴史を持つ会社で最年少の副社長になった。

2年後、最大の顧客に見限られ、UDCは破産法11条による再生手続きに入った。当時まだ副社長だったウォーターブリッジは突如として借金の入札者となり、主に特許と顧客リストを目的として、瀕死の会社を破格の値段で買い取ることになった。

ウィリアム・ウォーターブリッジの伝説が誕生した。

世間をあっと言わせた買収とともに、製品をリニューアルするために、トップの技術者たちも引き抜かれることになった。ウォーターブリッジに買収されて10年のうちに、UDCは製造業界で最も噂にのぼる企業の1つとなった。ウォーターブリッジにとって買収は手始めにすぎなかったことが明らかになったのだ。

会社を次のレベルに持ち上げるために、ウォーターブリッジはまず、UDCを非公開企業にし、4年後にまた公開した。絶好のタイミングだった。UDCの価値は90億ドルに跳ね上がった。それはウォーターブリッジ個人に最初の10億ドルをもたらした。

一方でウォーターブリッジは革新的な新たな企業理念を実行に移した。それはやがて〝ウォーターブリッジ・ウェイ〟として知られる伝説となった。

〝W-ウェイ〟と呼ばれるようになったその方法は、異常なほどに利益や、純資産利益率や、株主利益率にフォーカスするものだった。別に不思議はない。それは製品主導の経営理念であり、UDCはそれにならっただけだ。利益は最優先されるべきものではなく、唯一優先されるものだとウォーターブリッジが言ったとしても、ごく普通のことだった。

その考え方はシンプルだった。会社は収益を上げて生き残り、利益を上げて栄える。利益を最大にすれば、そこで得た資金をR&Dやロジスティックスや製品開発に再投資できる。利益が増えるとは株価が上がるということで、株主は満足する（そして金持ちになる）。そして会社が儲かれば、そんな飛ぶ鳥を落とす勢いの組織でぜひ働きたいと思う就職希望者はあとを絶たないはずだ。

W-ウェイはうまくいった。それどころか、長年成功をおさめたUDCはすぐにフォーチュン100に選ばれ、次にフォーチュン50に選ばれた。その時点で、UDCは時価総額ほぼ1兆ドルに達していた。ウィリアム・ウォーターブリッジは同世代のビジネスリーダーとして君臨した。

ウォーターブリッジの名声と成功の影響はUDC内に留まらなかった。時とともに、経営に携わっていたエグゼクティブの多くが社内の地位をのぼりつめた。彼らはしまいにUDCを去ると、乞われて、輸送、金融、製薬、航空など各業界の国内随一の企業の多くを率いるようになった。最新の〝ウォーターブリッジ・ワンダー〟と呼ばれれば、権力と成功への金の切符を約束されたのも同然だったのだ。

しかし、株主にとってはすばらしい業績を上げていても、UDCではすべてが完璧というわけではなかった。ウォーターブリッジがCEOとなってほぼすぐのころから、一般の従業員は幻滅しているという噂があった。利益と生産性にフォーカスするあまり、従業員が参っているというのだ。疲弊しきった顧客サービス担当や、バーンアウトした従業員や、精神的に追い詰められている従業員まで、数多くの従業員がSNSに定期的に投稿していた。

会社が開いた記者会見で記者からそれについて訊かれると、ウォーターブリッジはいつものようにまったく動じることもなく、穏やかにこう答えた。「わが社がすばらしい会社であるのは、日々仕事に励み、株主に利益をもたらしているからです。われわれが求める高い期待に応えて仕事に励めない社員がいるなら、離職してもらってかまわない。そのときは握手して送り出しますよ」

オハイオ州にあるUDCの工場の1つで、労働組合提唱者が労働組合結成を問う投票に向けての署名を集めたときには、ウォーターブリッジはUDCでは労働組合は容認されないというメッセージを送った。従業員たちが組合結成の投票を強行すると、ウォーターブリッジはビデオ通話で彼らをレイオフし、工場を閉鎖した。閉鎖の理由は標準以下のパフォーマンスと今後の利益の見込みが薄いことだった。彼はさらに踏み込み、当時の従業員たちの福利厚生をすべて中止した。メディアは大騒ぎだったが、ウォーターブリッジは動じなかった。投資家向けの次の〝輝かしい〟決算報告のときも、自らの戦術について謝罪することはなかった。

UDCは正式な定年を73歳としていた。しかし、ウォーターブリッジがその年齢に近づくと、彼はそんなものは無視するだろうというのが大方の予想だった。ところが、72歳の誕生日を祝う会で、ウォーターブリッジは、12カ月後の誕生日に会社を去り、2億ドルの特別退職金を得て、いくつかの未公開株式投資会社の顧問やCEOになると宣言してビジネス界を驚かせた。

その発表があって何分もしないうちに、ありとあらゆる会社の役員室や、報道局、ワシントンDCの政府機関までが、その衝撃の知らせについてにぎやかに憶測を巡らした。あんなビジネス界の巨人の跡を誰が継ぐのだ？　あの会社にとってどういうことになる？　経済全体は？

そのショックが薄れるまでに数日かかったが、薄れると、ウォーターブリッジの後継者についての賭けが始まった。話題の中心はＵＤＣの新進気鋭の２人のエグゼクティブ――ブルース・ペンローズとディー・フェルナンデスだった。会社の重鎮だったエグゼクティブたちはすでにほとんどが他の会社に移っており、彼らが最後に残ったエグゼクティブだったのだからなおさらだ。ウォーターブリッジは最高責任者に社内の人間を昇進させることで有名で、最後の最後にそれを変えることはありそうもなかった。

かなりのメディアがそれを報じ、一般にも憶測が広がるなか、アメリカ大統領までがこう述べたとされた。「ホワイトハウスでも、世間のみんなと同様に、次は誰がユニバーサル・ディストリビューションを率いるのか興味津々さ。あの跡を埋めるのはなかなか大変なことだからね」

ペンローズとフェルナンデスは、どちらも目立ったことはせず、自らの仕事に集中している振りをしていた。めったにないことだったが、記者に突撃されても、ありふれたことしか言わなかった。〝相手はすばらしい候補で、自分は候補とみなされるだけで恐れ入ってしまう。偉大なウィリアム・ウォーターブリッジの跡を継げるとしたら、光栄なことではあるが〟。

２人はできる限り互いを避けて過ごしてもいた。役員会やその他の社内の集まりでは礼儀正しく接していた。しかし、ひそかにペンローズは大きな変化に心の準備をしておくようにと自分の部下たちに言い、フェルナンデスのほうは静かに予算を立てる仕事をし、次の年度の戦略を立てるにあたって意見をもらうために、顧客や従業員に会っていた。

２人が遭遇することは避けられなかった。その機会はワシントン・ダレス国際空港で訪れた。２人はそれぞれの搭乗口へ向かおうとしていて、次の空港内の列車を待っているときに、互いに並んで立っているのに気がついた。

ペンローズはにやりとして手を差し出した。「きみにとっても正気の沙汰じゃないだろう、ディー？」

フェルナンデスはその手をとった。「ますますそうなる一方よ、ブルース。あなたはその気なの？」

ペンローズはウィンクした。「そういう性分でね。これは御大の最終試験だと思うよ。ぼくはそれに勝つつもりだ」

電車が駅に入ってきて、ドアが乗れと合図するように開いた。

ディーはうなずいた。「だったら、良かった、ブルース。最もふさわしい人が勝ちますように」

ブルース・ペンローズは意味ありげにほほ笑んだ。「その男はすでに勝ってるんじゃないかな」

ディー・フェルナンデスは次の列車まで待つことにした。

それからの数週間、ラスベガスのブックメーカーの間での勝者予想はそれまで同等だったのが、ペンローズに大きく傾いた。内部から情報を得たのは明らかだった。

1週間後、ダボスのホテルの部屋で眠れない夜を過ごしていたディーは、はっとベッドに起き直った。空港でのブルース・ペンローズの言葉を思い出したのだ。おそらく、彼ははったりをきかせただけではなかったのだ。私の知らない何かを知っていたのでは？

その後数時間、暗闇の中でそこにすわったまま、ディーは考えを巡らし、ウォーターブリッジの天秤がペンローズのほうに傾くような何かがあったかどうか思い出そうとした。やがて、スイスの澄んだ夜明けの光がカーテンの隙間から射したとき、ディーははっと思い出した。最後の役員会のことを。

役員たちは順番に自分の事業部の状況について説明したのだった。いつものように、ペンローズはチャートや配布資料や完璧に作り上げたスライドを使って派手なプレゼンテーションを展開し、やはりいつものように、彼の傘下にある世界中の工場では、何もかもすばらしくうまくいっていると説明した。それが大ぼらであるのはあまりに明らかで、ディーは笑いたくなる衝動と闘わなければならなかった。ペンローズの芝居がかったプレゼンについては、役員会に出席している全員が同じように感じていると思っていたのだった。しかし、そこで、ウォーターブリッジが熱心に耳を傾けているのに気づいた。

そのことがペンローズの笑止千万なプレゼン以上に心を騒がせた。御大は何もかも見透かしているんじゃないの？　大ぼらを吹かれているって理解していないの？　ディーは怒りと失望が胸の奥に湧き起こるのを感じた。この派手な大ぼらへのアンチテーゼを示すとしたら、どういうプレゼンテーションをしたらいいだろう？

単純よ、と彼女は胸の内でつぶやいた。透明性を保つこと。きっとボスも今回は真実を評価してくれることだろう。ボスとの間の信頼をいっそう強めることになるかもしれない。

そしてそう、自分の番が来ると、ディーは傘下の事業部について厳密に事実に基づいたプレゼンテーションを行った。その間ずっと、ウォーターブリッジはよしというようにうなずいていた。良い兆しだとディーは思った。正しい戦略を選んだと感じたのだ。

しかし、プレゼンテーションの最後に、ディーは賭けに出た。「もう1つだけ、ミスター・ウォーターブリッジ」とディーは言った。「一部の社員の中に不穏な空気が募っているのを感じました。とくに工場のスタッフや、営業担当や出張サービス担当のような顧客とじかに接するスタッフの間に。酷使されているばかりか、仕事に必要なシステムやツールの供給を受けていないと感じている人がいるようです。すでにトップの人材を数多く失っており、コンソリデイテッド・インダストリーズのような競合他社に移った人間もいます。この問題に対処しなければ、数年前と同じような労働組合結成の動きに直面する可能性もあります。

たぶん、今日話題にのぼった自社株買いをやめ、そのための資金の一部を社員の業務体験をより良いものにするために投資すべきだと思います。満足した社員は顧客を満足させて報いてくれますから」

そのときディーは部屋の中が静まり返ったのに気づいた。ウォーターブリッジはぽかんとして彼女を見つめていた。何年も時が過ぎたような気がしたあとで、ＣＯＯのジョー・デミントが咳払いをして言った。「非常に感動的な話でした、ディー、ありがとう。次の方、お願いします」

今、ベッドの端に腰をかけ、両手に顔をうずめたディーは、自分が何をしてしまったのか気づいた。Ｗ-ウェイに逆らってしまったのだ。だから御大はぽかんとした顔をしていたわけだ。彼は従業員のことも（替えがきくのだから）、顧客のことも（似たような顧客はいつでもまた現れる）まるで気にしていない。大事なのは利益と株主価値だけだ。他のすべては無意味なよそ見で……それを理解していない人間にウィリアム・ウォーターブリッジの会社の経営をまかせるわけにはいかない。

ディーはその日、ダボスでの基調演説やブレイクアウト・フォーラムのどれにも参加しなかった。ホテルの部屋にこもって履歴書をタイプし、ヘッドハンターと接触して過ごした。２日後、オフィスに戻ったときには、自分の跡を継ぐ人間を探しはじめた。自分が首になるのも時間の問題と思ったからだ。

数週間後、ウィリアム・ウォーターブリッジが、オンラインか、ＵＤＣの本部に集まるかで社員全員が参加する会議を招集し、後継者を発表したときには、ディーは自分のオフィスで発表を待っていた。ブルース・ペンローズが新たなＣＥＯになり、ウォーターブリッジは会長に留まった。

ペンローズがディーを解雇しなければならないと思っていたとしたら、相手を誤解していたことになる。ペンローズが差し出されたお祝いの手を握ったり、背中をたたかれたりしてからオフィスに戻ると、デスクには、すでに用意されていた手紙が置いてあった。即時の辞職を告げるディーの手紙が。

「よし」ペンローズはそう言って手紙をごみ箱に放った。それからコンピューターに向かい、お祝いのメールやメディアからのインタビュー依頼に返事を書き出した。

＊＊＊

ＵＤＣのオフィスを永遠にあとにしたときには、すでにディーの元には仕事のオファーが山ほど届いていた。ほとんどがこれまでと同様のポジションの仕事だった。取締役副社長、事業本部長、ＣＯＯすらあった。彼女はそのすべてを却下した。専横的なボスに翻弄されるのは二度とご免だったからだ。急いで決断を下さず、時間をかけたかった。

３週間後、そろそろレギンスとスウェットシャツを着て子供たちの野球の試合を観に行くのは――試合を最初から最後まで観られたのは久しぶりだったが――終わりにしなければと思い、ディーはラップトップのコンピューターを開いた。返信していない何百通というメール——慰めのメールや、ランチのお誘い、インタビューの依頼、スパムメールの中で、〝ＣＥＯ着任のお願い〟という題名の思いもよらないメールに目を止めた。

　知っている企業からだった。運命のプレゼンテーションの中で引き合いに出した、業界2番手の競合他社、コンソリデイテッド・インダストリーズ。アメリカ中部に本部を置くコンソリデイテッドは大昔からあるように思える会社だったが、安価な商品でどうにか利益を出していた。この20年、さしたるイノベーションも行わず、ほとんど変化もせずに手堅いビジネスを築き上げている会社だった。

　そこそこの製品を安価で販売していることで知られている以外は、あまり価値のない企業とみなされていた。ＵＤＣのようなより大きな競合他社が取りこぼした、安い価格を求める顧客を拾い上げることの多い会社だった。しかし、昨年は、会社を二十一世紀へと進めようという試みから、ＵＤＣのトップの人材を何人か引き抜いていた。

　ディーはそのメールを最初に開いた。

　それは創業者のマーティン・イェトルからで、会社同様、時代遅れのスタイルのメールだった。そこにはこう書かれているだけだった。「お時間があれば、あなたにコンソリデイテッドの社長兼ＣＥＯになってもらう件について話し合いませんか」ディーは笑みを浮かべた。気取らない直接的な文体だ。それから、他のメールを開いた。

　しかしあとになって、その日三度目に近所を散歩しているときに、ディーは気がつくとその申し出について考えていた。ＣＥＯになるなんて、望み通りじゃないのと自問する。ええ、と声に出さずに答える。でも、石器時代に留まったままの、低価格の製品を売る二流の会社のCEOよ。

その晩、ディーはイェトルの申し出に返信し、訪ねていくことにした。「お約束はできません」と彼女は創業者に告げた。「でも、お話は喜んでうかがいます」

「きっと気に入ると思いますよ」とイェトルは言った。「ここは家族経営みたいな会社だから」

ディーは電話を切り、声に出して言った。「そう、そういうのもたまにはいいかもね」

2日後、面接を終えて飛行機で家路についたディーはレポート用紙を取り出し、コンソリデイテッドを市場の真のトップ企業に、そしてかつての雇い主にとっての手ごわい競争相手にするにはどうしたらいいか、チャートを描いていた。材料はすべてそろっているとディーは胸の内でつぶやいた。あとは彼らを現代に連れてくればいいだけ。そしてそのやり方はわかっている。

家に帰るタクシーの中で、ディーはイェトルに電話し、オファーを受けると返事をした。イェトルは彼女がどんな取り組みをしようとも、必ず後押しすると約束した。「私はとやかく言う人間じゃないのでね」と創業者は言った。「きみは仕事のやり方を心得ている人間だと思うし」

「でも、あなたは創業者です」

「その通りさ。その創業者には長い休暇が必要なんだ」

ディーは電話を切り、信じられない思いで座席に背を預けた。

1週間後、ディーはインディアナポリスに飛び、街の郊外にある古い工業団地へ向かった。コンソリデイテッドの施設は大きくて特徴のない建物だった——あまり華々しいスタートとは言えない。それでも、ロビーに向かって歩いていくと、芝生がきちんと刈られているだけでなく、正面の石段のまわりには色とりどりの花が植えられているのがわかった。建物自体もペンキを塗り直したばかりだった。コンソリデイテッドの敷地では、目に入るすべてに誇りが感じられた。ディーはよしというようにうなずいた。UDCの華やかで新しいガラスと鋼鉄の建物も、これほどよく手入れされてはいなかった。ディーはすでにこの会社についていい感情を抱きつつあった。

建物の中に入ると、ロビーは古かったが、整然としていた。受付係は愛想が良く、役に立とうとしてくれた。ディーが名前を告げると、受付係の若い女性は両手を打ち合わせた。「ああ、こんにちは、ミズ・フェルナンデス！　お会いできて幸いです。みんなカフェテリアであなたを待っています」カフェテリアまで案内される途中、ディーは受付係に、誰が建物の正面の花の世話をしているのか訊いた。「とてもきれいね」と言って。従業員のグループが、週末にボランティアで敷地内の手入れをしているのだと受付係は説明した。ディーにとってこれまで聞いたこともないような話だった。

その日はずっとそんなふうに過ぎた。古びてはいるがよく手入れされたオフィスや工場、愛想の良い従業員、少しばかり気圧された様子の（「それで、本当にウィリアム・ウォーターブリッジの下で働いていたんですか？　彼はどんな感じなんです？」）エグゼクティブたちを知ることになった。しかし、経営基盤の多くが二十世紀のままで、アップデートを必要としていることにも気がついた。ようやくホテルの部屋に戻ると、ディーは冷蔵庫から小さなシャンパンのボトルを取り出して自宅に電話した。

「どうだった？」挨拶もなく夫が訊いてきた。

「慣れていたものとは違ったけど、気に入ったわ。ここで私に何かできることはあると思う。荷造りを始めて。住むところを探して学校を調べておくから」

「本当にそれでいいのかい？　UDCよりもずっと小さい会社だけど」

「ええ、でも、これは単にCEOになれるチャンスというだけじゃないの。ようやくW-ウェイの下では却下されていたことを実現できるのよ」

「わかった」と夫は言った。「久しぶりにきみが幸せそうな声をしているのは確かだしね。子供たちにはぼくから話したほうがいいかい？」

「ええ。決まったって言っておいて」

＊
＊
＊

それからの2カ月、ディーが自分のオフィスにいることはなかった。それよりも、さまざまな部門を訪ね、工場の従業員と会い、物流の倉庫の状況を調べて過ごした。従業員たちが必ず進んで助け合おうとしていることには勇気づけられた。コンソリデイテッドとの関係について感触を得るために顧客に会うこともあった。

数多く質問をしたが、耳を傾けることのほうがもっと多かった。日々ランチは、たいてい地元のダイナーで異なるエグゼクティブと一緒にとり、彼らの見解を聞いた。食事は手軽なものだったが、情報を得る機会としてはすばらしかった。ディーは会社の経営状況や力関係や従業員の倫理などについて情報を得た。また、チキンのステーキも好きになった。

エグゼクティブたちと話してわかったことは、会社はいくつかの人気商品と低価格によってほどほどの業績を上げているものの、従業員たちは不安を募らせつつあるということだった。より大きく、成長著しい競合他社に押されて、コンソリデイテッドの業績が悪化するのではないかと恐れていたのだ。オフィスのまわりでは、この会社も破産の憂き目に遭うか、UDCのような会社に敵対的買収をされるかして、数年のうちになくなるのではないかと噂されていた。

従業員たちは顧客のことも気にしていたが、顧客の多くは悲しいことに、よりダイナミックで革新的な売り手へと目移りしていた。従業員たちは、テクノロジーのアップグレードや、追加のサービスや、製品への新たな付加価値に投資が行われなければ、自分たちが顧客の要望にきちんと応える方法はないと感じていた。それはさらに大きな懸念だった。コンソリデイテッドは顧客に対して人間味のある対応を続けたいと思っており、自分たちの家族的な雰囲気を大いに気に入っていて、それを保ちたいとも思っていた。しかし、従業員が最大限努力していたにもかかわらず、顧客満足度の数字は落ちはじめていた。

その上、今従業員がとくに心配しているのは、ディーが問題解決に乗り出し、古株の従業員を解雇し、愛する会社に恐ろしいウォーターブリッジ・ウェイを押しつけようとするのではないかということだった。

この最後の心配について、ディーは虚をつかれた。社会人になってからずっとUDCで過ごしてきて、実務ではW-ウェイに逆らうことも多かったが、UDCの永続的な大きな成功はその経営哲学の産物だとずっと思ってきたからだ。なんと言っても、みんなウィリアム・ウォーターブリッジをビジネスの天才だと思っているわけでしょう?

ディーは食べ物をデリバリーしてもらい、この矛盾を解こうとして長い週末を社宅からほとんど出ずに過ごした。違う〝方法(ウェイ)〟があるの? ディーは自問した。それこそが、あの役員会での私の発言が暗示していることじゃないの? UDCのトップになる機会を奪ったあの発言が。

ディーは火曜日の午前11時にコンソリデイテッドの全従業員を集めたミーティングを招集した。難しいことではなかった。ほぼすべての従業員が同じ建物内にいたのだから。ディーはステージに——高校のオーケストラが使うような古い演台に——立ち、目の前にいる1000人の従業員を見まわした。集まったときには、従業員たちは互いにほほ笑んだり、握手したり、ハグしたりして挨拶していたが、今は不安げな表情でディーをびくびくと見つめていた。

「みなさん」ディーは話しはじめた。「私が前の職場のやり方をコンソリデイテッドに持ち込むのではないかと、みなさんが心配なさっているのはわかっています。これだけは言っておきたいんですが、それほど真実から遠いことはありません。

むしろ、私は、お客様にすばらしい製品を供給している企業であるのはもちろん、働く場所としてもすばらしいこの会社の特徴をそのまま維持しようと思っています。あなた方一人ひとりが誇りを感じている特徴を。それが建物の外の花の手入れをすることであれ、頼まれたわけでもないのに助け合っていることであれ。お客様が離れていかないようにするつもりなら、サービスとサポートを、競合他社と同等の——いいえ、もっとずっと高いレベルのものにするためのテクノロジーとツールをみなさんに供給しなければなりません。ただし、この会社を象徴する人間味のある部分は失わないようにするんです」

ディーは集まった面々に目を向け、反応を探った。これまでのところ、悪くない反応だった。彼女は続けた。「でも、革新的な新製品を販売する必要もあります。競合他社はそれを日々私たちに教えてくれています。ですから、いくつか重要な分野において、競合他社をはるかに超えるような新たな製品を開発するために、投資を行います。それはみなさんの意見や指導を得て行うつもりです。

今ここでみなさんにお約束します。業界をリードするような製品とお客様へのサービスにおいて、この会社を最大の競争相手に匹敵する存在にします。でも、そうするにあたって、この会社を特別な職場にしている特徴を損ねることはしません」

彼女の言葉に対して、長く拍手が続いた。「詳しいことは、これから何週間か何カ月かの間に明らかになっていくでしょう」拍手が止んでから、彼女は続けた。「でも今は、すぐにやらなければならないことについて説明させてください」

ディーはそれから1時間かけ、コンソリデイテッドに導入するつもりでいるシステム、研修、キャリア開発の機会について説明した。複数の部門にまたがる委員会を設置して、会社のインフラの活用や保全を調整するなど、新しい組織構造についても話した。それらは、これから行う変革についてリアルタイムでフィードバックを受ける役に立つはずだ。イェトルの機会均等の方針や、この会社の驚くべき文化は維持すると約束したが、従業員と顧客両方の体験を改善するつもりでいることをとくに強調した。

ディーは工場のスタッフとも直接話をし、コンソリデイテッドの名前が品質の高さを象徴するような製品の製造に励んでくれていることに謝意を表した。その日はそれから、プロダクト・デザイン・チームとミーティングし、信頼を表明して、革新的な製品を生み出しつづけるのに必要な予算を組むと約束した。しかし、その見返りに、リスクを恐れず、創造性を発揮してくれることを期待していると語った。既存の製品にわずかな改良を加えただけの製品は要らないと。

その日、ディーがオフィスをあとにするときには、責任者たちや従業員たちの顔には笑みしか見えなかった。彼女は彼らが夢見ていたものを与えたのだ。夢に見つつも絶対に無理だとあきらめはじめていたことを。

その晩、1日の終わりに、ディーは夫に電話した。

「どうだった?」と夫は訊いた。

「悪くなかった。みんな私の計画に満足しているようだった」

「だったら、どうしてそんなに声が暗いんだい?」

「だって、これまで試みたことすらないことに対する期待をあおってしまったんだもの。うまくいかなかったら、彼らの愛する会社をだめにしてしまう。それに、この会社を正しい道に導いたとしても、どうやってそれに報いていいかわからない」

「きみがCEOになりたかったのはそのためじゃないのかい? ぼくはきみがうまくやると信じているよ」

「まあ、こうして話している誰かさんが信じてくれているのはありがたいわ」

＊＊＊

結局、ディーは資金を見つけることができた。自分の名前を引きにして、コンソリデイテッドの売出しを行い、６０００万ドルを調達したのだ。その資金はまず、包括的な顧客関係管理システムに投入した。そのシステムによって営業担当や顧客サービス担当は指先だけでデータを入手できるようになり、注文に個別に対応したり、価格を割り引いたり、付加価値を提供したりできた。

それが結果的に従業員に権限を与えることにもなった。従業員は今や、個々の顧客のニーズに対処するのに、許可を得るためにその電話を他部署や上司にまわさずに済み、必要な決断をすべて1回の通話で下すことができるようになった。それが顧客の満足につながって、ＮＰＳのスコアの低下が止まり、上昇に転じた――過去にないほどのレベルまで。

資金の一部は顧客の50％が自力ですべての処理ができるしっかりしたＷｅｂサイトの構築にも費やされた。顧客は特別な要求があるときだけ、顧客サービス担当と話をすることになる。ディーはそれから、セルフサービスの割合を75％にする目標を立てた。新しいサービスや製品のアイデアを求めて、従業員のユーザーグループも創設した。出張サービスのスタッフには、より効率的に仕事ができるよう、最新鋭のテクノロジーを装備させた。事務職の従業員は人間工学に基づいた新しい椅子と机を与えられて驚いた。

製造ラインにも資金を投じ、新たな設備を加え、安全性を改善し、照明もより良いものにした。顧客のためのオンライン・マニュアルとＦＡＱを開発し、新製品開発においてＲ＆Ｄをサポートした。

最初は華々しい結果は得られなかった。従業員がこうした変化に順応する必要があったからだ。しかし、従業員が新しいシステムやプロセス、部門間の委員会、どこまでも革新的な新しいアイデアを求め、それを進んで受け入れようとする経営陣に慣れると、会社の士気が戻ってきた。コンソリデイテッドは創立以来、初めてインディアナポリスの〝最も働きがいのある会社〟に選ばれた。

顧客体験も同様に改善された。顧客は昔から気に入っていたコンソリデイテッドのサービスに、UDCのような大手の競合他社に期待する迅速さや柔軟さや正確さが加わったことを知った。選択肢を与えられた顧客は、より小規模で、より人間味のある会社に戻ってきた。収益も利益も増加した。従業員は満足し、顧客も満足した。株主も満足だった。ディーはようやく夜ぐっすりと眠れるようになった。

ディーがCEOになって3年目には、コンソリデイテッドの使用可能な現金は彼女がCEOになりたてのころに比べ、ほぼ10倍になっていた。株価がつかのま下降傾向を見せたときに、ディーは接触してきた証券引受業者から、浮動株を減らし、株価を上げるために自社株買いをするよう説得された。ディーは礼儀正しく耳を傾けた。証券引受業者が「ビル・ウォーターブリッジなら、きっとそうしますよ」と言ったときですらも。

彼らを追い払うと、ディーは自社株買いをする代わりに大勢の新規採用者を受け入れるための新しいオフィスを開き、新たな評価と報酬のプログラムを創設した。また、資格取得プログラムによる従業員の能力開発を補償し、地元の大学の学費を負担するなど、福利厚生も充実させた。こうした機会や手当ては全従業員が対象だった。

さらにディーは、今後は従業員が社会奉仕活動のために月に1日休みをとれることにすると宣言した。従業員たちはすぐに地域でボランティアやNPOの役員として活動するようになった。ディーは非公式に、利益だけでなく、もっと大きな目標に向けて全社を集結させるつもりだと役員たちに告げた。役員たちにも課題を与えた――どうしたら、より持続可能な方法で製造を再設計できるか？　2030年までにカーボンニュートラルを実現するという目標を立てられるか？

役員会のあとで、1人の取締役が彼女にこう言った。「少々無茶な話ですが、あなたが成功することに異を唱えないほうがいいと学んできましたからね」

この新たなプログラムに対する従業員とコミュニティの反応に力を得て、ディーは長く温めてきたプログラムに取りかかることにした――顧客サービス担当のスタッフを主要な顧客にじかに会いに行かせることにしたのである。そのプログラムは大成功をおさめた。従業員の中には、顧客と親しい友人関係になる人もいた。顧客も従業員もコンソリデイテッドから離れることはないと保証されたも同然だった。

＊＊＊

それから10年にわたり、コンソリデイテッドは成長率の伸びでは業界トップ、利益率では第2位、従業員ロイヤルティとエンゲージメントではトップを誇った。イノベーションに対して数多くの賞を受賞し、サステナビリティの目標に向けても前進しつつあった。

その間ディーは顧客体験と従業員の満足度を同時に向上させることに注力していた。顧客と従業員を招き、コンソリデイテッドの改善すべき点についてフィードバックと提案を共有する顧問委員会を設立した。業界でトップの人材の採用も行った（コンソリデイテッドが成功の一途をたどっていたのでそれも容易になっていた）。ディーは地域のコミュニティで有名人ではないとしても、ビジネス界では急速に尊敬を集める人間になっていった。

たまにUDCのニュースを探して新聞のビジネス面を読むこともあったが、たいていは新製品の噂を探すか、彼らの四半期の財政状況と利益率をコンソリデイテッドと比較するためだった。そうするなかで、UDCが苦境に陥っていることに気づきはじめた。収益は今も高いが、ゆっくりと低下していた。UDCは製品主導の組織から顧客中心の組織へと変わろうとしていた。そのせいで会社の利益率が削られていたものの、顧客満足度にはあまり効果が見られなかった。

実際、ありとあらゆる投資が顧客に向けてのものだったのに、UDCの顧客はこれまでになく不満を募らせているようだった。調査によると、顧客はこれまで以上の優待や値引きや特典を供与されているのに、決して満足することがないようだった。UDCの顧客サービス担当とのやりとりが延々と続き、要領を得ず、徐々に不愉快なものになってきたと感じてもいた。

一方、以前ディーが運営していたUDCの工場のうち3つがストライキを起こしていた。そのうち2つは、かつてUDCが労働組合結成をはばむために、その州へと場所を移した工場だった。従業員たちはおそまつな職場環境、長時間労働、倉庫における労働災害率が競合他社に比べて2倍高い事実について苦情を申し立てていた。

ブルース・ペンローズは今もCEOとして会社の舵取りをしていた。苦情には〝ウォーターブリッジ・ウェイ〟の教義に従って対応し、従業員の半分をロボットや自動化に置き換えた。それは経費削減だけでなく、もっともうるさい従業員を排除するためだった。ペンローズはそれらの従業員にUDCの社員としての日々は終わりだと告げる通告を送った——その週の金曜日に、バッジと会社の備品をオフィスに置いて去るようにと。そのことは数多くのメディアに否定的に取り上げられただけでなく、ディーの跡を引き継いだ男性の離職を招いた。彼はメディアにこう言った。「人生は短い。もうこれ以上は耐えられなかっただけです。ウォーターブリッジ・ウェイはぼくのやり方とは違う」

ディーはコンソリデイテッドの新たなCOOとして彼を迎え入れた。

それまでのところ、UDCはまだ業界最大手の企業だった。そしてペンローズは指導者から教わった通りに、鉄拳をもって会社を経営しつづけていた。しかし、創業者の時代とは違って、もはやUDCが堂々たる世界の覇者でないことは明らかで、かつての強さを失っているように見えた。新製品の導入は遅く、既存の製品の改良は約束だけで進まず、従業員の離職も増えていた。新規採用も徐々に難しくなっており、顧客満足度は、UDCがその問題にどれだけの資金を注ぎ込んでも、上昇しそうになかった。また、UDCは年に1%ずつマーケットシェアを失っており、2年前よりも株価は40%も下がっていた。

年次ごとの展示会で、ディーとペンローズは業界の未来について語り合う、同じパネルディスカッションに参加する予定になっていた。2人は12年前に空港で偶然出くわして以来、顔を合わせていなかった。公の席では、ペンローズはコンソリデイテッドを「うちのちっちゃな競争相手」と呼び、ディーの〝方向転換プロジェクト〟の成功を祈ったが、過去5年のうち4年間、UDCがほとんど成長していないのに対し、コンソリデイテッドは規模が2倍になっていた。公の席以外では、ペンローズは決してディーの名前を口に出さなかった。かつてライバル同士だったこの2人が顔を合わせるディスカッションに対し、業界全体でかなりの期待が高まっていた。

しかし、ペンローズは直前になってパネルディスカッションへの参加を取りやめた。UDCの現状を変えるために、役員会からウォーターブリッジに会長再就任の要請があったという噂が流れていた。ディーはそんな噂は無視した。それに、その展示会に参加していた新規の顧客と出会うのに忙しく、そのことをよく考える暇もなかった。

1週間後、ディーがオフィスに戻ってくると、秘書が口に手を当てて急いでやってきた。「ミズ・フェルナンデス」と驚きもあらわな様子で言う。「ウィリアム・ウォーターブリッジからお電話です。お話ししたいとのことで」

電話が転送されるのを待ちながら、ディーは驚きに首を振った。かつてこの世の何よりもこの電話を待ち望んでいたときもあったのだった。

ディーは受話器を持ち上げた。「ミスター・ウォーターブリッジ」

「ディーかい？」

「そうです」

「ディー、ブルース・ペンローズがユニヴァーサルを去ることになったんだ。代わりの人間を探す間、私が暫定的な会長として戻ってきた」

「そうですか」

「詳しいことは言わないでおくよ、ディー。きみにもわかっているだろうから。こうして電話したのは、戻ってきてCEOに就いてくれないかと思ってね。きみには経験もあり、われわれの企業文化についての比類なき知識もある。言うまでもないが、きみと私は昔からうまくやってきた。どうかね？一度会えないかな？」

ディーは感覚的には10分ほども答えずにいた。これは世界最大の物流企業を経営するチャンスだ。そこに自分らしさを加え、自分の新たなアイデアが大きく花開くのを見守るチャンス。

しかし、それから、ディーは首を振って頭をはっきりさせた。コンソリデイテッドの従業員たちのことを思い出したのだ。彼らを愛していた――彼らも仕事に励み、会社に尽くすことでその愛に応えてくれている。彼らとともにこの会社を、小規模ながらもUDCにとっての強力なライバルへと育て上げたのだった。そして、イェトルが信頼してくれていることを思い出した。ウィリアム・ウォーターブリッジとその容赦ないW-ウェイとはあまりに違う。

「どうかね、フェルナンデス？」電話の相手は苛立った声で訊いた。

「ミスター・ウォーターブリッジ、ご親切な申し出に感謝いたします――それから、長年私の指導者でいてくださったことにも。でも、私はここで満足しているので――このままこの会社に留まろうと思います」

あとがき

初心者の心には多くの可能性があるが、熟練者の心には可能性はほとんどない。

『禅マインド　ビギナーズ・マインド』著者　鈴木俊隆

今日の企業はかつてないほどに有能である。その中でも最高の企業は、最も洗練された情報システムを用いて、かつては不可能であり、想像すらできなかったほどの効率を実現している。製品の企画から市場投入までの時間は短くなり、顧客満足度はほぼ1年ごとに最高値を更新しており、リモートワークやその他の便益によって従業員は柔軟な働き方を楽しんでいる。

今日の企業が直面する最大の脅威は、従業員の不満にひそんでいるように思える。それでも、その脅威は隠れて進行するもので、長年とらえどころのないままだった。数多くの調査研究が——そのいくつかには私も参加したが——調査によってわかったこの従業員の不満に注目した。それは近代的な福利厚生を実現している会社の従業員であっても変わらない。

本書を読み終えた今、みなさんも私が調査によって明らかにしたことをご理解くださるだろう、今日のビジネスがこうなった原因と結果を。半世紀というもの、企業はビジネスを特徴づける2つの不確定要素——CXとEX——に直面するたびに、CXにフォーカスし、EXは現代の企業文化の変化によって改善できるだろうと想定した。そう強く思い込んでいたせいで、3世代にもわたる経営者たちは、顧客はつねに優先すべき存在というに留まらず、すべてであるというマインドセットを植えつけられてしまった。

しかし、本書でここまで述べてきたように、ＣＸとＥＸは**離れがたく結びついている**ものだ。それどころか、同じ運命をたどると言ってもいい。企業の経営者や最高責任者たちはもはや、従業員体験も同時に改善することなしに、顧客体験を改善することはできない。顧客満足度が上昇しないのは（そしてすぐに低下を始めるのは）、企業が従業員の満足度にも等しく注意を向けて投資を行わないからだ。

結局、求められるのは変革である。企業の経営者や未来の経営者のマインドセットが本当の意味で変わる必要がある――そう、あなたのような人々の。今こそ、物の見方を再考し、新たに始めることを考える時だ。禅僧の鈴木俊隆が言うように、限りのある〝熟練者の心〟から離れ、無限の〝初心者の心〟へと向かわなければならない。顧客体験への近視眼的なこだわりを捨てれば――顧客体験を企業が成長するための最重要事項とみなしている〝熟練者〟も多いが――従業員に、彼らが最も欲し、最も必要としているものを供給できる。従業員に力を与えることで、ＥＸは改善できるが、ここで学んだように、ひいてはＣＸも改善できるのである。ＣＸとＥＸがポジティブな影響を及ぼし合えば、企業はきっと成長できる。それはたゆまず動きつづける効果的なサイクルとなる。本文でも述べたが、だからといって、ＣＸを後まわしにするということではない。そうではなく、従業員体験と顧客体験の両方を、バランスをとって向上できるような取り組みを生み出すということだ。

本書を通して学んだことは、あなたが**顧客と従業員の両方**の体験を改善する際の助けとなるはずだ。

もちろん、その目標は成長だが、従業員全員にフォーカスする新たなアプローチを受け入れることなしにそれはなし得ない。従業員はあなたのために働き、あなたから製品やサービスを買ってくれる人のために働いているのだから。そのアプローチができるようになったら、きっとあなたの会社は将来、ずっとより良い立場にいることだろう。

ありがとう（マハロ）

ティファニー

謝辞

私は2冊目の本を書くつもりはまったくなかった。しかし、バンクーバーでの基調講演と、セールスフォースの当時のCMOステファニー・ブシェミとの短いミーティングのあと、気がつけば、この2年にわたる驚くべき調査に乗り出しており、何百という会話と何十もの〝なるほど〟という瞬間を経て、ついには『エクスペリエンス・マインドセット』を執筆することになった。そこにいたるまでには、多くの人の支えがあった。ずっと私のそばにいてくれた、信じられないほどすばらしい人々に感謝の意を表したい。

本書を形にする力になってくれたセールスフォースの家族たち――サラ・フランクリン、ケキシン・チェン、ファティマ・サイ、アイビー・ライト、アマンダ・ベンツ、アリス・エイブリー、ダン・ファーバー、コナー・ドネガン、ピップ・マーロウ（ANZについてのサポートを続けてくれたことに）、ケリー・スミス。また、恐れを知らぬわれらがリーダー、ジョン・タシェク率いるフューチャー・フォーラム・チームとイノベーションオフィス、マーケット戦略とインサイト・チームにもお礼を言いたい――私にとって日々これほどすばらしい力になってくれるグループは他にない。私はセールスフォースのCEOマーク・ベニオフ率いる最高の経営陣と仕事をする機会に恵まれた。とくに何についても嫌な顔ひとつせずに徹底的に議論してくれた、われらがCFOエイミー・ウィーバーには特別な感謝を叫びたい。セールスフォースのみなさんには永遠の感謝をささげる。

調査チーム――ブライアン・マクリード率いるフォーブスのチームと、アントワーヌ・ハラリー率いるエデルマン（ジーノ・DXI）・データ・アンド・インテリジェンス・チームに。小売業のケーススタディは、タレンテック創立者でコロンビア大学バーナード・カレッジの教授であるラリット・ムナシンゲとスタンフォード大学ビジネススクールのケイト・ゴーティエの考案によるものである。彼ら（とそのチーム）は、「EX+CX=成長」という因果関係を実際のケーススタディで明確にした。

出版チーム――この驚くべきグループは、私がビジョンボードに書いていたアイデアや理想を、2冊目の本に結実させる助けとなってくれた。出版社であるポートフォリオと、本書を一緒に作り上げたチームの仲間に感謝したい。エイドリアン・ザッハイム、キム・メイラン、マーゴット・スティマス。あなたたちは私のとんでもないアイデアに喜んで耳を傾けてくれ、それを形にしてくれた！アイデアを得て初めて本を執筆する人間を信じてくれたエージェントのジム・レバインにも感謝を。今や私たちの2冊目が世に出ることに！　驚くべき広報係のマーク・フォティアにも謝意を表したい。本を出すまでの道のりに一番長く付き合ってくれて、私の日々の生活に多大な影響を及ぼしてくれたことに。

協力チーム――私に話ではなく、執筆をさせるのは多大な努力を要することだ。なんとお礼を言ったらいいだろう？　そしてどう言ったら？　ブッキテクトのデイブ・モルダーは、日々私が目下の仕事に集中するように目を光らせていてくれた。私がわくわくすることを見つけて気をそらすことのないように。おかげで楽しい段階まで到達できた（笑）――執筆まで。紙に何千もの言葉を記して最高の話をつづり、それが冗長なものにならないようにするのは並大抵のことではなかった。

ありがたいことに、そこでもマイク・マローンという味方がいた――毎週のズーム通話が最高だった。思わず訊くこともよくあった……「午前1時に執筆しているのは誰？　私たち！」それから、私が10年生のときの英語の先生ががっかりするような文章をきれいに整えて最終稿を仕上げてくれた人がいる。ありがとう、ザック・ガヤフスキー――あなたは決してあきらめず、私を落ち着かせることができ、一緒に仕事してとても楽しい人だった。ジェーン・キャボリーナ、あなたは1冊目と本書、両方の本に協力してくれた。巻末の注を残らず調べてくれ、私が述べたすべてに裏付けがあることを確認してくれた。イラストを描いてくれたのは、途方もない才能の持ち主であるアーティストのタンメイ・ボラである。両方の本、ポッドキャスト、その他どんなことを頼もうとも、彼は私の言葉を記憶に残るイラストにしてくれた。すべての調査結果をまとめて使えるものにしてくれたのはパトリシア・ラッシュである。非常に長いＷｅｂサイトのリンク先リストを整理して、意味のわかるものにしてくれたが、そうした手腕で彼女の右に出る者はいないだろう。創作プロジェクトにおいて、無限に続く編集作業に耐えてくれたジム・マクリードにも感謝したい。そして最後に、決して少なくない感謝を私の相談役のマリー・メオリに（彼女は私以上に私の本質をわかっている）――あなたは私の途方もないアイデアがどこへ向かうにしても、必ず喜んでついてきてくれる。あなたほどすばらしい同伴者はいない！　あなた方みんなに感謝（マハロ）。

シンキング・パートナー――ＥＸという新たな領域に足を踏み出すのは私にとって少々不安なものだったが、この話をいかにうまく構築するか考えるのに、このグループほど助けになった人たちはいない。相談相手が必要なときに、必ず私の電話やメールに応えてくれたThinkers５０の仲間たち。

とくにリズ・ワイズマン、リタ・マグレイス、ローラ・ガスナー・オッテイング、ターシャ・ユーリック、ロジャー・マーティン、ナンシー・デュアルテ、ユベール・ジョリー、ニック・フェラッツイ、バラ・アフシャール、トム・ピーターズ、スチュアート・クレイナー、デス・ディアラブに。

私の大切な仲間（ホアロハ）――私を支えてくれた友人たちにはお礼を言っても言い切れない。とくに私の心の妹、ローリ・ニューマンに感謝する。私が元気をもらう必要があるときにはいつもあなたがそこにいてくれて、私が成し遂げたことについては誰よりも大きく称賛の声を上げてくれる。あなたがいなかったら、この数カ月を生き延びることはできなかっただろう――愛してる。スーザン・マクギャリー（別名スーキ）、あなたを友人と呼べるのはとてもうれしいことだ。私が最も暗い闇に落ちたときに、そこにいて、私の心に明かりを戻してくれた。シェイ、あなたはいつもそばにいて、ハワイ出身の2人の女の子が……本土で成し遂げたことを思い出させてくれる。20年以上も私のそばにいてくれたチャンネル・チックス。そして、名前を出していないみなさんに（ステファニー、サバンナ、PJ，シェリー）――全員の名前を挙げることはできないけれど、みんなわかってくれるはず。私にかかわってくれてありがとう。感謝している。

私の家族――本書を母に捧げる。この本を書き終えることはうれしくもあれば、悲しくもあった。私が原稿を提出したのは母が病気になった日だった。そして、母が亡くなる前に私に最後に言った言葉を本書の献辞とした。母は本書の最後に載せたエピソードの主役でもある――ＣＥＯとなった主人公のディー。自立していて、最期までずっと力を失わなかった強い女性だった。母のことは日々恋しく思っている。そして、人生のパートナーであるＩＤＬＲに……あなたの支えがなかったら、私の毎日は成り立たない。あなた以外の誰とも、人生というダンスフロアで一緒に踊りたいとは思わない。あなたは私に日々、光と笑いをもたらしてくれる。あなたのことを愛し、尊敬している。これからもずっと。

付章：調査方法

1.「体験の同等化——満足した従業員と顧客がどう成長を加速させるか」フォーブズ・インサイツとセールスフォースによる共同調査（"The Experience Equation: How Happy Employees and Customers Accelerate Growth," Forbes Insights in association with Salesforce, 2020）。２０２０年（新型コロナウイルス蔓延を防ぐロックダウンが行われた初期のころ）に実施されたこの調査は、従業員体験が実際、顧客体験の改善と、高い収益率へとつながる、まだ発見されていない鎖であるかどうかを調べるために始められた。

2.「体験の利点——仕事の未来のために、顧客と従業員の体験を変える」セールスフォースとエデルマンＤＸＩによる共同調査（"The Experience Advantage: Transforming Customer and Employee Experience for the Future of Work," Salesforce and Edelman DXI, 2022"）。第二のより包括的なこの共同調査プロジェクトは、世界の12の市場における４１００人以上の経営に携わるエグゼクティブや従業員を対象に「顧客体験を向上させ、収益を増やす従業員体験の重要な要素を特定する」ために実施された。

今後は、これらの調査のデータを引き合いに出す場合——両方をランダムに引き合いに出すことになるだろうが――データのソースとして、括弧に入れてそれぞれの番号をつけることにする。

調査方法

調査1「体験の同等化」（The Experience Equation）

（アメリカのみ：フォーブス・インサイツとセールスフォース）

1．データ分析：フォーブス・インサイツがアメリカ顧客満足度指数とグラスドア・レイティングで公開されているデータ及び、3年間の年平均成長率（ＣＡＧＲ）の情報を使って、263の企業の従業員体験、顧客体験、収益の増加の相互関係を分析した。

2．アンケート調査：2020年6月、セールスフォースがアメリカを基盤とする300の企業のシニア・エグゼクティブを対象に、ＣＸとＥＸの重要性について、及び、エグゼクティブたちがそれらをどう改善することで収益の増加とビジネスの成果に結びつけているか、アンケート調査を行った。回答者は全員、少なくとも年間収益2000万ドルの企業のエグゼクティブで、そのうちの3分の2が年間収益5億ドル以上だった。エグゼクティブの78％が経営に携わっていた。

3．インタビュー：フォーブス・インサイツが2020年の7月と8月に選抜した何人かのエグゼクティブにインタビューを行った。これらのエグゼクティブは、アンケート調査を行った企業と同じ企業特性に属する会社に所属している。同時に行うことで、これらの情報源は、どうすれば優れた従業員体験と顧客体験が成長へとつながるか、説得力のある未来図を描いてくれ、どうすれば企業が効果的なＥＸとＣＸ中心の成長戦略を立てられるかを示してくれる。

調査2：「体験の利点」（The Experience Advantage）
（セールスフォースとエデルマンＤＸＩ）

セールスフォースがエデルマンＤＸＩと共同で行った２０２１年の調査の結果は、２つの重要なデータソースに影響を及ぼした。２０２１年の晩夏に実施されたプロプライエタリー（個別受託）調査と、コロンビア大学とスタンフォード大学と共同で行ったプロプライエタリー小売業ケーススタディである。

このアンケート調査はアメリカ（ＡＭＥＲ）、ヨーロッパ、中東、アフリカ（ＥＭＥＡ）、アジア太平洋地域（ＡＰＡＣ）、オーストラリア・ニュージーランド（ＡＮＺ）にある12の市場で、３つの区分に当てはまる企業の３５００人の従業員と６２６人のエグゼクティブから回答を得た。すべての回答者は次のグループ（区分）のいずれかに属する。

●**実店舗を持つ小売業の従業員：**世界全体でｎ＝１５０１人／／**エグゼクティブ：**世界全体でｎ＝２５４人

直に顧客とやりとりする小売業かレストランの従業員（たとえば、さまざまな業態の小売店、薬局、ファストフード店など）

●**B２Cの顧客サービス業の従業員：**世界全体でｎ＝１５００人／／**エグゼクティブ：**世界全体でｎ＝２５４人

消費者とじかにやりとりする企業の従業員─主としてオフィス内で──金融サービス、銀行、保険、通信、航空、旅行会社、ホテルなど。

●**B2B／B2Gの製造業及び医療・ヘルスケア産業の従業員：**世界全体でn＝500人／／**エグゼクティブ：**世界全体でn＝118人

製造業や医療・ヘルスケア産業の顧客サービス部門。

この調査の一環として、セールスフォースは次に、コロンビア大学バーナード・カレッジの教授であるラリット・ムナシンゲ博士と、スタンフォード大学の博士研究員でタレンテック・リサーチ・ラボラトリーズの共同創立者であるケイト・ゴーティエに、初の試みである小売業の調査を委託した。この調査は、アンケート調査とケーススタディによって、EXのCXと成長率への実質的な計測できる効果をはっきりさせ、パンデミックを触媒として長期にわたって出現してきたトレンドを示して、体験についての考え方を想定し直し、成長を高める機会を与えてくれた。

小売業のケーススタディは、アメリカの大手小売りチェーンの専有データへのアクセスを可能にしてくれた。その中には、1000店舗以上の3年間の従業員と財務のデータもあった。長期にわたって小売業のデータを収集することで、異なる変数の調整を行い、従業員体験のさまざまな要因とそれが収益に及ぼす影響の間に直接のリンクを見つけることにフォーカスできた。

2021年夏に実施されたプロプライエタリー調査では、アメリカの大手小売り業者の3年間の専有データへのアクセスもプラスされ、それが〝体験の利点報告書〟にまとめられた調査結果の基盤となった。

原注

序章（上部数字は掲載ページ数）

012 **従業員体験により注意を向ければ：** Kate Gautier et al., "Research: How Employee Experience Impacts Your Bottom Line," Harvard Business Review, March 22, 2022, https://hbr.org/2022/03/research-how-employee-experience-impacts-your-bottom-line

012 **高い顧客体験と従業員体験を実現している企業は：** "The Experience Equation: How Happy Employees and Customers Accelerate Growth," Forbes Insights in association with Salesforce, 2020, https://asociaciondec.org/wp-content/uploads/2021/03/forbes-insight-experience-equation-final-report.pdf

012 **経営に携わるエグゼクティブの10人中9人が：** "The Experience Advantage: Transforming Customer and Employee Experience for the Future of Work," Salesforce and Edelman DXI, 2022, https://www.salesforce.com/form/pdf/the-experience-advantage/

012 **「従業員を大事にしたら：** Shep Hyken, "How Southwest Airlines Keeps the Romance Alive with Its Customers," Forbes, March 18, 2018, https://www.forbes.com/sites/shephyken/2018/03/18/how-southwest-keeps-the-romance-alive-with-its-customers/?sh=2a0307101656

012 **「従業員を大事にすれば：** Richard Branson, "Put Your Staff 1st, Customers 2nd, & Shareholders 3rd," Inc., March 4, 2016, YouTube video, 3:39, https://www.youtube.com/watch?v=NPiCYoX-S_I

012 **「経営者に、単なる従業員ではなく：** Anne M. Mulcahy, "Motivation," Anne M. Mulcahy (website), https://storyofmulcahy.wordpress.com/motivation.

013 **「ビジネスの唯一の目的は：** Milton Friedman, "The Social Responsibility of Business Is to Increase Its Profits,"

New York Times Magazine, September 13, 1970.

013 「ビジネスの目的は：『マネジメント――基本と原則』ピーター・F・ドラッカー（ダイヤモンド社） Management: Tasks, Responsibilities, Practices (New York: Harper and Row, 1973), 61.

第1章　顧客体験（CX）

021 イノベーションによって：Peter Johnston, "Chewy CEO Sumit Singh on Innovation as a Motivator for Success," National Retail Federation, January 17, 2022, https://nrf.com/blog/balancing-growth-and-customer-centric-culture-with-chewy

023 企業から提供される体験が：“Nearly 90% of Buyers Say Experience a Company Provides Matters as Much as Products or Services,” Salesforce's State of the Connected Customer, 5th ed., (report) May 10, 2022, https://www.salesforce.com/news/stories/customer-engagement-research/

023 ２０１９年には84％だったが：Conor Donegan, “State of the Connected Customer Report Outlines Changing Standards for Customer Engagement,” Salesforce, June 12, 2019, https://www.salesforce.com/news/stories/state-of-the-connected-customer-report-outlines-changing-standards-for-customer-engagement/

024 すべて〝ブランディングの一環とみなされ：Tony Hsieh, “How I Did It: Zappos's CEO on Going to Extremes for Customers,” Harvard Business Review, July–August 2010, https://hbr.org/2010/07/how-i-did-it-zapposs-ceo-on-going-to-extremes-for-customers

025 一般的なコールセンターの平均通話時間は：Astrid Eira, “88 Call Center Statistics You Must Read: 2021 Data Analysis & Market Share,” FinancesOnline, updated November 8, 2022, https://financesonline.com/call-center-statistics

025 ザッポスの顧客サービスの最長通話記録は：Richard Feloni, “A Zappos Employee Had the Company's Longest

Customer Service Call at 10 Hours, 43 Minutes,” Business Insider, July 26, 2016, https://www.businessinsider.com/zappos-employee-sets-record-for-longest-customer-service-call-2016-7

025 **特別な通話サービスを**：Jenny Gross, “Retail Therapy: Zappos Offers to Listen to Pandemic Worries,” New York Times, May 31, 2020, https://www.nytimes.com/2020/05/31/business/zappos-coronavirus.html

026 **ザッポスはその機器の在庫がある場所を特定し**：Gross, “Retail Therapy.”

026 **〝自社ブランドへの顧客ロイヤルティを強め**：“Front Line Training,” Zappos Insights, https://www.zapposinsights.com/training/school-of-wow/front-line-training

027 **図表1・1**：Qualtrics XM Institute, “Q2 2020 Consumer Benchmark Study,” cited in “ROI of Customer Experience,” August 18, 2020, via eMarketer, https://www.emarketer.com/content/customer-experience-2021

027 **図表1・2**：Briedis, “Adapting to the Next Normal in Retail.”

028 **CXを1％改善している**：Maxie Schmidt Subramanian, “Improving Customer Experience by One Point Can Drive More Than a Billion Dollars in Revenue,” Forrester, January 13, 2020, https://www.forrester.com/blogs/improving-customer-experience-by-1-point-can-drive-more-than-a-billion-dollars-in-revenue-in-2019/

028 **CXを重視する企業が**：Holly Briedis, Anne Kronschnabl, Alex Rodriguez, and Kelly Ungerman, “Adapting to the Next Normal in Retail: The Customer Experience Imperative,” McKinsey and Company, May 14, 2020, https://www.mckinsey.com/industries/retail/our-insights/adapting-to-the-next-normal-in-retail-the-customer-experience-imperative

036 **「お客様がありがたいのは**：Jeff Bezos, “2017 Letter to Shareholders,” Amazon.com, April 18, 2018, https://www.aboutamazon.com/news/company-news/2017-letter-to-shareholders

036 **顧客は配送時に梱包されていた箱がなくても**：“Amazon Offers Free Returns with No Box, Tape, or Label Needed,” Amazon.com, January 5, 2022, https://www.aboutamazon.com/news/operations/free-returns-with-no-box-tape-or-label-needed

036 **購入した商品をそのまま手元に置いておくよう**：Katie Tarasov, “How Amazon Plans to Fix Its Massive Returns Problem,” CNBC, April 10, 2022, https://www.cnbc.com/2022/04/10/how-amazon-plans-to-fix-its-massive-returns-problem.html

037 **およそ23％に相当し**：Danielle Inman, “Retail Returns Increased to $761 Billion in 2021 as a Result of Overall Sales Growth,” National Retail Federation, January 25, 2022, https://nrf.com/media-center/press-releases/retail-returns-increased-761-billion-2021-result-overall-sales-growth

037 **eコマースにおけるアマゾンの2021年度の総売上高**：Daniela Coppola, “Worldwide Retail E Commerce Sales of Amazon from 2017 to 2021,” Statista, October 7, 2021, https://www.statista.com/statistics/1103390/amazon-retail-ecommerce-sales-global/

037 **〝地球で最もお客様を大切にする企業〟を目指す**：Who We Are,” Amazon.com, https://www.aboutamazon.com/about-us

037 **「まず顧客体験を考えてから**：“Steve Jobs Insult Response— Highest Quality,” December 1, 2016, YouTube video, 1:55, https://www.youtube.com/watch?v=oeqPrUmVz-o.

038 **「お客様に利便性を提供する」**：How COVID 19 Has Pushed Companies over the Technology Tipping Point— and Transformed Business Forever,” McKinsey and Company, October 5, 2020, https://www.mckinsey.com/capabilities/strategy-and-corporate-finance/our-insights/how-covid-19-has-pushed-companies-over-the-technology-tipping-point-and-transformed-business-forever

038 **成長著しい中堅・中小企業の51％が**：Eric Bensley, “New Report: 71% of Growing Small and Medium Businesses Survived the Pandemic by Going Digital,” Salesforce, September 13, 2021, https://www.salesforce.com/news/stories/growing-smbs-survived-the-pandemic-by-going-digital/

038 **大手IT企業の77％が**：“Top 10 Enterprise Technology Trends Reported by 100+ IT Leaders,” Salesforce EMEA, April 19, 2022, https://www.salesforce.com/eu/blog/enterprise-technology-trends-report/

038 CX関連のソフトウェアの市場規模：Alan Webber, “Worldwide Customer Experience Software Forecast, 2022–2026,” IDC, March 2022, https://www.idc.com/getdoc.jsp?containerId=US48955722.

第2章　従業員体験（EX）

043 最も優秀な従業員は：Tiffani Bova, “A New Way to Think with Roger Martin,” What’s Next!, May 3, 2022, YouTube video, 32:40, https://www.youtube.com/watch?v=3dRL1VfCSLE

043 26億人が：“More Than 2.6 Billion Worldwide Told to Observe Lockdowns,” Medical Xpress, March 24, 2020, https://medicalxpress.com/news/2020-03-billion-worldwide-told-lockdowns.html

043 世界中の職場の81%が：“Coronavirus: Four Out of Five People’s Jobs Hit by Pandemic,” BBC News, April 7, 2020, https://www.bbc.com/news/business-52199888

044 顧客ではなく従業員：Cydney Roach, “Employees Now Considered the Most Important Group to Companies’ Long Term Success. What Are the Implications?,” Edelman, May 20, 2021, https://www.edelman.com/trust/2021-trust-barometer/spring-update/employees-now-considered

044 「この力関係の変化：Roach, “Employees Now Considered the Most Important Group.”

044 「投資家の信用を得るには：“2019 Edelman Trust Barometer Special Report: Institutional Investors,” Edelman, December 4, 2019, https://www.edelman.com/research/2019-edelman-trust-barometer-special-report-institutional-investors

045 1983年8月、ワッフル・ハウス社の：Jay P. Pederson, “The Ritz Carlton Hotel Company, L.L.C.,” International Directory of Company Histories, vol. 40 (New York: St. James Press, 2001), 455–57.

046 サービスを基本とした最初の企業となり：“The Malcolm Baldrige National Quality Award,” Ritz Carlton, http://news.ritzcarlton.com/the-malcolm-baldrige-national-quality-award

046 **従業員ネットプロモータースコア（eNPS）でも競合他社を抑えて1位**：“Ritz Carlton Competitors,” Comparably, https://www.comparably.com/companies/ritz-carlton/competitors

046 **「わが社が雇うのは**：Tiffani Bova, “Driven by Purpose and Delivering Excellence with Horst Schulze,” August 1, 2019, in What’s Next! with Tiffani Bova, podcast, 34:05, https://whatsnextpodcast.libsyn.com/driven-by-purpose-and-delivering-excellence-with-horst-schulze

049 **今後すべてのアップルストアの店長を**：Carmine Gallo, “How the Ritz Carlton Inspired the Apple Store,” Forbes, April 10, 2012, https://www.forbes.com/sites/carminegallo/2012/04/10/how-the-ritz-carlton-inspired-the-apple-store-video/?sh=69d0c1463449

051 **70%の従業員が**：Naina Dhingra et al., “Help Your Employees Find Purpose— or Watch Them Leave,” McKinsey and Company, April 5, 2021, https://www.mckinsey.com/capabilities/people-and-organizational-performance/our-insights/help-your-employees-find-purpose-or-watch-them-leave

054 **従業員の56%が**：“2019–2020 Top Insights for the C Suite: How to Excel at Strategy and Execution; A Strategy Perspective,” Gartner, https://www.gartner.com/en/insights/top-insights/strategy-2020

055 **経営幹部の10人中6人近くが**：“The Experience Advantage: Transforming Customer and Employee Experience for the Future of Work,” Salesforce and Edelman DXI, 2022, https://www.salesforce.com/form/pdf/theexperience-advantage/

055 **パンデミック後の労働力計画**：Jack Kelly, “The Great Disconnect Between Bosses and Workers,” Forbes, April 2, 2022, https://www.forbes.com/sites/jackkelly/2022/04/02/the-great-disconnect-between-bosses-and-workers/?sh=236a89531411

056 **顧客とじかに接する従業員の87%が**：“Findings on the Relationship Between Customer Centricity and Employee Experience,” Gartner, July 27, 2020, G00706020.

058 **「成長によってもたらされる利益を**：“The Productivity Pay Gap,” Economic Policy Institute, updated August 2021,

https://www.epi.org/productivity-pay-gap/

058 **図表２・１**：“The Productivity Pay Gap.”

059 **たった20%となっている**：Ryan Pendell, “The World’s $7.8 Trillion Workplace Problem,” Gallup, June 14, 2022, https://www.gallup.com/workplace/393497/world-trillion-workplace-problem.aspx

059 **「会社から明確な期待**：Jim Harter, “U.S. Employee Engagement Slump Continues,” Gallup, April 25, 2022, https://www.gallup.com/workplace/391922/employee-engagement-slump-continues.aspx

059 **〝極めて満足している〟**：Harter, “U.S. Employee Engagement Slump Continues.”

059 **図表２・２**：Harter, “U.S. Employee Engagement Slump Continues.”

059 **エンゲージメントの欠如は**：Pendell, “The World’s $7.8 Trillion Workplace Problem.”

061 **失った従業員の穴埋めは高くつく**：Society for Human Resource Management, “The Cost of Replacing an Employee and the Role of Financial Wellness,” Enrich.org, January 15, 2020, https://www.enrich.org/blog/The-true-cost-of-employee-turnover-financial-wellness-enrich

061 **従業員エンゲージメントが最もすばらしい企業**：Jim Harter, “Employee Engagement on the Rise in the U.S.,” Gallup, August 26, 2018, https://news.gallup.com/poll/241649/employee-engagement-rise.aspx

062 **〝そのような切り捨て型のアプローチは〟**：Leena Nair et al., “Use Purpose to Transform Your Workplace,” Harvard Business Review, March–April 2022, https://hbr.org/2022/03/use-purpose-to-transform-your-workplace

062 **経費を年間15億ドル削減してきた**：A. B. Brown, “Unilever Finds Short Term Sustainability Costs Lead to Long Term Savings,” SupplyChainDive, February 22, 2021, https://www.supplychaindive.com/news/unilever-supplier-sustainability-costs-savings/595388/

062 **資金の４分の３を成長戦略に再投資した**：Dennis Carey, Brian Dumaine, and Michael Useem, “CEOs Are Suddenly Having a Change of Heart About What Their Companies Should Stand For,” Business Insider, September 5, 2019, https://www.businessinsider.com/kraft-heinz-unilever-ceo-investments-economy-2019-8

062 “経費削減や目下の利益追求を超えた目的”：Carey, Dumaine, and Useem, “CEOs Are Suddenly Having a Change of Heart.”

063 “ユニリーバ・サステナブル・リビング・プラン”：“Unilever Celebrates 10 Years of the Sustainable Living Plan,” Unilever, May 6, 2020, https://www.unilever.com/news/press-and-media/press-releases/2020/unilever-celebrates-10-years-of-the-sustainable-living-plan/

063 すべてのステークホルダーの利益となるように会社を導く”：Carey, Dumaine, and Useem, “CEOs Are Suddenly Having a Change of Heart.”

064 “人生の目標を見つけよう”というワークショップに参加した人”：Carey, Dumaine, and Useem, “CEOs Are Suddenly Having a Change of Heart.”

064 「でも、ユニリーバであっても：“Strategy and Goals,” Unilever, https://www.unilever.com/sustainability/future-of-work/strategy-and-goals/

065 ユニリーバの株主総利回りは290％：Afdhel Aziz, “Paul Polman on Courageous CEOs and How Purpose Is the Growth Story of the Century (Part 1),” Forbes, May 25, 2020, https://www.forbes.com/sites/afdhelaziz/2020/05/25/paul-polman-on-purpose-courageous-ceos-and-the-growth-story-of-the-century-part-1/?sh=197e189c1dfd

065 “経営者が現場へ足を運ぶこと：Shelley Dolley, “The Heart of MBWA,” TomPeters! (blog), February 27, 2013, https:// tompeters.com/2013/02/the heart of mbwa.

066 69％の従業員が：Lindsay Kolowich Cox, “11 Eye Opening Statistics on the Importance of Employee Feedback,” Hubspot Blog, https://blog.hubspot.com/marketing/11-employee-feedback-statistics

066 61％の従業員が：Bruce Temkin, “Employees Around the World Want to Be Listened to and Treated Better,” Qualtrics XM Institute, January 27, 2022, https://www.xminstitute.com/blog/employees-listen-treat-better/

066 企業に思い入れの強い従業員は：“PWC Report: The Keys to Corporate Responsibility Employee Engagement,”

Engage for Success, February 2014, https://engageforsuccess.org/csr-and-sustainability/pwc-report-the-keys-to-corporate-responsibility-employee-engagement/

066 **81%の従業員と**：“Close the Employee Experience Gap,” EY, March 2021, 7, https://assets.ey.com/content/dam/ey-sites/ey-com/en_gl/topics/workforce/ey-closing-the-employee-experience-gap.pdf

067 **「わが社の従業員は**：Alan Murray and David Meyer, “CEOs Weigh In on the Post Pandemic World of Work,” Fortune, April 27, 2021, https://fortune.com/2021/04/27/ceos-weigh-in-on-post-pandemic-world-of-work-ceo-daily/

第3章　大規模調査で裏付けられた事実

069 **従業員を優先すること。**：“Paying It Forward: The Southwest ProfitSharing Plan,” Southwest, https://southwest50.com/our-stories/paying-it-forward-the-southwest-profitsharing-plan/

070 **私たちは2年かけてデータを掘り起こし**：本書のデータは特別な記述がない限り、すべてこれらの調査に基づく。“The Experience Equation: How Happy Employees and Customers Accelerate Growth,” Forbes Insights in association with Salesforce, 2020, https://www.salesforce.com/form/conf/forbes-ex-cx-growth/ and “The Experience Advantage: Transforming Customer and Employee Experience for the Future of Work,” Salesforce and Edelman DXI, 2022, https://www.salesforce.com/form/pdf/the-experience-advantage/ 付録には、研究の方法論や地理的情報、調査対象者の属性などの情報、調査のスケジュールや範囲について詳細が記載されている。

072 **2019年、フォーブス誌はサウスウエスト航空を**：“Awards and Recognition,” Southwest Media, 2020, https://www.swamedia.com/pages/awards-and-recognition

072 **2020年の〝エアライン品質レイティング〟**：Kelly Yamanouchi, “Southwest No. 1 in Airline Quality Rating,” Atlanta Journal Constitution, May 3, 2021, https://www.ajc.com/news/business/southwest-no-1-in-airline-

quality-rating/E7ASWIIQB5CRPLWCOCNXZTARYM//.

075 **〝EXの優先順位が高い〟**：重要業績評価指標（KPI）は企業の重要なイニシアチブ、目的、目標を測る指標である。

084 **2021年の労働者の賃金の上昇率は4・7%**：“Working People’s Real Wages Fall While CEO Pay Soars,” Executive Paywatch, AFL CIO, https://aflcio.org/paywatch.

第4章　エクスペリエンス・マインドセット

093 **企業の創業者世代が**：Fred Reichheld, Winning on Purpose: The Unbeatable Strategy of Loving Customers (Boston: Harvard Business Review Press, 2021), 68.

094 **〝企業文化をぶっ潰すな〟と題した文章をメディウムに投稿して**：Brian Chesky, “Don’t Fuck Up the Culture,” Medium, April 20, 2014, https://medium.com/@bchesky/dont-fuck-up-the-culture-597cde9ee9d4

102 **すべては従業員体験から始まる。**：“Employees Are the Essence of Corporate Advantage,” Zurich, September 30, 2021, https://www.zurich.com/en/knowledge/topics/future-of-work/employees-are-the-essence-of-corporate-advantage

105 **会社に留まりたいと思う従業員も8倍に**：Jonathan Emmett, Asmus Komm, Stefan Moritz, and Friederike Schultz, “This Time It’s Personal: Shaping the ‘New Possible’ Through Employee Experience,” McKinsey and Company, September 30, 2021, https://www.mckinsey.com/capabilities/people-and-organizational-performance/our-insights/this-time-its-personal-shaping-the-new-possible-through-employee-experience

106 **「(教育費援助は) 労働力の低下を防ぎ**：Richard Pérez Peña, “Starbucks to Provide Free College Education to Thousands of Workers,” New York Times, June 15, 2014, https://www.nytimes.com/2014/06/16/us/starbucks-to-provide-free-college-education-to-thousands-of-workers.html

106 **シュルツは2017年に引退したが**：“Starbucks’ Schultz to Remain Interim CEO Until March,” Reuters, June 6,

2022, https://www.reuters.com/business/retail-consumer/starbucks-schultz-remain-interim-ceo-until-q1-2023-2022-06-06/

106 「アメリカのカフェで働く」：Heather Haddon, "Howard Schultz, Returning to Starbucks, Seeks New Start with Baristas," Wall Street Journal, March 19, 2022, https://www.wsj.com/articles/howard-schultz-returning-to-starbucks-seeks-new-start-with-baristas-11647694802

107 「今われわれが直面している最も深刻な問題は」：Andy Serwer, "Starbucks Fix: Howard Schultz Spills the Beans on His Plans to Save the Company He Founded," Fortune, January 18, 2008, http://archive.fortune.com/2008/01/17/news/newsmakers/starbucks.fortune/index.htm

107 〝社内のパートナーと顧客両方の進化した行動様式〟："A Message from Howard Schultz: The Next Chapter of Starbucks Reinvention," Starbucks Stories and News, July 11, 2022, https://stories.starbucks.com/stories/2022/a-message-from-howard-schultz-the-next-chapter-of-starbucks-reinvention/

108 ドライブスルーの時間制限のプレッシャーにさらされる：Michael Sainato, "'Coffee Making Robots': Starbucks Staff Face Intense Work and Customer Abuse," Guardian, May 26, 2021, https://www.theguardian.com/business/2021/may/26/starbucks-employees-intense-work-customer-abuse-understaffing

108 デリバリーのオーダーが：Grace Dean, "Former Starbucks Workers Say the Chain's Mobile Ordering Is Out of Control," Business Insider, June 26, 2021, https://www.businessinsider.com/starbucks-mobile-ordering-app-barista-pandemic-coffee-customers-online-digital-2021-6

108 「スターバックスが長く掲げている方針の1つ」：Clint Rainey, "What Happened to Starbucks? How a Progressive Company Lost Its Way," Fast Company, March 17, 2022, https://www.fastcompany.com/90732166/what-happened-to-starbucks-how-a-progressive-company-lost-its-way

109 「本部と地域の責任者とバリスタの間の交流不足のせいで」：Heather Haddon, "Howard Schultz Says Starbucks Is Seeking Fresh Blood in CEO Search," Wall Street Journal, updated June 6, 2022, https://www.wsj.com/articles/

howard-schultz-says-starbucks-is-seeking-fresh-blood-in-ceo-search-11654488060?mod=latest_headlines

109 「私はスターバックスの株主として経営に携わるつもりはない。」：Heather Haddon, “Starbucks's Schultz, Back as CEO, Prioritizes Baristas over Stock Price,” Wall Street Journal, April 4, 2022, https://www.wsj.com/articles/starbucks-suspends-buybacks-to-invest-in-operations-as-schultz-returns-11649055660

110 スターバックスはまた、従業員の賃金：Amelia Lucas, “Starbucks to Hike Wages, Double Training for Workers as CEO Schultz Tries to Head Off Union Push,” CNBC, May 3, 2022, https://www.cnbc.com/amp/2022/05/03/starbucks-to-hike-wages-double-training-for-workers-amid-union-push.html

110 すべての従業員がその恩恵にあずかれるわけではない：Andrea Hsu, “Starbucks Says Employees Getting New Benefits, but Not at Stores That Are Unionizing,” NPR, May 3, 2022, https://www.npr.org/2022/05/03/1095909869/starbucks-union-ceo-howard-schultz-workers-united-labor-benefits

111 「われわれの再創造への取り組みは：“A Message from Howard Schultz.

第5章　従業員：ビジネスの核心

115 生産性に注目するのではなく：Ashish Kothari, “Battling Burnout: A Conversation with Resilience Expert Dr. Amit Sood,” McKinsey and Company, December 7, 2021, https://www.mckinsey.com/industries/healthcare/our-insights/battling-burnout-a-conversation-with-resiliency-expert-dr-amit-sood

115 リーヴィットのダイヤモンド・モデル：H. J. Leavitt, “Applied Organization Change in Industry: Structural, Technical, and Human Approaches,” University of Akron, Cummings Center Special Interest, June 1962, https://collections.uakron.edu/digital/collection/p15960coll1/id/21949

115 「われわれはこのうちの1つを：Leavitt, “Applied Organizational Change in Industry.”

118 CEOたちは顧客体験（39％）と：“The CEO View of CX,” Walker, 2016, 8, https://f.hubspotusercontent10.net/

hubfs/883760/Reports%20and%20Case%20Studies/WALKER-CEO-View-of-CX.pdf

119 「ベストバイの株には買い推奨はゼロだった。：“The Heart of Business with Hubert Joly,” July 1, 2021, on What's Next! with Tiffani Bova, podcast, https://podcasts.apple.com/us/podcast/the-heart-of-business-with-hubert-joly/id1262213009?i=1000527494718

119 〝全員ただちに位置につく〟：Gary Peterson, “Cutting ROWE Won't Cure Best Buy,” Forbes, March 12, 2013, https://www.forbes.com/sites/garypeterson/2013/03/12/cutting-rowe-wont-cure-best-buy/?sh=3c6dd7513ba

119 事業を改善する方法を見つけるのに：Kim Bhasin, “Best Buy CEO: Here's Why I Killed the ‘Results Only Work Environment,’” Business Insider, March 18, 2013, https://www.businessinsider.com/best-buy-ceo-rowe-2013-3

120 〝熟考の上、明確な意図を持って〟：James Covert, “Best Buy Cutting 2,000 Managers,” New York Post, February 26, 2014, https://nypost.com/2014/02/26/best-buy-cutting-2000-managers/

120 ジョリーは会社を率いて〝リニュー・ブルー〟改革を成功させ：Brian Sozzi, “Former Best Buy CEO: Companies Should ‘Pursue a Noble Purpose and Good Things,’” Yahoo! Finance, March 13, 2020, https://finance.yahoo.com/news/former-best-buy-ceo-companies-should-pursue-a-noble-purpose-and-good-things-155902345.html

121 ベストバイはトレーニング誌の：John Vomhof Jr., “Why Best Buy's Employee Training Program Is World Class,” Best Buy, March 5, 2019, https://corporate.bestbuy.com/why-best-buys-employee-training-program-is-world-class/

121 「従業員の知識は：Vomhof, “Why Best Buy's Employee Training Program Is World Class.”

122 労働者のたった38・2%：Laura Gassner Otting, “How to Re Engage a Dissatisfied Employee,” Harvard Business Review, May 19, 2022, https://hbr.org/2022/05/how-to-re-engage-a-dissatisfied-employee

122 従業員をつなぎとめられるかどうか：“2021 Retention Report: The COVID Edition,” Work Institute, 12, https://info.workinstitute.com/en/retention-report-2021

122 給料や福利厚生だけでは：Ryan Pendell, “Employee Experience vs. Engagement: What's the Difference?,” Gallup,

October 12, 2018, https://www.gallup.com/workplace/243578/employee-experience-engagement-difference.aspx

122 **同様に、働く場所を選べる従業員は**：“Future Forum Pulse: Summer Snapshot,” FutureForum, July 19, 2022, https://futureforum.com/pulse-survey

123 **仕事を選ぶ際の最優先事項に挙げる人は**：“The Experience Advantage: Transforming Customer and Employee Experience for the Future of Work,” Salesforce and Edelman DXI, 2022, https://www.salesforce.com/form/pdf/the-experience-advantage/

123 **アメリカの労働者の3人に2人は**：“The Experience Advantage.”

123 **図表5・1**：“The Experience Advantage.”

124 **図表5・2**：“The Experience Advantage.”

125 **リモートで最適の人材を見つけ**：“The Experience Advantage.”

126 **オンボーディングのプロセスが〝すばらしい経験〟だった**：“The Experience Advantage.”

126 **多少ましではあるが**：“The Experience Advantage.”

128 **76%が転職を考える**：“The Experience Advantage.”

129 **リンクトインが行った調査によると**：“The Transformation of L&D,” LinkedIn Learning, 2022,https://learning.linkedin.com/content/dam/me/learning/en-us/pdfs/workplace-learning-report/LinkedIn-Learning_Workplace-Learning-Report-2022-EN.pdf

130 **技術向上や技術の再教育（リスキリング）**：“2021 Workplace Learning Report,” LinkedIn Learning, https://learning.linkedin.com/content/dam/me/business/en--us/amp/learning-solutions/images/wlr21/pdf/LinkedIn-Learning-Workplace-Learning-Report-2021-UK-Edition-.pdf
（訳注：こちらに変更している　https://learning.linkedin.com/resources/workplace-learning-report-2021）

131 **より良い人間を生み出すことが**：Garry Kasparov, “Creating Better Humans Will Always Be More Important Than Creating Smarter Machines,” Forum Network, November 10, 2017, https://www.oecd-forum.org/posts/22213-

creating-better-humans-will-always-be-more-important-than-creating-smarter-machines

132 **EXの改善は次の2年において戦略的に注目すべき分野**：“Predictions 2022: CMOs Emerge as Emboldened Business Leaders,” Forrester, October 26, 2021, https://www.forrester.com/blogs/predictions-2022-b2c-cmo-trends/

133 **経営に携わるエグゼクティブの中で**：“The Experience Advantage.”

133 **従業員よりもプロセスを優先させれば**：Belinda Parmar and Stephen Frost, “People or Process: Which Does Your Company Put First?,” World Economic Forum, September 15, 2016, https://www.weforum.org/agenda/2016/09/empathy-index-human-resources-business/

第6章　プロセス：従業員を責めてはいけない。責めるなら仕組みを責めよ

139 **失敗の原因の85%は**：The Deming Institute (@DemingInstitute), “Later in life, Dr. Deming upped his estimate . . . ,” Twitter, February 10, 2022, 1:22 p.m., h https://twitter.com/DemingInstitute/status/1491840004124860441?s=20&t=9bKEWMmdw83ZelB6j7jFrw

140 **〝より良い自動車開発を目指すにあたって〟**：“Dr. William Edwards Deming Remembered— Part Two,” Doug Williams Group, May 11, 2018, https://thedougwilliamsgroup.com/dr-deming-remembered-part-two/

140 **〝アメリカで最大の収益を上げている自動車製造会社〟**：“Dr. William Edwards Deming Remembered—Part Two.”

140 **収益でゼネラル・モーターズを超えた**：John Willis, “Deming to DevOps (Part 1),” IT Revolution, October 16, 2012, https://itrevolution.com/articles/deming-to-devops-part-1/

142 **最高責任者たちは〝過剰な、もしくは余分なプロセス〟を**：“The Experience Advantage: Transforming Customer and Employee Experience for the Future of Work,” Salesforce and Edelman DXI, 2022,https://www.salesforce.com/form/pdf/the-experience-advantage/

143 **内部の問題の第3位にランク付けしている**：“The Experience Advantage.”

143 **経営陣がそうした不必要なステップを省くと**：“Findings on the Relationship Between Customer Centricity and Employee Experience,” Gartner, July 27, 2020, G00706020.

143 **労働者は週に丸1日以上**：Samanage, “U.S. Businesses Wasting Up to $1.8 Trillion Annually on Repetitive Employee Tasks, Samanage Survey Says,” Samanage, February 23, 2016, https://www.prnewswire.com/news-releases/us-businesses-wasting-up-to-18-trillion-annually-on-repetitive-employee-tasks-samanage-survey-says-300224177.html

143 **「アメリカの企業全体で**：“U.S. Businesses Wasting Up to $1.8 Trillion Annually on Repetitive Employee Tasks, Samanage Survey Says.”

144 **企業は効率の悪さのせいで年間収益の20から30%を失っている**：Nick Candito, “How Inefficient Processes Are Hurting Your Company,” Entrepreneur, December 8, 2016, https://www.entrepreneur.com/article/286084

144 **B2Bの購入側企業の77%が**：“The B2B Buying Journey,” Gartner, https://www.gartner.com/en/sales/insights/b2b-buying-journey

145 **デジタルトランスフォーメーションとは**：“What Is Digital Transformation?,” Salesforce, https://www.salesforce.com/ca/products/platform/what-is-digital-transformation/

145 **34%が過去2年間にテクノロジーの変革によって**：“Seven Lessons on How Technology Transformations Can Deliver Value,” McKinsey and Company, March 11, 2021, https://www.mckinsey.com/capabilities/mckinsey-digital/our-insights/seven-lessons-on-how-technology-transformations-can-deliver-value

145 **従業員体験の改善に大きな効果があった**：“Seven Lessons on How Technology Transformations Can Deliver Value.”

146 **ポジティブな顧客体験にとって**：Tom Puthiyamadam and José Reyes, “Experience Is Everything. Get It Right,” PwC, 2018, https://www.pwc.com/us/en/services/consulting/library/consumer-intelligence-series/future-of-

customer-experience.html

147 **２０２０年までにデジタル化する**：Jackie Wiles, “Gartner Top 3 Priorities for HR Leaders in 2019,” Gartner, December 12, 2018, https://www.gartner.com/smarterwithgartner/top-3-priorities-for-hr-in-2019

147 **１兆３０００億ドルという気の遠くなるような投資**：Behnam Tabrizi et al., “Digital Transformation Is Not About Technology,” Harvard Business Review, March 13, 2019, https://hbr.org/2019/03/digital-transformation-is-not-about-technology

147 **９０００億ドルが丸々**：Steven ZoBell, “Why Digital Transformations Fail: Closing the $900 Billion Hole in Enterprise Strategy,” Forbes, March 13, 2018, https://www.forbes.com/sites/forbestechcouncil/2018/03/13/why-digital-transformations-fail-closing-the-900-billion-hole-in-enterprise-strategy/

147 **「変化に対応できるだけのマインドセットに欠け**：Tabrizi et al., “Digital Transformation Is Not About Technology.”

150 **B2B企業のたった39%で**：“The State of B2B Account Experience,” CustomerGauge, August 2021, 74, https://customergauge.com/ebook/b2b-nps-and-cx-benchmarks-report

150 **顧客もその影響を感じる**：Conor Donegan, “State of the Connected Customer Report Outlines Changing Standards for Customer Engagement,” Salesforce, June 12, 2019, https://www.salesforce.com/news/stories/state-of-the-connected-customer-report-outlines-changing-standards-for-customer-engagement/

151 **目標達成をはばむような経営システムのせいで**：John Hunter, “Break Down Barriers Between Departments,” Deming Institute, August 29, 2016, https://deming.org/break-down-barriers-between-departments/

153 **セールス・オペレーションチームの48%が**：“State of Sales Report,” Salesforce, September 22, 2020, https://www.salesforce.com/news/stories/the-fourth-state-of-sales-report-shows-how-teams-adapt-to-a-new-selling-landscape/

156 **「壁のジャーニー・マップは**：Tiffani Bova, “The Secrets to a Successful Customer Journey Transformation,” Salesforce, September 22, 2017, https://www.salesforce.com/au/blog/2017/09/the-secrets-to-a-successful-

customer-journey-transformation.html

159 〝社員の力を解き放つ〟：Albert Bourla, “A Letter from Our Chairman & CEO,” Pfizer, https://www.pfizer.com/sites/default/files/investors/financial_reports/annual_reports/2019/chairman-ceo-letter/index.html

159 不必要に複雑な手順を排し：“Simplicity Is Designed to Enable Colleagues at Pfizer to Remove Needless Complexity and Focus on Meaningful Work,” Pfizer, https://www.pfizer.com/sites/default/files/investors/financial_reports/annual_reports/2019/our-bold-moves/unleash-the-power-of-our-people/simplicity-is-designed-to-enable-colleagues-at-pfizer-to-remove-needless-complexity/index.html

159 仕事を迅速かつ容易に：“Pfizer’s Digital Strategy and Transformation,” Bio-IT World, July 20, 2021, https://www.bio-itworld.com/news/2021/07/20/pfizer-s-digital-strategy-and-transformation

160 デジタルの変革を推進：“Pfizer’s Digital Strategy and Transformation.”

160 エグゼクティブたちにはわかっていた：“Pfizer’s Digital Strategy and Transformation.”

160 焦点を活動そのものからそれがもたらす効果へと移し：“Pfizer’s Digital Strategy and Transformation.”

161 「90%の従業員が：“Pfizer 2021: Environmental, Social & Governance Report,” Pfizer, 37, https://www.pfizer.com/sites/default/files/investors/financial_reports/annual_reports/2021/files/Pfizer_ESG_Report.pdf

第7章　テクノロジー：生産性と経験——コインの裏表を成すもの

163 30年後には：Sherisse Pham, “Jack Ma: In 30 Years, the Best CEO Could Be a Robot,” CNN Business, April 24, 2017, https://money.cnn.com/2017/04/24/technology/alibaba-jack-ma-30-years-pain-robot-ceo/index.html

164 顧客とのやりとりの平均72%が：“2022 Connectivity Benchmark Report,” MuleSoft, February 7, 2022, 8, https://www.mulesoft.com/jp/lp/reports/connectivity-benchmark

166 「従業員体験が改善されれば：Danny Klein, “Chipotle’s Focus Turns to Career Advancement for Workers,” QSR,

April 27, 2022, https://www.qsrmagazine.com/growth/fast-casual/chipotles-focus-turns-career-advancement-workers/

166 **チポトレのレストランの管理職の**：Klein, “Chipotle’s Focus Turns to Career Advancement for Workers.”

167 **チポトレは数多くの賞を受賞した**：“Chipotle Awards,” Comparably, 2022, https://www.comparably.com/companies/chipotle/awards

167 **「われわれのスタッフやお客様の経験を高め**：“Chipotle Announces $50 Million New Venture Fund, Cultivate Next,” Chipotle, April 19, 2022, https://ir.chipotle.com/2022-04-19-CHIPOTLE-ANNOUNCES-50-MILLION-NEW-VENTURE-FUND,-CULTIVATE-NEXT

168 **AIを使ってレストランスタッフの退屈な反復作業を**：“Chipotle Goes Automated,” CNBC, March 16, 2022, https://www.cnbc.com/video/2022/03/16/chipotle-goes-automated.html

168 **「自動化できる場所**：Klein, “Chipotle’s Focus Turns to Career Advancement for Workers.”

168 **〝より楽で、楽しく〟**：“Chipotle Goes Automated.”

169 **われわれが目指すべき北極星は**：Lisa Jennings, “Nicole West Grows Chipotle’s Digital Sales with Relentless Focus on Customer Experience,” Nation’s Restaurant News, January 18, 2022, https://www.nrn.com/people/nicole-west-grows-chipotle-s-digital-sales-relentless-focus-customer-experience

169 **「スタッフへの投資が**：“Chipotle Announces First Quarter 2022 Results,” Chipotle, April 26, 2022, https://ir.chipotle.com/2022-04-26-CHIPOTLE-ANNOUNCES-FIRST-QUARTER-2022-RESULTS

170 **6兆8000億ドル**：“IDC FutureScape: Worldwide Digital Transformation 2021 Predictions,” IDC, October 2020, https://www.idc.com/getdoc.jsp?containerId=US46880818

170 **分断が最も深まるのは**：“The Experience Advantage: Transforming Customer and Employee Experience for the Future of Work,” Salesforce and Edelman DXI, 2022, https://www.salesforce.com/form/pdf/the-experience-advantage/

170　**デジタルのマインドセットを育んだ**：Tsedal Neeley and Paul Leonardi, “Developing a Digital Mindset,” Harvard Business Review, May June 2022, https://hbr.org/2022/05/developing-a-digital-mindset

171　**従業員は平均たった32%である**：“The Experience Advantage.”

171　**テクノロジーがEXを測る上で最も評価の低い要素**：“The Experience Advantage.”

171　**図表7・1**：“The Experience Advantage.”

171　**テクノロジーの大事な役割を**：“Uncovering ROI: The Hidden Link Between Technology Change and Employee Experience,” Eagle Hill, https://www.eaglehillconsulting.com/insights/new-technology-change-employee-engagement/

172　**従業員に優れたテクノロジーを与えている会社**：Experience Advantage.”

173　**高いパフォーマンスのチームの場合**：“The Experience Advantage.”

174　**ITの最高責任者と深まる分断に関する次の事実**：“2022 Connectivity Benchmark Report.”

176　**2020年に新型コロナウイルスのパンデミックが**：“The Changing Role of the IT Leader,” Forrester Consulting on behalf of Elastic, April 2021, https://www.elastic.co/pdf/forrester-the-changing-role-of-the-it-leader

177　**ITへの支出は**：“Gartner Forecasts Worldwide IT Spending to Reach $4.4 Trillion in 2022,” Gartner, press release, April 6, 2022, https://www.gartner.com/en/newsroom/press-releases/2022-04-06-gartner-forecasts-worldwide-it-spending-to-reach-4-point-four-trillion-in-2022

177　**テクノロジーが鍵になる**：Andrea Guerzoni, Nadine Mirchandani, and Barry Perkins, “The CEO Imperative: Will Bold Strategies Fuel Market Leading Growth?,” EY, January 10, 2022, https://www.ey.com/en_gl/ceo/will-bold-strategies-fuel-market-leading-growth
（訳注　こちらに変更している　https://assets.ey.com/content/dam/ey-sites/ey-com/en_gl/topics/ceo/ey-ceo-survey-global-report.pdf）

178　**劣ったリーダーシップとビジョンのなさ**：“The Experience Advantage.”

178 **900以上もの独自のアプリケーション**：“2022 Connectivity Benchmark Report.”

180 **高い自動化を実現している企業は**：“2021 Global Customer Experience Benchmarking Report,” NTT, https://services.global.ntt/en-us/insights/crossing-the-cx-divide

180 **効率を評価するだけでなく**：Tom Puthiyamadam and José Reyes, “Experience Is Everything. Get It Right,” PwC, 2018, https://www.pwc.com/us/en/services/consulting/library/consumer-intelligence-series/future-of-customer-experience.html

181 **従業員のたった33%**：“The Experience Advantage.”

181 **図表7・5**：“IT and Business Alignment Barometer,” MuleSoft, https://www.mulesoft.com/jp/lp/reports/it-business-alignment-barometer

182 **調査対象のIT専門職員の57%が**：“The Changing Role of the IT Leader.”

182 **ほぼ3分の2（64%）のCIOが**：“The Changing Role of the IT Leader.”

第8章　企業文化：体験の時代

187 **信頼といった根本的なものの上に築かれ**：Marc Benioff, Trailblazer: The Power of Business as the Greatest Platform for Change (New York: Currency/ Random House, 2019).

187 **“企業文化は戦略に勝る”。**：David Campbell, David Edgar, and George Stonehouse, Business Strategy: An Introduction, 3rd ed. (London: Palgrave Macmillan, 2011), 263.

187 **ドラッカーの言葉と間違われることも多い**：“Did Peter Drucker Say That?,” Drucker Institute, https://drucker.institute/did-peter-drucker-say-that/

189 **企業文化が何よりも重要な要素であること**：“The Experience Advantage: Transforming Customer and Employee Experience for the Future of Work,” Salesforce and Edelman DXI, 2022, https://www.salesforce.com/form/pdf/

the-experience-advantage/

190 **EX重視のエグゼクティブの43%が**："The Experience Advantage."

190 **企業文化を変えるには**：Larry Bossidy and Ram Charan, Execution: The Discipline of Getting Things Done (New York: Crown/ Archetype, 2002), 85.

191 **1993年、企業のトップの座を**：『巨象も踊る』ルイス・V・ガースナーJr（日経BPマーケティング）Louis V. Gerstner Jr., Who Says Elephants Can't Dance? (New York: HarperBusiness, 2002), 182.

191 **RJRナビスコのCEOだったルイス・ガースナー**：Encyclopaedia Britannica Online, s.v., "Lou Gerstner," https://www.britannica.com/biography/Lou-Gerstner

191 **株価は1987年には43ドルだったものが**："Lou Gerstner's Turnaround Tales at IBM," Knowledge at Wharton, December 18, 2002, https://knowledge.wharton.upenn.edu/podcast/knowledge-at-wharton-podcast/lou-gerstners-turnaround-tales-at-ibm/

192 **「ほんの数時間ですぐにわかるものだ**：ガースナー『巨象も踊る』Gerstner, Who Says Elephants Can't Dance?, 182.

192 **「文化は経営の一面にすぎないのではなく**：ガースナー『巨象も踊る』Gerstner, Who Says Elephants Can't Dance?, 182.

193 **「価値観や行動様式をめぐるこうした不文律は**：ガースナー『巨象も踊る』Gerstner, Who Says Elephants Can't Dance?, 185.

193 **基本理念**："IBM Management Principles & Practices," IBM.com, https://www.ibm.com/history/documents/pdf/management.pdf

193 **「誰もが個々の部門のパフォーマンスを**：ガースナー『巨象も踊る』Gerstner, Who Says Elephants Can't Dance?, 211.

193 **「競合他社に実績で勝とうと思ったら」**：ガースナー『巨象も踊る』Gerstner, Who Says Elephants Can't Dance?,

234.

195 「当該の仕事を果たすための個性や才能や経歴を持つ人材は」：“Building an Equal Opportunity Workforce,” IBM.com, https://www.ibm.com/history/ibm100/us/en/icons/equalworkforce

195 ８つの多様性特別班：David A. Thomas, “Diversity as Strategy,” Harvard Business Review, September 2004, https://hbr.org/2004/09/diversity-as-strategy

195 「多様性を市場に基づく問題と」：Thomas, “Diversity as Strategy.”

196 「願わくは最先端の装置でありたい：“Thomas Watson, Jr. Speaks About IBM's Commitment to Service,” IBM.com, https://www.ibm.com/ibm/history/multimedia/ibmservice_trans.html

196 「経営陣が文化を変えることはない」：ガースナー『巨象も踊る』Gerstner, Who Says Elephants Can't Dance?, 187.

196 ガースナーがＩＢＭの会長兼ＣＥＯの任を終えるころ：“Case Study: IBM's Turnaround Under Lou Gerstner,” MBA Knowledge Base, https://www.mbaknol.com/management-case-studies/case-study-ibms-turnaround-under-lou-gerstner/

197 収支報告の53％でトピックとして取り上げられている：“Organizational Culture: From Always Connected to Omni Connected,” Accenture, 2022, https://www.accenture.com/us-en/insights/strategy/organizational-culture

197 〝世界中で５人に１人の従業員が〟：“The Experience Advantage.”

197 「企業文化に注目してきた会社は：“Digital Transformation,” BCG, https://www.bcg.com/capabilities/digital-technology-data/digital-transformation/how-to-drive-digital-culture

197 「ＣＥＯの２人に１人は：“Organizational Culture: From Always Connected to Omni Connected.”

198 図表８・１：“The Experience Advantage.”

199 同僚を信頼している従業員は78％ほどで：“2021 Trust Barometer Special Report: The Belief Driven Employee,” Edelman, https://www.edelman.com/trust/2021-trust-barometer/belief-driven-employee

199 トップのＣＸのサポーター：“The Experience Advantage.”

200 信頼され、権限を委譲されている従業員は：“2021 Trust Barometer.”

200 心理的エンパワーメントがプラスに作用すると：Scott E. Seibert, Gang Wang, and Stephen H. Courtright, “Antecedents and Consequences of Psychological and Team Empowerment in Organizations: A Meta Analytic Review,” Journal of Applied Psychology 96, no. 5 (2011): 981– 1003, https://doi.org/10.1037/a0022676

200 包括的（インクルーシブ）な職場文化：“Hybrid Work: Making It Fit with Your Diversity, Equity, and Inclusion Strategy,” McKinsey Quarterly, April 20, 2022, https://www.mckinsey.com/capabilities/people-and-organizational-performance/our-insights/hybrid-work-making-it-fit-with-your-diversity-equity-and-inclusion-strategy

201 EXに対する経営幹部の責任感や主体性のなさ：“The Experience Advantage.”

202 自分たちの会社は従業員のフィードバックに：“The Experience Advantage.”

202 企業文化は容認されている最悪の：Adam Grant (@AdamMGrant), “To understand the values in a culture, we often examine which behaviors get punished. But we also need to consider which behaviors *don’t* get punished— what people get away with....” Twitter, April 20, 2021, 8:01 a.m., https://twitter.com/AdamMGrant/status/1384477310875799554

205 連携（アラインメント）が最も大きな課題：“Harvard Business Review: The Power of Employee Alignment,” Betterworks, updated June 22, 2021, https://www.betterworks.com/magazine/harvard-business-review-power-employee-alignment

205 有意義な目標へと進むこと：“Bersin by Deloitte: Effective Employee Goal Management Is Linked to Strong Business Outcomes,” Cision PR Newswire, December 17, 2014, https://www.prnewswire.com/news-releases/bersin-by-deloitte-effective-employee-goal-management-is-linked-to-strong-business-outcomes-300011399.html

206 〝最も意味のある報いの1つ〟：“Employee Recognition: The Secret Ingredient to High Employee Engagement,” Korn Ferry, 2017, https://focus.kornferry.com/employee-recognition-the-secret-ingredient-to-high-employee-

engagement-asean/

206 **あなたが評価することこそ価値あることだ**：Lynne Twist, “What You Appreciate Appreciates,” Chopra, August 7, 2014, https://chopra.com/blogs/personal-growth/what-you-appreciate-appreciates

207 **〝年間1000万台以上の自動車〟**：Carlos Santos, “VW Emissions and the 3 Factors That Drive Ethical Breakdown,” UVA Darden Ideas to Action, October 17, 2016, https://ideas.darden.virginia.edu/vw-emissions-and-the-3-factors-that-drive-ethical-breakdown

207 **「世界中で販売しているディーゼル車の約1100万台について」**：Mengqi Sun and Jack Hagel, “Volkswagen Tries to Change Workplace Culture That Fueled Emissions Scandal,” Wall Street Journal, updated September 30, 2020, https://www.wsj.com/articles/volkswagen-tries-to-change-workplace-culture-that-fueled-emissions-scandal-11601425486

207 **史上最大のスキャンダル**：Charles Riley, “Volkswagen’s Ex CEO Pays Company $14 Million over His Role in the Diesel Scandal,” CNN Business, June 9, 2021, https://www.cnn.com/2021/06/09/business/volkswagen-martin-winterkorn-dieselgate/index.html

208 **フォルクスワーゲンの過酷な経営スタイル**：Edward Taylor and Jan Schwartz, “Ferdinand Piech, Architect of Volkswagen’s Global Expansion, Dies Aged 82,” Reuters, August 26, 2019, https://www.reuters.com/article/us-volkswagen-piech-death/ferdinand-piech-architect-of-volkswagens-global-expansion-dies-aged-82-idUSKCN1VG26I/

208 **「今回のことは1つの過ちということではありません」**：Tom Fox, “The Watergate Hearings and the VW Internal Investigation,” Compliance Week, December 14, 2015, https://www.complianceweek.com/the-watergate-hearings-and-the-vw-internal-investigation/11373.article

208 **「わが社のプロセスに弱点があった」**：Geoffrey Smith, “Why VW’s ‘Update’ Failed to Deliver the Goods,” Fortune, December 10, 2015, https://fortune.com/2015/12/10/why-vws-update-failed-to-deliver-the-goods/

208　「個々の従業員の不品行や弱さ：Fox, “The Watergate Hearings and the VW Internal Investigation.”

208　「この危機は、フォルクスワーゲンにとって：Andreas Cremer, “VW Says Only Small Group to Blame for Emissions Scandal,” Reuters, December 10, 2015, https://www.reuters.com/article/us-volkswagen-emissions/vw-says-only-small-group-to-blame-for-emissions-scandal-idINKBN0TT14V20151210/

209　「われわれの目標は：Sun and Hagel, “Volkswagen Tries to Change Workplace Culture That Fueled Emissions Scandal.”

209　働く場の文化を改善するために：Mengqi Sun, “Volkswagen Completes Compliance Monitoring After Emissions Scandal,” Wall Street Journal, September 15, 2020, https://www.wsj.com/articles/volkswagen-completes-compliance-monitoring-after-emissions-scandal-11600191807

210　コンプライアンス専門の責任者：Sun, “Volkswagen Completes Compliance Monitoring After Emissions Scandal.”

210　“グループ・コンプライアンス委員会と”：Sun, “Volkswagen Completes Compliance Monitoring After Emissions Scandal.”

210　第3位から第31位へと転落した。：Sarah Vizard, “Volkswagen Vows to ‘Win Back Customer Trust’ as Brand Hit by Emissions Scandal,” Marketing Week, September 22, 2015, https://www.marketingweek.com/volkswagens-brand-on-the-line-as-it-promises-to-win-back-customer-trust-following-emissions-scandal/

210　“地球上で最も嫌われているブランドの1つ”：Rebecca Stewart, “Volkswagen Joins Shell as One of the World's ‘Most Hated’ Brands Following Emissions Scandal,” The Drum, January 18, 2016, https://www.thedrum.com/news/2016/01/18/volkswagen-joins-shell-one-worlds-most-hated-brands-following-emissions-scandal

210　世界中で行われていた排ガス検査不正の：Danielle Muoio, “Volkswagen Just Made a Big Move to Regain Customers’ Trust After the Emissions Scandal,” Business Insider, April 11, 2017, https://www.businessinsider.com/volkswagen-big-move-regain-trust-after-fuel-emissions-scandal-2017-4

211　企業イメージを回復するために：Vizard, “Volkswagen Vows to ‘Win Back Customer Trust’ as Brand Hit by

Emissions Scandal."

211 **「私たちは、私たちの自動車において**：Jennifer Faull, "Volkswagen Plots Route to Win Back Trust in First Marketing Push Since Emissions Scandal," The Drum, October 12, 2015, https://www.thedrum.com/news/2015/10/12/volkswagen-plots-route-win-back-trust-first-marketing-push-emissions-scandal

211 **わずかながら企業の次のような行動が**：Conor Donegan, "State of the Connected Customer Report Outlines Changing Standards for Customer Engagement," Salesforce, June 12, 2019, https://www.salesforce.com/news/stories/state-of-the-connected-customer-report-outlines-changing-standards-for-customer-engagement/

第9章　CXとEXを理解し改善するための指標

217 **測ることはすばらしいことだ**：Seth Godin, "Measuring Without Measuring," Seth's Blog, June 1, 2013, https://seths.blog/2013/06/measuring-without-measuring/

221 **図表9・1**："PwC's 25th Annual Global CEO Survey: Reimagining the Outcomes That Matter," PwC, January 17, 2022, https://www.pwc.com/gx/en/ceo-agenda/ceosurvey/2022.html

224 **CX管理市場**："Customer Experience Management Market Size, Share & Trends Analysis Report by Analytical Tools, by Touch Point Type, by Deployment, by End Use, by Region, and Segment Forecasts, 2022– 2030," Grand View Research, https://www.grandviewresearch.com/industry-analysis/customer-experience-management-market

225 **NPSを計算するには**：Fred Reichheld, Darci Darnell, and Maureen Burns, "Net Promoter 3.0," Bain & Company, October 18, 2021, https://www.bain.com/insights/net-promoter-3-0/

225 **CXは顧客ロイヤルティの**："Creating a High Impact Customer Experience Strategy," Gartner, January 16, 2019, https://www.gartner.com/en/documents/3899777

225 **ＮＰＳの推奨者**：“Are You Experienced?,” Bain & Company, April 18, 2015, https://www.bain.com/insights/are-you-experienced-infographic

225 **ゼロより上のＮＰＳ**：“What Is a Good Net Promoter Score (NPS)?,” Perceptive (blog), September 6, 2022, https://www.perceptive.co.nz/blog/what-is-a-good-net-promoter-score#what-is-a-good-nps

226 **B2Bのサービス企業が**：Eric Gregg, “2022 NPS® Benchmarks for B2B Service Industries,” ClearlyRated, February 7, 2022,https://www.clearlyrated.com/solutions/2022 nps benchmarks for b2b service industries/

226 **図表９・２**：Gregg, “2022 NPS® Benchmarks for B2B Service Industries.”

227 **図表９・３**：Grigore, “What Is a Good Net Promoter Score? (2022 NPS Benchmark),” Retently, April 18, 2022, https://www.retently.com/blog/good-net-promoter-score/

228 **3カ月は残る**：“Creating a High Impact Customer Experience Strategy.”

228 **回答の総数で割ることでCSATを計算する**：“What Is Customer Satisfaction Score (CSAT)?,” Delighted, https://delighted.com/what-is-customer-satisfaction-score

229 **どのぐらい容易でしたか?**：“What’s Your Customer Effort Score?,” Gartner, November 5, 2019, https://www.gartner.com/smarterwithgartner/unveiling-the-new-and-improved-customer-effort-score

229 **“企業が問題解決を容易にしてくれた**：“What’s Your Customer Effort Score?”

229 **顧客努力スコアを用いれば**：“What’s Your Customer Effort Score?”

231 **41%がNPSを好み**：“The State of B2B Account Experience,” CustomerGauge, August 2021, 17, https://customergauge.com/ebook/b2b-nps-and-cx-benchmarks-report

231 **10億ドル以上の収益を上げる大企業のほとんどは**：“How to Measure Customer Experience,” Gartner, May 18, 2019,https://www.gartner.com/smarterwithgartner/how-to-measure-customer-experience

231 **図表９・４**：“The State of B2B Account Experience,” 18.

232 **「売上が落ち込み**：Christine Porath and Douglas R. Conant, “The Key to Campbell Soup’s Turnaround? Civility,”

Harvard Business Review, October 5, 2017, https://hbr.org/2017/10/the-key-to-campbell-soups-turnaround-civility

232 **「キャンベル・スープの従業員エンゲージメントのスコアは**：Jathan Janove, “Doug Conant: How CEOs and HR Can Work Together Successfully,” SHRM, February 18, 2022, https://www.shrm.org/resourcesandtools/hr-topics/employee-relations/pages/doug-conant-how-ceos-and-hr-can-work-together-successfully.aspx

233 **〝働きがいのある職場〟賞**：“The Campbell Soup Story,” Conant Leadership, https://conantleadership.com/the-campbell-soup-story/

233 **「従業員エンゲージメントを全面に押し出し、中心に据えること**：Kevin Kruse, “How Employee Engagement Leads to Higher Stock Prices,” American Express, March 27, 2012, https://www.americanexpress.com/en-us/business/trends-and-insights/articles/how-employee-engagement-leads-to-higher-stock-prices

233 **従業員がその業務体験に大方満足している**：“The Impact of Cost Cutting on Employee Experience and Talent Outcomes,” Gartner, March 25, 2020, https://www.gartner.com/en/documents/3982502

233 **たった19%しかいない**：“The Employee Net Promoter System,” Bain & Company, https://www.netpromotersystem.com/about/employee-nps

235 **明確に結びつける**：“The Employee Net Promoter System.”

236 **従業員の半分以上は**：“The Experience Advantage: Transforming Customer and Employee Experience for the Future of Work,” Salesforce and Edelman DXI, 2022, https://www.salesforce.com/form/pdf/the-experience-advantage/

238 **毎年1兆ドル**：Shane McFeely and Ben Wigert, “This Fixable Problem Costs U.S. Businesses $1 Trillion,” Gallup, March 13, 2019, https://www.gallup.com/workplace/247391/fixable-problem-costs-businesses-trillion.aspx

241 **「こうしたアプローチによって、就職希望者と雇い主に**：“Ratings on Glassdoor,” Glassdoor, updated March 3, 2022, https://help.glassdoor.com/s/article/Ratings-on-Glassdoor

241 **企業文化の強さを測る指標**："Close the Employee Experience Gap," Forrester, 7, https://itbusinessinfo.com/forrester-close-the-employee-experience-gap-research-report-2

付章：調査方法

277 **「体験の同等化」**："The Experience Equation: How Happy Employees and Customers Accelerate Growth," Forbes Insights in association with Salesforce, 2020, https://www.salesforce.com/form/conf/forbes-ex-cx-growth/

277 **「体験の利点」**："The Experience Advantage: Transforming Customer and Employee Experience for the Future of Work," Salesforce and Edelman DXI, 2022, https://www.salesforce.com/form/pdf/the-experience-advantage/

著者紹介

ティファニー・ボバ

セールスフォースのグローバルグロース・エバンジェリストであり、ウォール・ストリート・ジャーナルのベストセラー『Growth IQ』の著者。スタートアップからフォーチュン500企業に至るまで、大規模な収益を生み出す部門を率いる幹部として活躍。世界で最も影響力のある経営思想家ランキング「Thinkers50」に2回選出。ガートナーの元リサーチフェローとしてマイクロソフト、シスコ、セールスフォース、ヒューレット・パッカード、オラクル、デル、アマゾンウェブサービスなどに貢献。

訳者紹介

高橋 佳奈子（たかはし かなこ）

東京外国語大学ロシア語学科卒業。英米文学翻訳家。

おもな訳書に『「ちがい」がある子とその親の物語』（海と月社）、『ケンブリッジ世界近現代史事典』（柊風社）、『バンクシー』（新星出版社）、『自分を大事にする人がうまくいく　スタンフォードの最新「成功学」講義』（大和書房）など。

顧客体験と従業員体験の好循環をつくる
エクスペリエンス・マインドセット

2024年9月10日　初版第1刷発行

著　者――ティファニー・ボバ
翻　訳――高橋 佳奈子　©2024 Kanako Takahashi

発行者――張 士洛
発行所――日本能率協会マネジメントセンター
〒103-6009 東京都中央区日本橋2-7-1 東京日本橋タワー
TEL 03(6362)4339(編集)／03(6362)4558(販売)
FAX 03(3272)8127(編集・販売)
https://www.jmam.co.jp/

装　　丁――西垂水 敦（krran）
イラスト――タンメイ・ボラ
本文デザイン・DTP――株式会社 RUHIA
印　　刷――シナノ書籍印刷株式会社
製　　本――ナショナル製本協同組合

ISBN 978-4-8005-9255-2　C2034
落丁・乱丁はおとりかえします。
PRINTED IN JAPAN